中国(上海)自由贸易试验区
协同创新中心丛书

2014年

中国（上海）自由贸易试验区
研究蓝皮书

上海对外经贸大学2011计划办公室
上海对外经贸大学科研处　　编

格致出版社　上海人民出版社

序 言

1898 年，时任湖广总督张之洞感叹："世运之明晦，人才之盛衰，其表在政，其里在学。"是时，国势颓危，列强环伺，鸦片战争结束后的半个世纪里，清政府被迫签订了一系列以割地赔款丧失主权为主要内容的不平等条约。今天，当我们再次读到这段话、回顾这段历史时，倍感学者的责任重大。

今天，"中国这头沉睡的雄狮已经醒了"。昔日在西方列强的武力逼迫下开放通商口岸的历史已经一去不复返。我国已成功走出了一条改革开放的康庄大道。1979 年，中共中央、国务院同意在深圳、珠海、汕头和厦门试办出口特区。1992 年，邓小平视察南方，再次推动市场化方向的改革，吹响了浦东开发开放的号角。2013 年，党的十八大报告提出了"统筹双边、多边、区域次区域开放合作，加快实施自由贸易区战略，推动同周边国家互联互通"的战略任务。《中共中央关于全面深化改革若干重大问题的决定》明确指出，"建立中国上海自由贸易试验区是党中央在新形势下推进改革开放的重大举措，要切实建设好、管理好，为全面深化改革和扩大开放探索新途径、积累新经验。在推进现有试点基础上，选择若干具备条件地方发展自由贸易园（港）区"，并要求"加快自由贸易区建设。坚持世界贸易体制规则，坚持双边、多边、区域次区域开放合作，扩大同各国各地区利益汇合点，以周边为基础加快实施自由贸易区战略。改革市场准入、海关监管、检验检疫等管理体制，加快环境保护、投资保护、政府采购、电子商务等新议题谈判，形成面向全球的高标准自由贸易区网络"。

自 2013 年 9 月 29 日上海自贸试验区开始试点以来，上海对外经贸大学的专家学者深感责任重大。上海对外经贸大学历来有学术研究与国家需求紧密结合,研究成果服务于国家需求的传统,并在国家的"复关"谈判、"入世"谈判以及"入世"后的政策研究和自贸区研究中产生了以汪尧田、王新奎和周汉民为代表的包括沈玉良、张磊、陈晶莹、张鸿、赵红军等教授在内的学者群体。他们从一开始就参与到这项改革政策的设计、论证和实施当中,并积极地参与有关上海自贸试验区的决策咨询、理论研究、政策宣讲以及干部培训。

本书是上海对外经贸大学致力于自贸区研究的学者为自贸区试点出谋献策的智慧结晶。本书共八章。第一章论证了自贸区改革的核心任务就是政府职能转变。作者赵红军分析论证了自贸区政府职能转变的现有举措及其影响,并结合党的十八大、十八届三中全会有关政府治理体系和治理能力现代化的总目标,论述了自贸区政府职能转变、治理能力提升的若干方向和路径,以及自贸区试点对长三角经济发展的影响与机遇。可以说,本章内容是对市委市政府有关自贸区改革的核心是制度创新观点的学理论证,也是全书的理论框架。

第二章主要讨论自贸区对外直接投资政策问题。作者文娟阐述了我国对外直接投资的现状、政策以及存在的不足,重点分析了自贸区给我国对外直接投资带来的机遇与挑战,介绍了企业对外投资政策和投资促进的美国经验,并对上海自贸试验区的对外直接投资给出了相关的政策建议。

第三章主要讨论自贸区的金融发展问题。作者贺学会、李方、陈晓静、仰炬等详尽阐述了自贸区的金融使命、自贸区金融改革的核心、自贸区主导货币与新功能、自贸区与人民币国际化、自贸区建设与大宗商品机遇、自贸区离岸金融业务等问题。

第四章主要讨论自贸区的法律促进和保障措施问题。作者陈晶莹、黄洁和王诚从自贸区法治建设的特性和区内区外法治的共时性谈起,阐述了国际高标准自贸协定规则对自贸区法治建设的启示,以及自贸区法治建设存在的一些问题,最后根据作者对自贸区法治保障问题的思考,提出了他们有关自贸区法治建设的政策建议。

第五章主要讨论自贸区财税制度创新问题。作者李婉丽、王如燕和张亮以自贸区财税制度的国际比较为切入点,讨论了上海自贸试验区财税制度创新的一些国际借鉴,提出了上海自贸试验区财税制度创新的框架,并分别从内容、存在的问题以及创新对策角度进行了探讨,最后从创新对投资的效应和创新对贸易的效应两个角度进行了一些实证研究。

第六章主要讨论自贸区企业运营模式和机制创新问题。作者魏农建从企业运营模式与机制出发,讨论了国际化与上海自贸试验区的企业运营问题,自贸区环境下企业运营模式的设计问题和企业运营机制定位与创新问题。

第七章主要讨论自贸区贸易便利化评价体系建构问题。作者彭羽讨论了世界经济论坛出版的《全球贸易促进报告》有关贸易便利化的指标设计问题,比较了中国与主要国家或地区在贸易便利化指数设计方面的异同,阐述了上海自贸试验区贸易便利化评价体系的构建问题。

第八章主要讨论自贸区与文化产业化的问题。作者刘少湃、姚昆遗、田纪鹏、蔡萌等介绍了上海文化产业发展的历史和现状,讨论了自贸区建设对上海文化产业发展带来的机遇与挑战,以及利用自贸区发展文化产业的国际经验,并介绍了纽约、香港、新加坡、迪拜利用自贸区发展文化产业的经验。

本书是上海对外经贸大学的学者有关上海自贸试验区建设战略、政策和实践的思考和研究的最新成果。愿本书对"切实建设好、管理好,为全面深化改革和扩大开放探索新途径、积累新经验"有所帮助,对自贸区的设计者、建设者、管理者和研究者有所启发。本书是自贸区研究的阶段性成果。希望本书的研究团队能持续关心这一研究课题,不断深入研究自贸区建设问题,并希望明年此时能形成质量更高的自贸区研究报告。

叶兴国

2014 年 5 月

目　录

第一章
中国（上海）自由贸易试验区改革的
核心任务在于政府职能转变[*]

中国（上海）自由贸易试验区是伴随着中共十八大的召开而诞生的一个新生事物。上海自贸试验区被冠以"中国"两个字，说明了它的设立是一个国家战略，是新一届中央领导集体做出的一个新时期有关中国经济改革、转型与升级的战略决策之一。中央为什么会选择上海进行自由贸易试验区改革？其所承载的核心改革任务到底是什么？上海自贸试验区现有政府治理转变的举措有哪些？今后试验区内政府职能转变、治理能力提升的方向在哪里？其对长三角经济和企业的机遇有哪些？本章以此五个密切相关的问题作为讨论的重点并试图对当前的自贸区研究增添一些学术素材。

第一节　中央为什么选择上海作为自贸试验区试点？

在中国版图上，具备资格成为自由贸易试验区的省份或者城市决不至于只有上海一个，比如，广东、重庆、天津、浙江、江苏、山东、福建等省市，甚至深圳、青岛、舟山

＊　本章内容获得赵红军主持的教育部哲学社会科学一般课题"气候变化对宏观经济、社会稳定的时空影响研究"（13YJA790159），上海市085工程——上海对外经贸大学课题"气候变化压力下我国国际贸易竞争优势的变化与对策研究"的资助。同时，本章的内容曾经在上海市《东方讲坛》，上海市工商行政管理局，上海市虹口区、徐汇区、宝山区、松江区，清华大学、河南大学、江苏省工商联等多次讲过。在此，也对演讲期间提出问题并互动进而促使笔者进一步思考和修改该文的听众表示感谢。

群岛等城市或者地区，都具有进行自贸区试验的区位和经济潜能。但上海之所以能够成为第一个"境内关外"的自由贸易试验区，一定是和上海在全国的经济地位、中国在世界的经济地位以及当前的国际经济背景之间存在着很大的内在关联的。

一、 国内经济背景

从经济结构角度来看，目前上海的经济结构主要是以国有和外资经济为主，这和当前整个中国的经济结构基本上是类似的，因而，在此基础上所进行的改革与试验之经验，才能在全国范围内推广与复制。以 2012 年为例，上海市国有和外资经济合在一起占上海总产值的比重达到 75.8% 左右①，而 2012 年全国国有经济和外资经济所占的平均比重也达到了约 60% 左右。从过去 20 年这个较长的时间跨度来看，情形也基本上是类似的。20 年间，上海的对外贸易依存度从 20% 提高到70% 以上，同期全国的对外贸易依存度也从 10% 不到提高到 60% 左右，甚至一度超过 65%。在这期间，上海和全国产品出口的主力军也从当初的国有经济的"一枝独秀"转变为当前的国有加外资经济"两轮驱动"型，民营经济尽管发展较快，但在出口方面仍处于相对次要的地位。与这一事实相反的是，全国其他具备进行自贸区试验的各省市的经济结构，要么以民营经济为主（比如浙江、福建、江苏、山东），要么主要以国有经济为主（比如辽宁、重庆）。可以想象，在此基础上所进行的自贸区试验，在全国层面来看可能并不具有较大的代表性，因而在此基础上所进行的改革与试验在全国层面来看也不具有很好的推广和复制意义，这恐怕是中央选择上海进行自贸试验区改革的重要经济原因之一。

从经济发展模式角度来看，过去 30 多年上海与全国的经济发展模式也是基本类似的，也都是在城市偏向的工业化发展模式下取得了较快的经济发展和收入增长的。②但随着发展本身，相应的地区差距、城乡收入差距、人际收入差距非但没有

---

① 数据来自上海市统计局《2013 上海统计年鉴》第四篇国民经济核算部分。

② 比如，类似的是，麻省理工学院的黄亚生教授也认为，上海可以看做是一个经典的城市偏向的工业化模型，在这里，企业家精神、中小企业的创新受到限制，而国有工业、外资企业受到优待。详细观点参见 Huang Yasheng, "What is wrong with Shanghai?" MIT Sloan School of Management, working paper, 2008。

随着经济发展而缩小，相反仍然在很大程度上增加或者恶化，国际经济学界所谓的"趋同假说"在很大程度上已在中国失灵。[①]从上海来看，情形也是类似的。上海作为全国的一个特大城市，过去 30 多年的发展成绩是有目共睹的，城乡之间的界限已不再清晰，但近年来由城市偏向的工业化所推动的经济发展模式也面临着类似的问题。一方面，上海本地的农民已经在很大程度上市民化了，他们可能并不一定愿意再承担那些又脏、又苦、又累的体力劳动了，因此，上海必须越来越多地依赖外来劳动力作为其工业化发展的补充劳动力来源。但另一方面，上海不断抬升的工资成本、出行、居住和生活成本以及仍然严格控制的户籍制度[②]、城乡二元体制等正越来越成为上海吸引这些劳动力的障碍了。比如，我们在松江区有关农民工市民化的 700 份调查问卷显示，这种制度壁垒仍然比较高大且难以逾越，这已经成为阻碍上海经济进一步发展和转型的一个重要因素。[③]看看上海每年春节期间派长途班车远赴湖南、湖北、江西、重庆等地接送外地农民工的新闻，我们就知道上海这种经济发展模式所面临的日益严峻的挑战和压力了。特别是 2006 年以来，随着内地新农村建设的开展、农业税的减免[④]以及部分劳动密集型工业随着市场化进程向中、西部地区的迁移，上海面临的形势已变得更加的严峻。加上 2008—2009 年美国金融危机以及近两年欧洲债务危机的打击，上海外向型出口工业发展模式的世界需求动力正在迅速减弱。在这种形式下，上海与全国其他地区一样，都需要寻找新的改革突破口。

从全国具备建立自贸试验区的候选省份或城市的综合情况来看，中央之所以选择上海进行自贸区试点，也是经过慎重考虑和权衡的最优选择。近几年来，天津

---

① 参见 Kanbur and Zhang，2005，"Fifty Years of regional inequality in China, a journey through central planning, reform and openness"，*Review of Development Economics*，9(1):87—106。

② 尽管在过去几年间，上海市已经实施了积分制的改革举措，但是截至目前来看，全上海通过积分制获得户籍的人数极少，相比于上海对高素质农民工的需求仍然差距非常之大。

③ 参见赵红军等撰写的《松江农民工市民化需求调查研究》，松江区 2014 年政协大会提案。

④ 2005 年中央一号文件下发前后，全国 26 个省区市宣布全面取消农业税。2005 年 12 月 29 日，十届全国人大常委会第十九次会议通过了废止农业税条例的决定草案，延续数千年的农业税终于走进了历史博物馆，引起国内外广泛关注。2005 年 12 月 31 日的《经济参考报》记者采访了时任财政部部长的金人庆，详情参见 http://business.sohu.com/20051231/n241230190.shtml。

滨海新区的开发尽管势头很猛，但毕竟距离首都北京太近，因而由自贸试验区改革所带来的政治敏感性及其影响也必然最为强烈。另外，随着经济与高速交通的发展，未来天津、北京的经济是否会一体化？这是否符合中央对天津、北京发展的基本定位？2014 年两会后，《京津冀一体化战略》的出台更从另一面说明，将自贸试验区改革的第一炮选择在天津打响肯定不完全符合中央的精神。广东深圳前海距离国家政治中心较远，进行自贸区试点的呼声也很高，但能否作为自贸试验区起航的首选地？从地方政府角度看，选择深圳前海进行改革试点，可以再次开启中国改革的航船，但一个重要问题是深圳前海与香港、澳门的经济关系到底该怎样处理？从经济学角度看，正是由于深圳与香港地理距离非常近，所以前者如果由于自贸区试点所形成的竞争优势很可能会影响香港经济地位的保持，如果中央选择深圳前海进行自贸区试点，是否会意味着香港、澳门自由港地位不再重要？重庆近几年的经济改革虽然富有成效，已成为内陆开放高地，但选择重庆进行自贸区试点是否足够以理服人，重庆的城市管理水平是否到了足以支撑自贸试验区的程度？上海距离北京有足够的地理距离，经济最为开放，城市管理水平和官员的素质也相对较高，浦东的开发开放自 1992 年至今在全国已成为一面旗帜。换句话说，上海作为中国过去 30 多年经济发展模式的缩影，作为中央定位的亚太经济、贸易、金融、航运中心的地位，是否会失去其标杆意义？新一届中央在面临这个问题时的选择是什么？我想答案应该是肯定的，也就是说上海不仅是中国的上海，而且更是世界的上海，中央更应该促使上海进行更大程度的改革。所以，就是在这种中国经济和上海经济大背景下，李克强总理与上海市委市府领导之间的对话便很快促成了上海自贸试验区这个想法的生根发芽。①

二、 国际经济背景

从国际经济背景来看，也能体会新一届中央的良苦用心。当今的世界已经多

---

① 上海市委书记韩正在中国（上海）自由贸易试验区管委会办公中心，接受《人民日报》《新华社》、《解放日报》《文汇报》记者集体采访时说道："今年 3、4 月间，上海市委、市政府正式向总书记、总理分别作了汇报，得到中央领导的肯定和鼓励，也给予我们制度创新这个改革方向，从国家发展战略和改革大局予以谋划。"参见《浦东时报》2013 年 11 月 8 日头版报道。

极化，中国、俄罗斯、巴西、南非等金砖国家正在迅速崛起，但无论从经济、科技还是军事实力来看，美国无疑仍然是世界最为重要的一极。2001 年中国加入 WTO 以来经济实力快速增长，2001 年中国的 GDP 为 109 655.17 亿元，到 2011 年已增长到 473 104.05 亿元，为 10 年前的 4.31 倍。中国的产品已迅速占领了世界市场。中国外汇储备快速增长，政府的财政收入也在高速增长，中国在世界银行、WTO、IMF 等国际经济组织中的份额和声音越来越大。与此相对应的是，"9·11"事件后，美国开启了长达十年的反恐军事行动，并先后在阿富汗和伊拉克发动了两场旷日持久的反恐战争。到奥巴马执政时期，美国才突然间意识到快速结束战争、转向经济发展的极端重要性。与此同时，美国也突然发现中国经济、军事实力已经在过去十年间突飞猛进，中国已然成为名副其实的"世界工厂"。因此，在奥巴马第二任期内，美国的主要任务已发生了较大程度的变化。

从国内经济层面看，要迅速扭转美国经济的被动局面，用智能制造、新能源、3D 打印、互联网等现代信息技术推动生活、生产的智能化、信息化和网络化，这就是所谓的第三次工业革命。美国为什么要掀起第三次工业革命？从企业层面看，就是要掀起新一轮的工业创新，在智能制造领域、新能源、海洋经济、生命生物医学等领域抢占标准制定制高点，从而在未来与中国，与金砖国家企业、与欧洲国家企业的竞争中占据上风，获得超额的垄断利润；在国家层面看，就是通过技术的领先、研究的领先，占据新一轮产业革命、工业革命的制高点，获得美国在新一轮竞争中的国家竞争优势。

从国际经济层面看，就是美国迅速掀起了所谓的跨太平洋伙伴关系协议（TPP）与跨大西洋贸易与投资伙伴协议（TTIP）谈判。以 TPP 谈判为例，2005 年 6 月，文莱、智利、新西兰、新加坡发起谈判，当时美国对此还无动于衷。到 2008 年 2 月，美国突然发现这一谈判对于应对中国经济崛起所具有的重要意义，于是迅速介入并主导了谈判进程。2008 年 11 月，澳大利亚、秘鲁、越南加入谈判。2010 年 10 月，马来西亚加入谈判。2012 年 10 月，墨西哥、加拿大加入谈判。2013 年 3 月，日本加入谈判。从 2010 年 3 月 15—20 日在澳大利亚墨尔本开始首轮谈判以来，仅仅三年多的时间，这一组织已先后进行了 18 轮谈判，这与 GATT、WTO 成立至今只举行了不到 10 轮的谈判形成了鲜明对比。①TPP 谈判强度如此之大、频率如此之高，堪称世界之最，这背后的推动力到底是什么？原因主要就是，在美国的推动下全面介入亚太区域经济整合进程，对美国的自由贸易区战略进行了调整和重新布局；弱化以欧洲为主的 WTO 在全球经济治理中的作用，并主导 21 世纪贸易协议的新标准。从本质上，就是为美国的"五年出口倍增计划"提供战略保障。从军事上来看，就是以军事上的重返亚太来配合经济上的环太平洋经济伙伴协议，双手齐力共同遏制中国经济和军事的崛起。

从日本、欧洲、金砖国家以及当前的国际贸易形势来看，经过过去 30 多年的发展，中国已经在轻工制造、纺织品、橡胶产品、日用加工、机器制造、电子产品等绝大多数劳动密集型的产业取得了竞争优势地位，在与其他国家的竞争中，中国企业已经获得了越来越多的市场份额，然而随着中国和其他金砖国家在制造业、劳动密集型产业、简单加工制造业优势获得的同时，日本、欧洲、美国等先进国家或地区的产业发展已经发生了快速的转移，其研发、创新和突破的领域已经日益转向高端服务业，比如咨询业、金融业、保险业、航运业以及智能制造业。而在这些领域，中国和其他金砖国家不具有比较优势，这对于中国和其他金砖国家而言，当然是不利的。这种不利影响主要体现在以下几个方面：一是在这些行业的生产、标准制定以及贸易中，它们将面临不利局面；二是在这些行业和领域的竞争中，中国和其他金砖国家的企业将处于劣势，如果能够参与到这些国家产品制造或者与企业的贸易和竞争中，它们将处于产业链的最低端；三是随着经济的发展，如果它们不能参与到这些行业的生产与贸易中，中国和其他金砖国家的整体经济竞争力将下降。这样，中国或其他金砖国家将逐步失去它们在国际贸易领域的竞争优势。

在这种国际经济背景下，对中国而言，最优的选择当然是积极争取主动，发起并强化中美战略经济对话，加强两个国家之间的经济互动，这样才能有理、有利、有节地瓦解美国对中国的各种压制、敌意甚至包围。比如，在 2013 年 7 月 13 日召开的中美第五轮战略经济对话中，中方承诺将在第四轮中美战略与经济对话的基础

---

① GATT 自 1948 年 1 月 1 日到 1995 年 1 月 48 年时间内共举行了 8 轮谈判。WTO 至今举行了 1 轮会谈——多哈回合，目前正陷入进退维谷的境地。

上更加积极主动地开放，并承诺建立中国（上海）自由贸易试验区，在其中实行新的外资管理模式，营造各类国内外企业平等进入的市场环境，进行行政审批制度改革，转变政府职能。而作为交换，美国承诺今后美国外国投资委员会所有针对中国的投资审查仅限于国家安全，而不是经济或者其他方面。至此，我们就非常清楚地了解了中国（上海）自由贸易试验区诞生的国内和国际经济背景，并深刻地理解了上海自贸试验区内所承担的制度创新和试验之深刻涵义及其在全国的示范和推广意义，以及对于中国经济转型、升级与发展的深层意义。

第二节　上海自贸试验区改革的核心任务是什么？

在国务院公布的《中国（上海）自由贸易试验区总体方案》中，明确列明了上海自贸试验区内的六项改革任务——加快政府职能转变、扩大投资领域的开放、推进贸易发展方式转变、深化金融领域的开放创新、完善法制领域的制度保障、营造相应的监管和税收制度环境。其中，加快政府职能转变被放在了第一位。国务院为什么要将政府职能转变列为上海自贸试验区改革的第一项任务？为什么不是把其他任务列为第一项任务呢？这背后一定是有中央与上海的考虑在其中的。其实，如果我们仔细看看第二到第六项改革任务就会很快发现，如果没有政府职能的转变，就很难有上海自贸试验区内投资领域的进一步开放，贸易发展方式的转变也会非常艰难，金融领域的开放创新、人民币汇率的市场化、资本项目的可兑换等等也几乎难以办到。原因很简单，在现有的政府监管和治理框架下，哪些领域开放、哪些领域不开放、什么部门创新等几乎都是要政府审批的，如果政府行政审批体制不变化、投融资体制不改变，金融领域的创新就不可能，人民币汇率市场化和资本项目的可兑换也都会成为一句空话；同样，在现有的财税和政府监管框架下，企业进行贸易转型升级的成本会大大高于收益，政府不改变财税体制，企业很难自动升级。在过去几年中，上海推动"营改增"改革，目的就是营造一个有利于服务业发展，有利于企业业务创新的税收制度环境。最后两项任务，一个是法制领域的制度保障,一个是营造相应的监管和税收制度环境,看上去被排在了最后,但事实上也极为重要。因为如果政府职能不转变,法制领域的制度保障和相应的监管和税收制度环境也不可能改善,上海自贸试验区所承载的改革意义就会大打折扣。正是从这个意义上看,笔者认为,上海自贸试验区制度创新的核心正是政府行政管理体制、政府治理能力的现代化以及服务型政府在上海的早日建立。

其实,早在党的十七大报告中,中央就明确提出了建设服务型政府的目标,并且在 2008 年 2 月 23 日中央政治局的第四次集体学习时再次强调了建设服务型政府的基本目标。在 2008 年 2 月 27 日召开的十七届二中全会上,中央还做出了《关于深化行政管理体制改革的意见》。在党的十八大报告中,中央再次强调了建设"职能科学、结构优化、廉洁高效、人民满意的服务型政府"的极端重要性。上海自贸试验区是贯彻党的十八大精神的一项国家战略,承担了党的十八大以及十八届三中全会有关政府职能转变这一重要任务。

从过去 30 年改革与发展的角度看,我们也认为,上海自贸试验区内的各项政府管理体制也到了非改革不可的地步了。

过去 30 多年改革与开放的边际制度红利已经跌至零点甚至已完全为负,然而在现有的政府行政管理框架下,进一步改革举步维艰。在原有的强势政府管理制度和政策框架下,无论是国有企业的改革、财税体制的改革、贸易和投资管理体制的改革,还是干部人事制度的改革等都碰到了各自的天花板,只有推动政府管理体制的进一步改革,才能释放更大的制度红利。习近平总书记指出,"实践发展永无止境,解放思想永无止境,改革开放永无止境,停顿和倒退没有出路"[1]。李克强总理也多次强调,"改革是中国发展最大的红利"。经济学家史蒂芬·罗奇用一个形象的例子说明中国深化改革的重要性:"中国已经改革开放 30 多年了,走过了很长的一段路。中国是如何做到的呢? 靠的就是改革和开放,靠的就是敢于冒险,但现在中国改革开放的进程似乎走得太慢了,就好像一只乌龟。中国需要重新变成兔子,全神贯注,把好战略,加速前进。"[2]著名经济学家吴敬琏也认为:"改革大关还

[1] 何毅亭:《学习习近平总书记重要讲话》,人民出版社 2013 年版,第 43 页。
[2] 《中国的改革应从"乌龟"变成"兔子"》,《经济参考报》2013 年 4 月 2 日。

没有过，前面的任务还很艰巨，要打开新局面，一个重要课题就是怎么构筑竞争性的市场体系。"①

在现有的政府管理体制下，企业的经营范围、创新的激励与行为由于政府投资审批、产业指导目录以及很多行业的行政垄断、财税体制、信贷融资体制的差别待遇等而受到很大限制。比如，过去30多年来，民营经济的发展一直举步维艰，中央曾多次出台促进民营经济发展的相关政策和制度，但在财税、信贷融资、投资管理等制度没有根本转变的背景下，这些差别待遇不可能自动消失，非公经济的发展就不可能迎来其发展的真正春天。

回顾过去30多年的发展，我们得出的一个结论是，正是中国的改革开放所带来的制度优势，才塑造了中国经济的奇迹。当前我们面临着中国经济转型升级的艰巨任务，但是在传统的政府财税体制、行政管理体制、投资审批体制甚至干部人事体制下，企业进行转型升级的动力不足、收益很低，但由此付出的成本却非常高昂。因此，需要政府推动新一轮的改革与开放，给予企业更多、更大的经营决策权，这样才能推动中国经济的较快转型与升级。可以这么说，此次上海自贸试验区之所以能引起全国乃至整个世界的关注，在很大程度上就是因为它承载着全国人民的期望，承载着中央对深化行政管理体制、建设服务型政府、推动我国政府治理能力现代化的殷切期望。

第三节　上海自贸试验区政府职能转变的举措及其影响有哪些？

既然上海自贸试验区改革的核心任务是政府职能转变，那试验区内的政府职能转变的举措到底都有哪些呢？从目前的改革情况看，我们归纳了以下三个方面的政府管理模式转变：

一、变核准制（审批制）为备案制管理模式

所谓核准制，主要是指企业、居民所有投资和经营行为都必须经过政府管理部

---

① 参见人民网 http://theory.people.com.cn/n/2013/0627/c366000-21995261.html。

门的审核和认可，否则这些投资和经营行为将得不到政府和相关法律的保障。全国人大代表、大同煤矿集团董事长张有喜提供的数据就很能说明问题。其下属的同忻煤矿要完成行政审批，先后跑过 33 个政府部门和下属单位，共出具了 147 个文件，盖过 205 个红图章，①所有审批的材料叠起来有几尺之厚。从目前我国政府审批的现状来看，全国总的行政审批约有 17 000 项，中央政府手中的行政审批共1 500 项，平均每个省市至少 500 项，地级政府又有 500 项。②很显然，在核准制或者审批制管理模式下，外商企业或者个人进行投资和经营活动的范围将受到限制，时间和金钱成本将会提高。在"时间就是金钱、效益就是生命"的市场化时代，这就在无形之中造成了掌握审批权力的官员的制度性寻租空间，从而成为诱发官员腐败的制度性温床。

《中国（上海）自由贸易试验区总体方案》规定，在试验区内，"负面清单以外领域，外商投资项目由核准制改为备案制；将外商投资企业合同章程审批改为备案管理"。这意味着，在上海自贸试验区的 28.78 平方公里的范围内，外资企业投资和经营活动只要不违反负面清单，就无须再经过繁琐的行政审批或者项目核准，而只要将企业的投资和经营活动性质、范围、工商税务信息等内容以书面形式告知当地政府即可。在这个过程中，只要企业的投资和经营活动合法，政府便无权进行取缔，也不能以行政审批或者核准的名义对企业的微观经营活动进行干预。这样，政府官员的"寻租之手"就在很大程度上被切断，政府随意干预企业运作的情形将不再可能。比如，上海自贸试验区服务大厅目前已经实行工商"一口受理、并联办事、统一发证、信息共享"的高效运作模式。以外资新设备案为例，投资者在 4 个工作日内就可同步办妥备案证明、营业执照、企业代码和税务登记，并且整个办理过程不再是像原先的多口受理，让注册者在大厅里来回跑，而是一次性收齐所有材料，由政府工作人员在部门之间办理相关的手续，这样注册者只需找一个政府部门一个工作人员就可以办齐所有手续。③相对于传统的工商企业注册动辄 2 个甚至 3

① 参见中国质检网，http://www.cqn.com.cn/news/cj/chanjing/682885.html。
② 参见《行政体制改革是改革红利的重要释放口》，《学习时报》2013 年 7 月 8 日。
③ 详细情况，参见《光明日报》2013 年 11 月 1 日"经济社会新闻"版，《上海自贸区运行"满月"》一文。

个礼拜的时间已是一种历史性的跨越了。另外，在上海自贸试验区，政府内部的业务办理也已经在很大程度上实行定时时间管理模式，也就是说，时间一到政府相关部门就必须给出处理或者备案结果，否则就等于自动认可企业的材料。可以想象，在这种管理模式下，政府办事效率会大大提升，同时主管人员办理相关业务的责任意识也大大提升，这肯定能在很大程度上成为推动政府职能转变的推动力。

二、 变正面清单为负面清单管理模式

所谓正面清单，主要是指在传统的政府管理模式下，政府通常会列出企业或者个人可以投资或者政府鼓励投资的产业或项目目录，相反，对不符合这些清单的产业或项目则被认为是非法而面临被取缔或者接受经济、行政惩罚的一种政府管理做法。比如，《中华人民共和国外商投资产业指导目录（2011 年修订）》就是典型的正面清单。《中国（上海）自由贸易试验区总体方案》规定，在试验区内实行负面清单管理模式。所谓负面清单管理模式主要是指，政府明确列明禁止或者限制投资的产业或者产品目录。比如负面清单明确规定，"投资医疗机构投资总额不得低于2 000 万，不允许设立分支机构，经营期限不超过 20 年"，这就意味着外资如果想参股医院，只要不在上述限制范围内就可以了。从正面清单向负面清单管理模式的转变，将意味着政府监管模式的巨大转变：

一是在正面清单模式下，企业或个人投资和经营活动的范围和边界是给定的，即凡超出此范围和边界的活动就属于非法活动；相反，在负面清单下，除了受到清单限制以外的都可以从事，企业或者个人投资和经营活动的范围和边界将会得到大大扩充。用一个数学语言来概括就可能会更加清楚二者的区别，也即正面清单是一个所谓的封闭集合，其中的元素个数是给定的，而负面清单则是一个开放集合，其中包含的元素个数是无穷多的。

二是在正面清单下，企业或者个人投资的创新性活动将受到限制，因为大部分的企业或者个人创新性活动往往是非常规的、发生于政府难以预料的产业或者产品领域；相反，在负面清单下，企业或者个人的创新性活动由于不受限制，因而可能会表现得更加活跃。

三是在正面清单下，政府的管理活动具有行政性、随意性和难以预期性色彩；相反，在负面清单下，政府的管理活动将具有法治性、稳定性和可预期性的特点。道理很简单，自由贸易园区往往横跨多国国境，或者是在多国之间签订协定的，因此，负面清单通常都要上升到一国法律层面，才能受到各国认可。十二届全国人大常委会第四次会议关于授权国务院在中国（上海）自由贸易试验区暂时调整有关法律规定的行政审批一事就清楚地说明了这一点。负面清单类似于一个政府与社会之间的"楚河汉界"，政府不可逾越雷池，社会也不可逾越。笔者认为，负面清单管理模式将是中国走向法治政府的初级阶段，因为法治的本质就是政府与市场的边界清晰，就是政府与市场"井水不犯河水"，而负面清单也恰好是国外市场经济国家所采用的经济管理模式。

三、 政府监管的重点、内容与手段都将发生实质性的变革

在审批制或者核准制下，政府对于企业或者个人投资与经营活动的监管重在事前监管和文本监管；相反，在备案制以及负面清单管理模式下，政府监管的重点将变成过程监管、电子监管或者智能监管。从监管的过程来看，核准制下的监管重在文本监管，也就是实物与文本的相符、文本与法律的相符。相反，在上海自贸试验区内，政府对企业投资和经营活动的事前监管、文本监管过程在很大程度上失灵，这就意味着新形势下的政府监管必须采取新的、更加高级的手段。

从国外自由贸易区的管理模式来看，我们认为，这一新的、更加高级的政府监管将至少具有如下三个特点：

一是监管的重点将转向过程监管，从事前监管变成今后的事中和事后监管。所谓过程监管就是涉及产品原料采购、生产、销售、流通的整个过程。毫无疑问，这将意味着政府作为监管者，就必须清楚企业投资、经营和生产的整个过程，并能在政府监管的工作内容与这些过程之间建立全面的链接关系。所谓事中和事后监管，就是政府的监管重点将从过去的在生产前、贸易前的监管转变为在企业生产过程中、贸易过程中以及生产过程后和贸易过程后的监管。比如，某企业要加工一批宝石，在传统的监管模式下，政府监管的重点主要是事前的审核，对资格、技术、质

量、环境危害、工商资质、税务登记等方面的监管，政府如果发现企业提交的各项材料合格，就予以放行。对审核后的生产过程和贸易过程的监管在很大程度上是疏漏的。今后的监管将变成事前审核大大简化，而在企业宝石加工的过程中、加工后以及贸易过程中和贸易后的整个过程中，政府都有权进行监管。当然，在政府现有人力、物力条件下，可能难以做到，这就要求政府的监管将综合利用多种现代科技手段，以及采用不定时的抽查、曝光和借助社会监督等形式进行。

二是监管的手段将转向电子化、智能化和高科技监管。在传统监管体制下，政府要监管企业的资本、资金的流动，大多采用配额制的方法，也就是主要由相关企业向政府申报，政府给予相关的指标。但在上海自贸试验区内，外资企业的资本、资金向国内外的流动很可能在瞬间完成，因此，这些资金、资本流动是否符合外汇管理规定，是否符合我国相关法律就要求政府监管部门必须尽快建立能够与企业业务流程全面对接的电子化、智能化和高科技的监管体系，否则，政府对这类业务的监管将变成一句空话。在这里，戴尔公司在厦门海关所建立的一套智能联网监管体制就非常值得借鉴。海关根本不用进入戴尔在厦门的工厂，所有商品的生产、商品检验、质量监控、包装、运输等全过程都处于海关的实时监控体系当中，这样，海关监管的过程就简便化了，同时监管的效率也大大提升了。

三是监管的内容也从企业微观活动转向宏观监管、公共服务和公共安全。传统的政府监管内容相互交叉，权责不清，既可能涉及比如生产、定价、销售、运营等企业微观运行，也可能涉及企业的产品质量安全、环境影响等宏观方面。在上海自贸试验区内，毫无疑问，政府监管将退出企业微观运行领域，逐步转向宏观监管、公共服务和公共安全领域。比如，政府监管的内容将主要涉及产品质量安全、环保标准、财税监管、职工权益保护和公共安全等方面。同时监管的方式也将从全面覆盖向抽查形式、信息曝光和严厉惩罚形式转变，比如政府将建立无良企业黑名单制度、企业诚信平台、投诉处理平台、质量跟踪监控和回诉机制，企业交易信息与政府信息共享等形式。

此外，由于上海自贸试验区内经营的企业活动，大多涉及高端制造、金融、商贸、物流、咨询等现代服务业，并且内资、外资和国有企业将同台竞争，因此，相关的商业纠纷将增加,相关的商事仲裁、国际调解、法院、公安等机构有必要快速建立。值得注意的是,目前世界上商事交易的规则基本上都是由相关国际组织(国际大豆、木材、铝业组织)来规范的,只有在涉及特定事项且这些国际组织无法规范的时候,政府才能依法进行处理。因此,就对政府的监管内容、形式、边界、合理性、效率等提出了非常高的要求。

第四节　上海自贸试验区政府职能转变、
治理能力提升的方向在哪里?

党的十八届三中全会明确指出:"科学的宏观调控,有效的政府治理,是发挥社会主义市场经济体制优势的内在要求。必须切实转变政府职能,深化行政体制改革,创新行政管理方式,增强政府公信力和执行力,建设法治政府和服务型政府。"笔者认为,上述上海自贸试验区有关政府职能转变的现有举措,只是我国政府职能转型过程中的一个环节或者其中一个步骤,今后必然还有很多相关的步骤或改革的环节,其最终目的就是要在上海自贸试验区建设的基础上形成一套可复制、可推广的法治、服务型政府的若干治理体系框架和若干治理能力。具体而言,这种可复制、可推广的政府治理体系和治理能力建设可能还包括以下方面的内容:

第一,从政府治理模式角度看,上海自贸试验区所实行的政府管理模式将从管理型向服务型政府治理模式转变。截至目前的人类历史中,共出现了统治型、管理型和服务型政府三种治理模式。统治型是以政府为单一主体的政府管理模式,管理型是以政府和市场为二元主体的政府管理模式。[①]在试验区将要实施的政府治理模式,是以政府—市场—社会为主的多元主体的服务型政府治理模式。在这种政府治理模式下,政府只是社会治理、经济治理的主体之一,而不是全部;政府的角色也不再是单向的针对市场和社会的管理与管制,而是根据市场主体、社会的意愿

---

① 参见石国亮:《服务型政府:中国政府治理新思维》,研究出版社 2008 年版,第 6 页。

以及整个国家的公共利益、公共安全形成与市场、社会之间的良性互动;①同时,试验区内政府治理模式理念的这种调整,还意味着在政府职能转变的过程中,在相关行政制度、管理制度设计和出台的过程中,政府要更广泛地听取市场、社会、公众的诉求与意见。此外还要在制度维度上设计有利于社会、市场自主发展的法律制度。"特别是要在操作维度上为社会自主发展制定各种有利的政策导向,包括从职能转变向工作流程再造转变、从内部操作向公开运行的转变,从单一治理向共同治理转变。"②

第二,从政府治理方式角度看,上海自贸试验区的政府职能转变要更加注重依法行政、规范行政、高效行政的能力和体系建设。政府对市场、社会、经济活动的监管表现在多个层面,但不管是哪个层面的监管,都要体现依法行政、规范行政和高效行政的客观要求。在上海自贸试验区内进行的政府职能转变,就更要注意这一点,毕竟国内外的企业、组织、经济活动处于同一竞争平台,区内的经济单位会很快与国外、区内各种市场主体之间签订合同或者完成交易,因此,试验区的政府职能转变就必须按照法治化、国际化、规范化的政府行为方式,做到在事前进行信息告知,事中、事后依法进行监管甚至处罚,而绝不能按照传统的政府管理方式越界干预或者"黑箱"操作。其中"依法"体现了依法办事的法治意识,"规范"体现了国际化、标准化的基本要求,"高效"则彰显了与开放经济、市场经济相适应的基本时代特征。比如,负面清单的管理模式就符合法治化、规范化行政的基本要求,而备案制就符合高效行政的基本要求。

第三,从政府治理能力建设的维度来看,上海自贸试验区的政府治理将逐步探索和细化地方政府治理的内涵,并清楚地界定与中央政府治理事权之间的关系。从上海自贸试验区这一地方政府角度看,试验区内政府的职能转变主要体现在简政放权、深化行政审批制度改革、提高政府效能等方面,凡是市场机制能有效调节的经济活动,一律取消审批等方面程序。③凡是市场配置资源效率更高的活动,一律要由市场发挥主导作用。同时对于一级地方政府而言,上海自贸试验区还要加强区内的公共服务、市场监管、社会管理和环境保护职责,而中央政府将主要负责宏观调

---

① 参见赵红军:《良性政府治理怎样发挥作用?》,《东方早报·上海经济评论》2012 年 12 月 18 日。
② 参见石国亮:《服务型政府:中国政府治理新思维》,研究出版社 2008 年版,第 6 页。
③ 参见《中共中央关于全面深化改革若干重大问题的决定》,人民出版社 2013 年版,第 17 页。

控、全国性公共安全和公共服务等。另外，在试验区，政府机构改革也必须深化，要不断优化机构设置、职能配置、工作流程，要完善决策权、执行权、监督权，建立既相互制约又相互协调的行政运行机制建设。①比如，2013 年 12 月 31 日，上海市浦东新区工商行政管理局、食品药品监督局以及质量技术监督局宣布撤销，整合并组建了新的浦东新区市场监督管理局，其职责将覆盖生产、流通、消费全过程的市场监管体系。②这些都是上海自贸试验区内政府未来治理能力细化、职能转变的重要内容。

第四，从政府治理的边界角度看，上海自贸试验区的政府治理除了要划清中央政府与地方的治理边界之外，还要更加清楚地划分政府与市场、社会之间的边界。党的十八届三中全会指出，建设统一开放、竞争有序的市场体系，使市场在资源配置中起决定性作用。上海自贸试验区目前的很多政府职能转变举措已经充分体现了这一精神。比如，在上海自贸试验区内，已经实行了统一的市场准入制度，在制定负面清单的基础上，探索对外商投资实行准入前国民待遇加负面清单的管理模式，这种管理模式的本质就是清楚地划定政府与市场的边界。另外从公共服务提供的角度看，市场经济条件下有效的公共服务，一方面要充分发挥政府、市场与社会的积极性和创造性。比如，竞争性的、经营性的公共产品可以交给企业或者非营利组织，而基础性、公共性的教育、基本医疗、卫生、文化等公共服务要发挥政府主导作用。另一方面，要将政府作为公共服务的提供者与监督者的职能相对分离，这样才能实现有效的公共服务监督。

第五，从政府治理内容建设的角度看，上海自贸试验区的政府治理要注重从优化公共服务的流程、提高公共服务的效率与质量、强化必要的政府监管、创新公共服务的方式、扩大政府公共服务信息的宣传等维度进行建设。比如，上海自贸试验区工商部门所实行的"一口受理、并联办事、统一发证、信息共享"的服务模式就是从企业需求角度换位思考后优化公共服务流程的结果。又如，上海已经在"上海市网上行政审批平台"上建立了"自由贸易试验区子平台"，目的就是扩大政府公共服

① 参见《中共中央关于全面深化改革若干重大问题的决定》，人民出版社 2013 年版，第 18 页。
② http://big5.xinhuanet.com/gate/big5/news.xinhuanet.com/photo/2013-12/31/c_125941223_2.htm。

务信息的一种宣传方式,但这一平台是否能有效地扩大试验区政府公共服务信息的宣传等还需要时间来检验。另外,在试验区内,怎样有效地进行必要的政府监管,如何创新公共服务的方式,怎样提高公共服务的效率和质量等等,都是今后试验区政府治理能力提升的重要内容,也是今后试验区相关研究面临的重大课题。

第五节　上海自贸试验区建设对长三角地区经济发展的影响与机遇

　　新经济地理学认为,交通运输成本的降低是区域经济一体化的重要条件。一个普遍的规律是,随着交通运输成本的降低,区域分割的经济将走向一体化(我们暂且称之为一体化的第一阶段),但随着交通运输成本的进一步降低,一体化的经济很可能再次走向地区平衡发展(一体化的第二阶段)。从我们近年来有关中国城市化、区域经济的研究[①]来看,我们认为,长三角地区目前正处于一体化进程的第

[①]　比如,赵红军:《交易效率、城市化与中国经济发展》,上海人民出版社 2005 年版;赵红军:《新农村建设、工业化与城市化:一个新农村建设作用机制的经济学分析》,《南开经济研究》2010 年第 6 期;赵红军等:《浙江 10 地市的出口贸易为何如此不同——对浙江 1997—2006 年贸易发展影响因素的实证分析》,《国际商务研究》2010 年第 4 期;赵红军、尹伯成:《城市经济学理论演进与新发展》,《社会科学》2007 年第 11 期;赵红军、尹伯成:《2007 年上海市民出行效率调查与分析》,《城市问题》2008 年第 4 期;赵红军、孙楚仁:《二元结构、经济转轨与城乡差距分化》,《财经研究》2008 年第 4 期;孙楚仁、沈玉良、赵红军:《FDI 和加工贸易的关系:替代、互补或其它?》,《南开经济研究》2008 年第 3 期;赵红军、尹伯成、孙楚仁:《交易效率、工业化与城市化:一个理解中国转轨经济内生大发展的模型及其经验证据》,《经济学季刊》2006 年第 5 卷第 4 期;赵红军:《对城市形成原因的考察:一个演进经济学视角》,《城市问题》2006 年第 1 期;赵红军:《交易效率、城市规模及其未来趋势》,《社会科学辑刊》2005 年第 6 期;赵红军、尹伯成:《论交易效率与中国的城乡差距》,人大复印资料《农业经济导刊》2006 年第 5 期;赵红军、尹伯成:《论交易效率与中国的城乡差距》,《复旦学报》(哲社版)2006 年第 1 期;Hongjun Zhao and Bocheng Yin, "On Transaction Efficiency and Urban-Rural Disparity", *Frontier of Economics in China*, 2006, Vol.1, No.6;赵红军:《交易效率与城市化进程中的政府角色》,《城市发展研究》2005 年第 3 期;赵红军:《半个世纪以来中国的城乡差距的历史考察:交易效率视角》,《中国经济问题》2005 年第 2 期;赵红军:《交易效率:一个衡量一国交易成本的新视角及其经验证据》,《上海经济研究》2005 年第 11 期,人大复印资料《理论经济学》2006 年第 3 期全文转载。

一阶段,因为贯穿长三角地区的高铁、高速公路、铁路体系已经非常发达了,因此,交通运输成本对一体化的阻碍已经大大降低。但中国不同于其他市场经济国家的地方在于,长三角地区内部存在着各个行政区域相互独立,政策难以有效对接,管理体制上条块分割、难以协调的局限。因此,我们认为,随着上海自贸试验区的制度创新,长三角经济一体化的趋势将逐步加强,其相对于其他地区的优势将重新显现,这将对这一地区的区域经济发展和企业发展提供很多机会与机遇:

第一,从长三角地区范围内各省市之间的竞争关系来看,上海自贸试验区内所进行的很多管理制度创新,将很快在长三角地区范围内产生模仿和示范效应,促使当地出台一些类似管理举措。上海自贸试验区虽小,但其带动和辐射作用毫无疑问将覆盖整个长三角江,即浙、沪、皖等 16 个城市。在目前的行政管理格局下,上海自贸试验区外具有研发实力,与国际经济联系较多的高端制造业,以及研发、咨询、金融等服务业很可能将重新布局到上海自贸试验区内,或者在上海自贸试验区设立分公司。这必然对区外各省市的经济发展产生竞争压力。区外的省市为了相互竞争,也必然会做出一些反应,比如,它们可能会推出一些类似于上海自贸试验区的管理举措,以改善当地的投资和贸易环境,强化当地的经济地位。一个例子是,浙江省杭州市余杭区 2013 年 5 月出台了《支持科技型中小微企业发展的若干意见》,对符合国家产业和环保政策的科技型中小微企业,在项目审批上实行类似的“环保备案制”,并最大限度地缩减科技型中小微企业的环保前置许可时间。从实施情况看,实施“环保备案制”后原先需要 9 至 14 个工作日的环保前置许可时间已缩减到 1 至 2 个工作日。[①]目前这一环保备案制的做法已经产生了良好的效果,受到了当地企业的欢迎。可以想象,今后长三角地区还将出现更多类似的例子。

第二,从长三角地区范围各省市之间的经济互补关系来看,上海自贸试验区外各省市的地方政府、各类企业,只要想清楚各自的比较优势,仍然可以在经济互补这个问题上做很多文章,从而从总体上提高长三角地区的经济竞争力。长三角地

---

① 有关该例子的详细情况,参见《中国环境报》2013 年 11 月 20 日第 4 版“基层新闻”栏目,题目为《环保备案制,便捷又省时》。

区横跨 4 个省市、共 16 个城市，它们分别是上海市，江苏的南京市、苏州市、常州市、镇江市、扬州市、南通市、泰州市、无锡市，浙江的杭州市、宁波市、舟山、绍兴市、嘉兴市、湖州市、台州市。从这些城市所处的层级来看，上海市属于直辖市，人口多达 2500 万人，GDP 总量也最大，其次是南京市和杭州市，分别是省会城市，其余城市主要是地级市或者县级市，无论人口和经济总量来说都大大小于省会城市和直辖市。因此，在目前的城市群分工和经济分工体系下，已经形成了各自的比较优势。比如，上海的比较优势主要集中在高端制造、研发、先进制造、生产性服务业、金融服务、咨询服务业，而南京和杭州的优势是具有较大生产规模的大型制造、精细化工、仪表、汽车制造等行业，其余的地级市和县级市的比较优势主要是灵活的中小微型企业、民营经济或者劳动密集型制造业、轻工产品等。因此，上海自贸试验区建设带来的高端制造、造船、生物、医药、先进制造、物流、商贸、咨询、金融服务等的集聚，对长三角其他地区和省市的影响将是比较有限的，试验区对长三角经济的带动作用将主要表现为互补，以此进一步提升长三角地区的整体经济竞争力。

第三，从上海自贸试验区给长三角地区企业以及个人带来的机遇来看，将出现对高端商务、法务、外贸、商贸、物流、高端制造等现代服务业、现代制造业的广阔市场机会，出现对相关产业人才、政府相关管理人才等多方面人才的需求，长三角地区对这类人才的争夺将更加激烈。(1)那些精通高端制造、先进制造、造船、医药、生物、海洋产品等研发，精通英语、国际法、商务、咨询、外贸等业务和技能的中高端人才的就业机会将会增加。(2)那些精通英语、熟悉国际企业运作、具有国际教育背景、具有政府行政管理经验的公安、海关、检察、司法、仲裁等部门的高端人才需求也将增加，晋升、调动的机会将增加。比如，2013 年 11 月 5 日，上海自贸试验区法庭、上海自贸试验区检察室已经成立，今后试验区公安局、工商局等相关机构都将快速成立，对相关高端人才的需求将会增加。(3)上海自贸试验区的设立，将迎来长三角地区对经济、外贸、造船、物流、法务等各方面高端的人才竞争。比如，2013 年 1 月 17 日，国务院批复《浙江舟山新区发展规划》，2013 年 4 月舟山市随即向全国和全世界发布《2013 年紧缺高层次人才需求白皮书》，面向全球招聘港航物流人才、船舶与海洋工程人才、航洋旅游人才、电子信息人才、航洋生物医药人才、先进制造业人才、新能源和新材料人才、海洋科技开放服务人才、金融人才、规划和建筑业人才、教育人才、公共管理人才。①2013 年 10 月 13 日，浙江舟山群岛新区面向全球招聘高端人才 200 名。②可以想象，今后长三角地区的其他城市很可能也会出台相应的吸引高端人才的政策。同时，全国很多高校，特别是财经类、对外经贸类、政法类，甚至一些综合性大学都积极参与上海自贸试验区建设，其人才培养目标也会进行一定程度的调整，因而相关人才的竞争也必将更加激烈。

第四，从全国范围来看上海自贸试验区的管理制度创新，其将具有全国性的示范效应，并推动长江三角洲、珠江三角洲、渤海湾地区，甚至中部、西部地区的经济改革和创新。上海自贸试验区《总体方案》中明确强调，上海自贸试验区是推进改革和提高开放型经济水平的"试验田"，要形成可复制、可推广的经验，发挥示范带动，服务全国的积极作用，促进各地区共同发展。党的十八大报告也强调，建立上海自贸试验区"是党中央在新形势下推进改革开放的重大举措，要切实建设好、管理好，为全面深化改革和扩大开放探索新途径、积累新经验。在推进现有试点基础上，选择若干具备条件地方发展自由贸易园（港）区"。这已经非常明确地说明了，上海自贸试验区在全国改革开放方面所具有的示范和推广意义。从经济学理论角度看，目前与上海实力相当，有条件和资格成为自由贸易园区的城市群，主要是珠江三角洲城市群、渤海湾城市群、武汉长沙城市群、重庆—成都城市群、西安—咸阳—宝鸡—天水城市群等。很显然，上海自贸试验区所进行的各项有关投资贸易便利化、政府职能转变、行政管理制度创新的尝试，毫无疑问都将成为其他城市群学习的对象，因而我们可以预期的是，随着上海自贸试验区各项改革的稳步推进，中国经济转型升级的新局面必将全面形成。

---

① 参见浙江舟山群岛人才工作信息网，http://www.1000rc.gov.cn/Default.aspx。
② 参见浙江舟山群岛海内外公开招聘人才公告，http://www.zjrc.com/zs。

第二章

中国（上海）自由贸易试验区企业境外投资政策[*]

得益于我国对外投资政策不断变革和实施"走出去"战略，从 2003 年开始，我国企业对外投资经历了长达十年的快速增长。但是我国对外投资管理体制和相关政策仍存在着许多严重不利于企业"走出去"的规定。相比之下，中国（上海）自由贸易试验区做出了更加积极的制度创新，倾向于境外投资自由化，这为我国企业境外投资进一步发展提供新的机遇。眼下，上海自贸试验区须尽快制定具有可操作性的对外投资促进政策，并完善对外投资促进服务体系。这样，才能尽快使其制度创新落在实处，为全面深化我国对外投资管理体制改革探索新途径，提供"可复制、可推广"的经验，发挥示范带动和服务全国的积极作用。

第一节　我国企业境外投资现状

我国企业境外投资即对外直接投资（outward foreign direct investment, OFDI），是指我国境内投资者以现金、实物、无形资产等方式在国外及港澳台地区设立、参股、兼并、收购国（境）外企业，拥有该企业 10％或以上的股权，并以拥有或控制企业的经营管理权为核心的经济活动。[①]1979 年 11 月，北京市友谊商业服务

[*] 本章内容是文娟主持的上海市政府决策咨询研究项目《上海"自贸区"对我国企业海外投资的影响》（Z085ZTYJ13008）的部分内容，并获得"上海市 085 工程——上海对外经贸大学课题"的资助。
[①] 中华人民共和国商务部、中华人民共和国国家统计局、国家外汇管理局：《2011 年度中国企业对外投资统计公报》2012 年。按照《中国（上海）自由贸易试验区境外投资开办企业备案管理办法》的规定，上海自贸试验区企业境外投资不包括金融类企业对外投资。

公司同日本东京丸一商事株式会社在东京成立"京和股份有限公司",这是我国第一家境外合资企业,也是我国发生的第一笔企业境外投资。此后很长一段时间内,我国 OFDI 额一直处于很低的水平。2000 年,我国正式提出并开始实施"走出去"战略,随后对外投资政策逐渐朝着有利于企业境外投资的方向转变。随之,从 2003年开始,我国企业境外投资呈现出快速发展的景象,但也暴露出诸多不足。①

一、 我国企业境外投资发展状况

1. 企业境外投资规模快速增长

2003—2012 年,中国 OFDI 保持了连续十年增长,跃升成为世界第三大企业境外投资国家,仅次于美国和日本。其中,我国"走出去"企业数从 3 439 个增加到16 000 个,境外企业数从 3 000 个增加到 21 860 个,企业境外投资净额(流量)从28.5 亿美元提高到 878 亿美元。截止到 2012 年底,我国 OFDI 累计存量达到5 319.4 亿美元,位居世界第 13 位,较上年提高了 4 位。其中,累计非金融类 OFDI为 4 346 亿美元。根据我国商务部最新统计数据,2013 年上半年,我国企业境外投资继续快速增长,投资额达 421.2 亿美元,同比增长 34%。

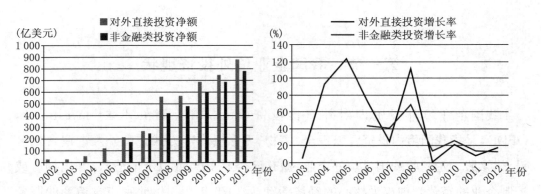

注:2005 年之前我国没有区分非金融类企业境外投资。
资料来源:根据 UNCTAD:《世界投资报告》(2004—2013 年)整理得到。

图 2.1 2003—2012 年我国企业境外投资情况

---

① 本章分析中所采用的数据如无特别说明均来源于相关年份的《中国企业对外投资统计公报》。

2. 我国企业境外投资行业分布集中度高

2012 年末,我国企业境外投资覆盖了国民经济所有行业类别。但是企业境外投资净额超过 100 亿美元的只有 4 个行业,分别是:租赁和商务服务业,267 亿美元,占比为 30.4%;采矿业,135 亿美元,占比 15.4%,同比下降 6.2%;交通运输、仓储和邮政业,130 亿美元,占比 14.89%;金融业,100.7 亿美元,占比 11.5%。截止到 2012 年底,我国企业境外投资存量超过 100 亿美元的行业有租赁和商务服务业、金融业、采矿业、批发和零售业、制造业、交通运输业、仓储和邮政业、建筑业,这 7 个行业累计企业境外投资存量达 4 913 亿美元,占我国企业境外投资存量总额的 92.4%。其中,金融业增速最快,制造业次之,增速分别为 65.9% 和 23.2%。

3. 我国企业境外投资地区分布集中度高

从境外企业地理分布看,2012 年底我国 2 万多家境外企业分布在全球 179 个国家(地区),覆盖率达 76.8%。其中,亚洲地区的境外企业覆盖率高达 95.7%,欧洲为 85.7%,非洲为 85%。从 OFDI 流量地理分布看,对亚洲地区投资额为 647.85 亿美元,占全部 OFDI 的 73.8%,同比增长 42.4%;对北美地区投资额为 48.82 亿美元,占比 5.6%,但同比增长了 96.9%,对欧洲、非洲、拉美和大洋洲投资同比下降。从 OFDI 存量地理分布看,前 20 位的国家地区存量累计达到 4 750.93 亿美元,占总量的 89.3%。从境外投资项目地理分布看,2012 年我国境外投资项目集中于亚洲、北美洲和欧洲,这三个地区直接投资项目占比分别为 57%、17% 和 12%,合计达到 86%。[1]可见,我国 OFDI 在大洋洲、北美洲和欧洲的项目平均投资规模较大,在亚洲与非洲的项目平均投资规模要低得多。

4. 国有企业是对外投资的主体,但所占份额趋于下降

长期以来,我国国有企业(指国有独资企业和国有控股企业)在企业境外投资总量中占据绝对主体地位。2012 年末,国有企业在中国非金融类企业境外投资存量中比重从 81% 下降至 59.8%,但依然占据主导地位。由于我国国有企业在国内自然资源和能源等领域占据主导地位,因此也主导着我国对澳大利亚、加拿大、巴

---

① 中国社会科学院世界经济与政治研究所国际投资研究室:《2013 年第一季度中国对外投资报告》2013 年 3 月 18 日,第 4 页。

西和撒哈拉以南非洲等资源丰富国家的直接投资活动。2012 年我国 OFDI 中，97％的自然资源交易、79％的工业交易、67％的服务业交易由国有企业完成。

5.民营企业在我国企业境外投资的地位日益上升

2012 年，地方企业境外投资 281.9 亿美元，占同期企业境外投资总额的 36.5％，同比增长 38.9％，较全国增速高出 10.3 个百分点。广东、山东、江苏等位居前列的对外投资大省均实现了近 50％的增长。如果将国有企业和外商投资企业之外的其他类型企业合计为民营企业，则 2008—2011 年民营企业在我国非金融类企业境外投资流量中的占比从 15.5％增至 43％，投资存量从 29.6％增至 36.4％，与大型国有企业的差距明显缩小。①按照投资交易额排名，2012 年前 10 位中国投资者依次为中国石化集团、中国石化、中国长江三峡集团公司、大连万达、中国投资有限责任公司、国家电网、光明食品、潍柴动力、联想和华为，其中有三家民营企业，它们分别是联想、华为和大连万达。

二、 我国现阶段企业境外投资促进政策

我国企业境外投资的快速发展与我国相关政策的演变密切相关。2000 年之前，我国的国际投资政策的基本思想是鼓励引进外资（FDI）并限制对外投资。2000 年，我国政府首次提出"走出去"战略，并写入中共十五届五中全会审议通过的《中共中央关于制定国民经济和社会发展第十个五年计划的建议》。此后，我国政府开始逐步放宽或者取消限制企业境外投资的有关规定，并转向鼓励和促进企业境外投资，以及构建对外投资促进服务体系。从 2000 年到 2013 年间，国务院和各职能部门共出台了 52 个规范性文件。从这些文件内容的变化看，我国企业境外投资政策演变是渐进式改革，逐渐形成了我国现行对外投资政策。据调查，在各种政策措施和服务便利中，有超过 60％的受访企业认为外汇政策、通关政策、安全保障、财税政策、保险政策、产业导向、金融政策、信息服务等政策对"走出去"的帮助较大，其中境外投资信息发布、外汇政策性支持、通关商检政策性支持、境外权益保障政

① 中国国际贸易促进委员会：《2011—2012 中国企业"走出去"发展报告》2013 年版，第 2 页。

策得到超过三分之二的企业认可。①

我国现行对外投资政策的主要内容可以概括为管理制度、政策支持(财政、金融和税收)、组织架构和服务便利等四个方面。

1. 管理制度

我国非金融类境外投资管理制度的基本框架由前置报告、实体监管、事后监督构成。(1)前置报告指商务部和外汇管理局的境外并购前期报告制度,以及发改委管理下的信息报告制度。(2)实体监管是指由发展改革委员会、商务部对对外投资项目和企业实行核准制、备案制,外汇管理局对境外投资外汇实行核准、登记制度,以及国有资产管理委员会对中央企业实行的报告、核准制度。②(3)事后监管包括对进行境外投资利润的汇回或留存境外相关事项的监督(外汇管理局),企业境外投资统计制度(商务部与国家统计局),境外投资联合年检和综合绩效评价制度(商务部与外管局),境外矿产资源开发网上备案制度(商务部与国土资源部),国别投资经营障碍报告制度(商务部)等。

2. 直接的财政和金融支持

这方面的政策性机构指中国出口信用保险公司、中国进出口银行和国家开发银行。其中,中国出口信用保险公司主要为境外投资提供投资保险服务、担保服务和各类咨询服务;中国进出口银行作为专业外经贸政策性银行,对各类对外投资合作给予信贷支持,并设立了境外投资专项贷款;国家开发银行在世界 50 多个国家设立了工作组,为各类投资项目提供信息咨询,累计为境外投资项目提供贷款超过200 亿美元;国家开发银行还设立了中非发展基金有限公司,以投资参股方式推动中国企业到非洲开展投资和经贸活动,并提供咨询服务。我国中央政府的财政支

---

① 中国国际贸易促进委员会:《中国企业海外投资及经营状况调查报告》2012 年版,第 26 页。

② 2013 年 12 月 13 日,国务院发布《政府核准的投资项目目录(2013 年本)》。其中的第十三条规定,中方投资 10 亿美元及以上项目,涉及敏感国家和地区、敏感行业的项目,由国务院投资主管部门核准。前款规定之外的中央管理企业投资项目和地方企业投资 3 亿美元及以上项目报国务院投资主管部门备案;国内企业在境外投资开办企业(金融企业除外)事项,涉及敏感国家和地区、敏感行业的,由商务部核准;其他情形的,中央管理企业报商务部备案,地方企业报省级政府备案。

持主要是对境外投资企业提供直接补助或贴息等专项资金支持。①此外，许多地方政府也提供一定金额的地方财政支持。

3. 税收支持

我国 OFDI 的税收优惠主要有五项措施。

（1）税收抵免。我国国家税务总局定义，税收抵免即对纳税人来源于国内外的全部所得或财产课征所得税时允许以其在国外缴纳的所得税或财产税税款抵免应纳税款的一种税收优惠方式，是解决国际间所得或财产重复课税的一种措施。具体办法是，先按纳税来自国内外全部所得或财产计算应纳所得税或财产税税款，然后再扣除其国外缴纳的部分，其余额即为实际应纳所得税或财产税税款。我国实施分国限额税收抵免办法，即抵免数额不得超过按照居住国税法计算的应纳税额。

（2）税收饶让。税收饶让是指居住国政府对跨国纳税人在非居住国得到减免的那一部分税额，视同已经缴纳，不再按本国规定的税率予以补征。

（3）所得税减免优惠。无论东道国与我国是否签有避免双重征税协定，境外投资企业自正式投产或开业之日起 5 年内，对中方从境外分得的应税利润免征所得税。

（4）关税优惠。对在发展中国家不能获得可兑换货币的合营企业，中方以分得的利润购买或以货易货的方式换回我国所需要的其他产品，除国家禁止进口的产品外，若经营有亏损的，可申请减免进口关税。

（5）税收减免。纳税人海外投资遭遇自然灾害或政治风险而损失较大时，可按规定对其境外所得给予一年减征或免征所得税的照顾。

4. 投资促进体系的组织架构

我国已经建立起从中央到地方的专门投资促进机构，以官方机构为主，暂时没

---

① 参见我国国家财政部和商务部联合印发的《对外经济技术合作专项资金管理办法》（财企〔2005〕255 号）。2012 年 7 月，财政部发布的《关于做好 2012 年对外经济技术合作专项资金申报工作的通知》强调重点支持的项目新增了矿业，撤销了"同一企业当年获得的对外经济技术合作专项资金累计补助额不得超过 3 000 万元人民币"的规定。

有私人性质机构。官方机构主要有中国商务部投资促进事务局和地方商务委下设投资促进机构,准政府机构有国际投资促进会、中国国际贸易促进委员会、国际商会等。这些机构的特点是同时具有对外投资的管理和促进职能。主要投资促进机构还建立了全国投资促进机构联席会议(FIPAC)机制。前述的中国出口信用保险公司、国家开发银行、中国进出口银行是落实投资促进政策的专门机构,国家外汇管理局、中国人民银行、财政部、国资委、发改委以及地方政府等都有一定的管理权和服务职能。

5. 服务便利

我国投资促进机构提供的服务便利以纯粹的信息服务为主。经过十多年发展,我国已经形成较为全面的宏观信息服务,如《中国对外投资促进国别/地区系列报告》、《国别贸易投资环境报告》、《国别投资经营障碍报告》、《对外投资国别产业指引》、《对外投资合作国别(地区)指南》、《国家风险分析报告》、《中国企业对外投资统计公报》以及《中国对外投资合作发展报告》。此外,中国投资指南网、中国对外经济合作指南网、展会平台和中介服务组织等公共信息服务网站提供更多具体信息和服务。

三、 我国企业境外投资的不足

1. 我国企业境外投资潜力没有得到充分释放

作为世界第二大经济体,我国已位列世界第三大对外投资国。但是从相对指标看,我国境外投资诉求远远没有得到释放。(1)存量规模小。截止到2012年底,我国 OFDI 累计存量不到全球的 2.2%,约为美国的 10%、英国的 28%,德国的 32.9%、法国的 34%、中国香港的 38.9% 和日本的 48%(图 2.2)。事实上,2012 年这些数字较上年均有所下降。(2)OFDI 净额占 GDP 的比率低。2012 年,我国 OFDI 流量占 GDP 的比率为 1.04(全球排名第 35 位),中国香港为 31.9,美国为 2.18,日本为 2.1,俄罗斯为 2.4。(3)企业境外投资与外商直接投资(FDI)的比率低。2012 年,美国、英国和日本 OFDI 与 FDI 的比率分别为 1.5、1.4 和 4.7,我国仅为 0.2。

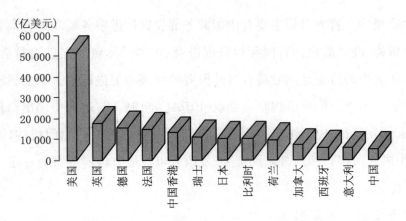

(亿美元)

资料来源：根据 UNCTAD：《世界投资报告》(2004—2013 年)整理得到。

图 2.2　截止到 2012 年底主要国家(地区)企业境外投资存量

2. 我国企业海外投资风险大

首先，从地理分布看，2012 年末，中国企业境外投资存量高度集中于高政治风险的发展中国家。其次，从投资主体看，国有企业是对外投资的主导体。这样的投资特征蕴含着巨大的投资风险。一方面，国有企业自身属性和明显的资源导向性，使其更容易遭遇东道国政治歧视；另一方面，民营企业境外投资以规避劳动力成本和开拓出口市场为主，没有进入价值链高端，规模小、国际化人才缺乏、审批程序复杂、融资渠道有限、国际政治形势多变等则是它们需要面对的主要问题，容易遭遇因竞争和产品问题而引发的风险。最后，我国 OFDI 普遍呈现单个项目规模小、技术水平低的特点，国企和民企都没有形成生产或经营的国际化网络，缺少企业协同合作，投资有盲目性。2012 年，我国近 2.2 万家海外企业的平均投资额仅399 万美元；我国企业共实施境外跨国并购 457 项，实际金额 434 亿美元，其中排名前 10 的海外并购案合计 233 亿美元，剩下 447 项的平均交易金额不到 5 000 万美元。

3. 存在较大规模虚假海外投资

我国与市场机制成熟国家(地区)之间存在着一定制度差距，同时外商直接投资企业在我国一直享有"超国民待遇"。这种特殊的制度安排导致了一部分企业境外投资是出于"制度套利"，即先"走出去"投向中国香港、英属维尔京、开曼群岛等国际避税地，再回流到内地投资变身成为外商投资企业，从而可以同时享受我国政府给予对外投资和外商投资的双重优惠政策和利益。这就是我国企业境外投资中的所谓"维尔京"现象。随着我国对外投资政策调整，2012年我国企业对上述三地的投资额较往年显著下降，但仍占到总量的61.9%。制度距离还造成部分企业在国内市场的交易成本超过跨国经营成本，因而被迫提前国际化。这实质是母国制度供给不足导致的资本逃逸。这种性质的资本逃逸很难被区分，其规模也无法估计。总之，我国企业境外投资统计不能准确反映数据快速增长背后的故事。

4. 我国企业海外投资收益率低[①]

根据IMF公布的经常账户企业境外投资收益和投资存量估算，2012年我国企业境外投资收益率为4.3%，而美国、英国和日本的投资收益率分别高达8.4%、7.3%和6.7%。我国89%的企业境外投资分布于收益率高的发展中国家，根据各投资地比重及其平均收益率测算，我国企业境外投资的潜在收益率应为7.8%，说明投资效益低的原因并非投资区域整体回报率低，而是具体投资项目的问题。相比之下，发达国家企业境外投资收益率均高于外商在本国投资收益率。2012年，美国企业境外投资和外商在美直接投资收益率分别为8.4%和4.8%，英国分别为7.3%和5.2%，日本分别为6.7%和6.5%，德国分别为5.2%和4.1%，而我国分别为4.3%和9.2%。我国收益率OFDI和外商直接投资倒挂，显然违背了资本的基本属性，其原因值得深思。

第二节　上海自贸试验区企业境外投资的机遇和挑战

关于企业境外投资，《中国（上海）自由贸易试验区总体方案》（以下简称《总体方案》）明确指出上海自贸试验区要"构筑对外投资服务促进体系，改革境外投资管理方式，对境外投资开办企业实行以备案制为主的管理方式，对境外投资一般项目

---

① 此处分析和数据引用自田昇：《中国企业"走出去"：冲动后的反思》，《经济观察报》2013年9月14日。

实行备案制,由上海市负责备案管理,提高境外投资便利化程度。创新投资服务促进机制,加强境外投资事后管理和服务,形成多部门共享的信息监测平台,做好企业境外投资统计和年检工作。支持试验区内各类投资主体开展多种形式的境外投资。鼓励在试验区设立专业从事境外股权投资的项目公司,支持有条件的投资者设立境外投资股权投资母基金"。

上述文字指明了上海自贸试验区企业境外投资政策改革的方向。《总体方案》发布后,国家工商总局、中央人民银行、国家外汇管理局、国家财政部和税务总局等中央政府职能部门以及上海市地方政府和职能部门先后从自身管理权限和服务的角度制定政策,共出台了 25 个支持性意见或者具体管理办法。其中,标题中包含有"企业境外投资"的文件有 2 份:《中国(上海)自由贸易试验区境外投资项目备案管理办法》和《中国(上海)自由贸易试验区境外投资开办企业备案管理办法》。通过对包括《总体方案》在内的 26 份文件的内容进行全面梳理,我们发现我国企业对外投资的某些重大的国内制度障碍已经被扫除,我国企业境外投资发展将迎来新的机遇;然而,还有的一些制度障碍依然存在,完善投资促进服务体系这一问题尚未被触及。

一、 上海自贸试验区 OFDI 迎来新的发展机遇

相对于现行 OFDI 政策,上海自贸试验区的政策优势表现在:放松 OFDI 管制、放松外汇管制、跨境资金流动、投融资便利,以及对冲海外投资风险的手段等方面。

1. 放松对境外投资项目和境外开办企业的管制

我国境外投资管理涉及多个部门,境外投资项目和开办企业往往要经过多个部门审核,审批环节过多,且个别环节存在重复审核和审核标准不一致的现象。例如民营企业"走出去",需要先向县级专业主管部门递交相关报告后,再经省、市、相关部委审批,最后经商务部和国家外汇管理局的联合核准才行,期间耗时最长可能需要数年,甚至贻误了 OFDI 的时机。针对这一问题,上海自贸试验区对企业境外投资取消前置核准改为备案制:在上海市政府权限内的对外投资项目和企业设立

不需要审批和核准，只要到政府商务部/商务委备案即可。"备案制"使企业"走出去"变得更加自主。核准制改为备案制是我国对外投资管理体制的一项重大突破，迅速在全国引起强烈反响，并很快成为第一条在全国范围内"可推广、可复制"的制度创新经验。①

2. 放松外汇管制

我国现行外汇审批流程复杂，对国内母公司给予境外子公司贷款担保有严格的数量限制，中国银行境外分行也不能向我国境外企业发放贷款。这些规定都极大削弱了海外投资企业的国际国内融资能力。对此，上海自贸试验区按照服务实体经济、深化外汇管理改革、有效防范风险、"成熟一项、推动一项"原则，大幅度简化外汇管理的审批流程，体现"简政放权"。②

（1）简化经常项目收结汇、购付汇单证审核。银行按照"了解你的客户"、"了解你的业务"、"尽职审查"等原则办理经常项目收结汇、购付汇手续。

（2）简化直接投资外汇登记手续，直接投资项下外汇登记及变更登记下放至银行办理，加强事后监管。在保证交易真实性和数据采集完整的条件下，允许区内外商直接投资项下的外汇资金意愿结汇。

（3）放宽对外债权债务管理。取消对外担保和向境外支付担保费行政审批，放宽区内企业境外外汇放款金额上限，取消境外融资租赁债权审批，允许境内融资租赁业务收取外币租金。

（4）改进跨国公司总部外汇资金集中运营管理、外币资金池及国际贸易结算中心外汇管理试点政策，放宽试点企业条件，简化审批流程及账户管理。

（5）完善结售汇管理，便利银行开展面向区内客户的大宗商品衍生品的柜台

---

① 在 2013 年 12 月 13 日国务院发布《政府核准的投资项目目录（2013 年本）》对企业境外投资管理方式作出调整之前，我国企业境外投资中方投资额在 1 亿美元以上和敏感项目需要报商务部核准，1 000 万美元级以上、1 亿美元以下及敏感项目须报省级地方主管部门核准。适用于中央管理企业投资的中方投资额 3 000 万美元以下的资源开发类境外投资项目和中方投资用汇额 1 000 万美元以下的其他境外投资项目，由其自主决策并在决策后将相关文件报国家发展改革委备案。

② 参见中国国家外汇管理局上海分局：《关于印发支持中国（上海）自由贸易试验区建设外汇管理实施细则的通知》（上海汇发[2014]26 号），2014 年 2 月 28 日。

交易。

（6）上海自贸试验区内企业境外外汇放款金额上限由其所有者权益的 30% 调整至 50%，而中国境内银行通过上海自贸试验区内的国际外汇资金主账户吸收的存款可在不超过 10% 的额度内境内运用。

3. 跨境资金流动便利

金融制度创新是上海自贸试验区最重要的部分。中国人民银行《关于金融支持中国（上海）自由贸易试验区建设的意见》的指导思想是"服务实体经济，便利跨境投资和贸易"，在资金流动、投融资和降低投资风险的对冲工具方面给企业境外投资创造便利条件。

（1）基本解除资金跨境流动限制。上海自贸试验区将设立本外币自由贸易账户，为符合条件的区内主体开立自由贸易账户，并提供相关金融服务。上海自贸试验区内居民和非居民可以设立本外币自由贸易账户。自由贸易账户与境外账户资金自由划转，同一非金融机构主体的居民自由贸易账户与其他银行结算账户之间因经常项下业务、偿还贷款、实业投资，以及其他符合规定的跨境交易需要可办理资金划转，自由贸易账户可办理跨境融资、担保等业务等规定，意味着资金流出完全放开；自由贸易账户与境内居民账户的资金流动，仍然视同跨境业务进行管理。虽然账户内本外币资金还不可以自由兑换，但上述创新基本做到了"一线放开"。当然按照"二线管住"的要求，自由贸易账户内的本外币自由兑换依然受到限制。

（2）探索投融资汇兑便利。融资方面，试验区内企业以及其他经济组织根据经营需要可以按规定从境外融入本外币资金；完善全口径外债的宏观审慎管理制度，采取有效措施切实防范外债风险。这些对有资金需求的企业无疑是重大利好。投资方面，试验区跨境直接投资，可按上海市有关规定与前置核准脱钩，直接向银行办理所涉及的跨境收付、兑换业务。在试验区内就业并符合条件的个人可按规定开展包括证券投资在内的各类境外投资。

（3）为降低海外投资风险提供多种对冲手段。试验区内企业可按规定基于真实的管理需要在区内或境外开展风险对冲管理。允许按规定开展境外证券投资和境外衍生品投资业务。试验区分账核算单元因向试验区内或境外机构提供本外币自由兑兑产生的敞口头寸,应在试验区内或境外市场上进行平盘对冲。可按规定参与国际金融市场衍生工具交易。经批准,可在一定额度内进入境内银行间市场开展拆借或回购交易。

(4) 扩大人民币"走出去"。上海的金融机构可在"了解你的客户"、"了解你的业务"和"尽职审查"三原则基础上,凭试验区内机构和个人提交的收付款指令,直接办理经常项下、直接投资的跨境人民币结算业务。试验区内企业可开展集团内双向人民币资金池业务,为其境内外关联企业提供经常项下集中收付业务。

4. 其他

(1) 工商管理体制改革。其核心思想是减少管制,降低准入门槛,规范市场,吸引企业落户,具体包括:试验区企业认缴登记制,"一口受理",工商部门统一接收向工商、试验区管委会(即经授权的外资审批或备案部门)、质监和税务等部门提交的申请材料,"先照后证",取消一般行业经营许可证制,企业年检制度改为年度报告公示制度。[1]工商管理体制改革,显示出上海自贸试验区转变政府管理方式,有助于培育良好市场环境,民营企业因此获得比境内试验区外相对公平的待遇和竞争机会。

(2) 实施OFDI递延纳税制度。注册在上海自贸试验区内的企业,因非货币性资产对外投资等资产重组行为产生资产评估增值,据此确认的非货币性资产转让所得,可在不超过5年期限内,分期均匀计入相应年度的应纳税所得额,按规定计算缴纳企业所得税。[2]递延纳税相当于政府为境外投资企业提供一定年份的无息贷款。

二、 上海自贸试验区企业境外投资面临的挑战

1. 境内融资难问题依旧

融资难和融资成本高是我国OFDI面临的最大挑战。[3]上海自贸试验区的金

---

[1] 参见国家工商行政管理总局:《关于支持中国(上海)自由贸易试验区建设的若干意见》(工商外企字[2013]147号),2013年9月16日。

[2] 参见财政部、国家税务总局:《关于中国(上海)自由贸易试验区内企业以非货币性资产对外投资等资产重组行为有关企业所得税政策问题的通知》(财税[2013]91号),2013年11月15日。

[3] 参见中国国际贸易促进委员会:《2010年中国企业境外投资现状及意向调查报告》2010年版,第17页。

融制度创新和外汇管理制度改革，极大地解除了境外融资渠道和汇兑阻碍。然而我国 OFDI 处于起步阶段，无法把境外资本市场作为主要资金来源，国内融资显得十分重要。我国企业获取海外投资资金的渠道有自有资本、银行借款、通过在资本市场发行股票和债券，以及利润再投资。其中，自有资本是主要资金来源。①

我国政府对"走出去"企业的资金支持总量规模并不小。融资问题的背后原因主要是财政、金融支持存在严重的结构性偏向②，对国有企业和民营企业一直未能做到平等对待，针对企业境外投资的境内银行中长期贷款以直接财政补助（为获得项目而发生的相关费用、资料费等）和贴息，以及国家政策性银行贷款的绝大部分给予了大型国有企业。这种国有企业偏向的支持策略违背了商业利益原则，损害了国内银行利益，提高了政治风险的概率，还可能造成忽视对企业状况的考察而导致投资收益率低。此外，我国境内金融市场不发达、市场化程度低，银行审批手续繁琐、耗时长、获取成本高，境内资金筹措和贷款担保等面临较多限制等问题，也大大抑制了我国企业特别是民营企业的海外投资能力。目前，上海自贸试验区制度创新还基本没有涉及如何去解决这些问题。

2. 海外投资风险防范机制依旧缺失

根据《新帕尔格雷夫经济学大辞典》的定义，风险（risk）是指不确定性或不完全信息现象。企业海外投资风险分为四种。政治风险：包括双边关系、东道国政局等；当地规制风险：东道国在股权比例、市场准入、国家安全、反垄断、劳工、环保等方面的审查；经济风险：东道国经济周期、市场竞争、汇率波动等；文化、习俗等社会差异。中国对外投资的快速增长，引发了国际社会的普遍关注，东道国 FDI 保护主义正在上升也加大了中国企业当地投资面临的风险。据美国传统基金会（The Heritage Foundation）"中国全球投资追踪"数据库，2005—2012 年，我国 OFDI 遭

---

① 参见中国国际贸易促进委员会：《2010 年中国企业境外投资现状及意向调查报告》2010 年版，第 23 页。

② 除了直接的财政金融支持，其他政策支持也明显倾向于国有企业。根据《中国企业海外投资及经营状况调查报告 2012》，70.1％的民营企业表示在"走出去"过程中得到的我国各级政府帮助，比国有企业低 13 个百分点。

遇麻烦项目共 88 个,总额达 1 988.1 亿美元。①我国企业境外投资风险大,导致不少投资项目甚至血本无归。著名法学家和国际仲裁专家陶景洲保守估计,我国企业"走出去"的"失败率在 60％左右"。②

我国企业海外投资风险大有三个原因。

（1）企业不熟悉当地法律,应对经济风险和文化差异等的能力弱。这是目前我国企业"走出去"遇到的主要风险。③我国企业国际化经验不足表现为,缺乏系统和长远规划,缺乏具有国际战略投资和大型跨国公司管理的人才储备和管理经验,缺乏能够提供针对性服务的专业咨询服务机构和中介组织,缺乏对当地市场环境和人文环境及法律政策的研究,公司内部风险控制和防范能力不强,缺乏当地化经营策略和理念,公共外交能力不强,缺乏经营规范和社会责任意识,忽视产品和施工质量安全,甚至涉足商业贿赂等。

（2）政治风险日益增多。我国企业境外投资以国有企业为主,行业集中于资源、能源、加工制造和批发零售业。"国有企业"或者"主权基金"加上"矿产资源"的投资特征很容易放大我国海外企业面对的政治压力,包括当地政府和民众对本地区资源"被掠夺"的担心,以及强大的劳工组织、政治动乱等。我国企业在发达国家的投资,面临的主要威胁之一是强大的劳工组织。2005 年 1 月（中国）上汽集团以约 5 亿美元并购韩国双龙汽车公司 48.9％的股权,然而到 2009 年该部分股权被稀释为 11.2％,致使上汽集团资产减值损失约为 30.76 亿元人民币。与当地劳工组织的冲突是该案例最终失败的主要原因。东道国为发展中国家其劳工组织不如发达国家的那么成熟强势。我国企业在发展中国家的投资,面临的主要风险是源于当地政府的社会控制力弱,政治局势容易发生动荡,同时存在政府治理随意性大、法制不健全、社会治安状况较差等问题。例如,2004 年浙商傅建中投资 2.5 亿元收购了俄罗斯哈巴罗夫斯克某林业公司,经过三年苦心经营资产翻番后被俄方以涉

---

① 麻烦项目指后期被监管机构驳回,最终部分或全部失败的项目,涉及我国多个行业。

② 参见陶景洲:《中国企业"走出去":做好功课为先》,英国《金融时报》中文网 www.ftchinese.com,2012 年 12 月 21 日。

③ 参见中国国际贸易促进委员会:《中国企业海外投资及经营状况调查报告》2012 年版,第 34 页。

嫌违法强行查封并裁决破产。

（3）东道国投资安全审查机制。美国是世界上最早对外来投资进行国家安全审查的国家之一，并且建立了较为成熟的国家安全审查机制和机构（美国外国投资委员会，CFIUS），对审查的对象、内容、标准、程序等尤其作了明确的规定。美国国家安全审查，通常考量国家战略、经济、政治、意识形态、信息安全等方面，投资安全审查很容易导致外国投资政治化并被加以否决。在美国，外国投资企业和项目一旦进入安全审查程序，就意味着已经引起了政治反应，可能招致相关利益集团的激烈反对和广泛争议。近年来，我国联想公司、中海油、西北有色、华为、中兴通信、三一集团等在美国的并购业务均遭遇 CFIUS 的安全审查。其中，除了联想并购 IBM 获得通过，其他均以失败告终。美国投资安全审查还产生了示范效果，不少国家纷纷仿效，俄罗斯、加拿大、澳大利亚、印度等都建立了本国的安全审查制度。

3. 对外投资促进服务体系问题多

我国投资促进服务体系存在较多问题，无法满足我国企业海外投资快速发展的需要。

（1）我国对外投资促进服务机构混乱。我国官方投资促进机构不少，且都兼具监管和促进的双重职责。实际中存在的主要问题有：各部门从各自的管理权限和部门目的出发，制定出各自的管理办法，缺乏统一协调，职责不清，多头管理，重视管理职能和前置审批，轻视事后监管，对外投资促进服务不足等，一些机构甚至扩大收费项目，越位代替企业直接与外方谈判或签约。

（2）投资促进服务的方式和内容有待改进。我国投资促进服务内容过少，主要是宏观信息服务和组织投资洽谈会之类；服务过程中缺少与企业和项目的密切合作；收费服务项目多，甚至某些对企业有实际价值的信息也要收费；专业人才和企业培训少；帮助企业制定战略和长远规划少。此外，中国进出口银行和国家开发银行作为仅有的政策性支持银行，它们在发放贷款时往往"重视国有企业、轻视民营企业"，重视前置审批，较少事前和事后服务，导致政府投资的资金使用效率低；中国出口信用保险公司作为我国唯一的政策性保险机构为海外投资提供保险业务,却存在着保费高、保险类别定义模糊、保险产品设计不合理、理赔服务难等问题。

(3) OFDI 法律缺位。我国对外投资立法严重滞后于海外投资实践的发展。1979 年迄今,我国尚未正式出台专门的海外投资法,更谈不上形成完善的对外投资法律体系。目前,我国对外投资活动的专门规范是 2009 年商务部颁布的部门规章性质的《境外投资管理办法》。该办法对我国企业境外投资行为进行了规范和调整,内容涉及项目个案审批、税收、外汇、国有资产的监管方面。从严格的法律意义看,我国 OFDI 尚没有取得"合法"身份。

第三节　企业境外投资政策和投资促进的美国经验

作为世界第一大对外投资国,美国企业境外投资有着 130 多年历史。美国企业海外投资集中在发达国家,约占其对外投资总额的七成,主要投向金融、制造、保险和石油等行业。美国对发展中国家的投资集中在拉美地区。20 世纪 60 年代,由于国际收支逆差加剧,美国政府采取措施限制资本流出。到了 70 年代中期之后,美国企业境外投资政策迅速转向自由化道路,并形成了今日看来十分完备的对外投资促进服务体系。美国政府投资政策的相关变化客观上起到降低美国企业海外投资的成本,促升美国企业境外投资的规模和速度的作用,对巩固美国经济地位及推动全球经济一体化影响深远。

美国对外投资政策具有积极对外扩张的色彩,其基本原则是保证美国对外投资的安全和利益。这是美国每年发生巨额海外投资并获取丰厚收益的重要制度保障。美国对外投资政策主要反映三个方面的目标。一是获得对外投资的自由和安全;二是通过双边乃至多边贸易谈判达到对外投资和利益的最大化;三是国内企业为规避"反托拉斯法"而在海外进行购并和投资。基于上述政策原则和目标,美国的投资促进服务措施大致可以分成:法律保障、直接的财政金融支持、投资担保、合理税负支持、情报支持,形成了健全的投资促进服务体系。

一、 国内法律保障

美国海外投资法律支持坚持"资本输出中性"原则，并从资金、成本、税负、战略、创新等各方面推动美国企业境外投资扩张。二战后，设立了一系列相关专门法律如《美英贸易和金融协定》、《经济合作法》、《对外援助法》、《共同安全法》、《肯希卢伯修正案》、《金融服务现代化法》，以及《1974 年贸易法》中的限制性条款等。

美国政府还会为一些暂时并不重要的地区立法，意图在于长远的国家利益和发展战略。例如《撒哈拉沙漠以南非洲的增长与机会法》，要求本国进出口银行应增加对非洲的融资，海外私人投资公司应更多地担保美国企业对该地区的投资等。

美国的行业法也鼓励企业境外投资。例如，美国 1996 年《电信法》实施后，美国西南贝尔公司企业境外投资活动十分迅猛。1999 年开始实行《金融服务现代化法》后，短时间内就使美国跨国银行在全球范围内通过企业境外投资等跻身世界前列。

美国立法还十分重视小企业，为促进小企业发展和企业境外投资，相关立法如《小企业经济政策法》、《小企业技术创新法》、《准时付款法》、《经济复兴税法》等。

二、 国际投资协定

通过与其他国家签订双边或多边条约以及利用国际经济组织，美国政府对本国私人海外投资寻求外交方面的支持与保护。双边投资保证协定以换文的形式缔结。美国式双边投资协定（U.S.A. model of Bilateral Investment Guarantee Agreement，BIGA）的基本内容是：政治风险保证，确认投资国海外投资保险机构在有关政治风险事故发生时依据保险合同向投保人赔偿后取代海外投资者地位向东道国政府索赔的"代位求偿权"和其他相关权利，缔约双方因索赔问题发生纠纷时的处理程序。截至 1999 年，美国签署的双边投资保护协定数为 1 856 个，避免双重征税协定数为 1 982 个。美国还是 OECD《关于所得及资本避免双重课税的示范公约》、《汉城公约》、《华盛顿公约》等多边投资协议的主要倡导者。在美国的推动下，美国正在与欧盟、日本等主要经济体展开投资自由化谈判（TPP、TTIP、PSA）。这些协议一旦达成，很可能成为第一个全球投资自由化规则的蓝本。

三、 直接的财政和金融支持

美国政府为本国企业的企业境外投资提供直接的财政和金融支持。财政激励手段包括财政补贴、信贷融资优惠、贷款担保等，财政支持和金融支持往往紧密联系在一起，甚至由同一家机构承办，所提供贷款不仅期限较长，而且利息较低，有时甚至是无息的。对到发展中国家的投资，美国政府的资金支持往往与对外发展援助相结合，要求东道国做出有利于美国资本扩张的许诺，为美国公司参与项目建设、扩大投资提供有利条件。美国政府主要通过三个专门的政府机构为企业境外投资提供直接的财政和金融支持。

1. 美国进出口银行

美国进出口银行的宗旨主要是促进美国产品在海外的销售，为境外大规模经济开发项目购买美国设备、原料和劳务提供买方信贷和卖方信贷。在其所提供贷款中，比较重要的有两项。一是提供资源开发贷款，用以支持跨国公司通过对外投资开发海外资源，尤其是对美国具有重要战略意义的资源；二是提供对外私人直接投资贷款，主要是促进企业境外投资人特别是跨国公司进行海外业务的拓展。美国进出口银行不以营利为目标，其资金大部分来自财政部，因此不会产生支付危机；事实上，即便是出现了亏损，它依然能够尽最大可能为美国企业提供融资支持。

2. 海外私人投资公司

海外私人投资公司（OPIC）是美国最重要、最活跃的给私人企业境外投资提供资金支持的机构，是主管美国私人海外投资保证和保险的专门机构。该机构的使命是"动员和服务于美国私人资本和技术参与欠发达国家和地区、转型国家的经济社会发展，同时实现有利于美国经济发展的目标"，其实现手段是以美国政府信誉和信用，承保在欠发达国家和地区投资的政治风险（包括战争、征收和汇兑限制等）和经济风险，通过提供贷款和贷款保证为美国海外投资者融资。OPIC在四个方面帮助美国投资者扩大海外投资、减少相关风险：通过提供贷款和贷款担保为企业融资，支持那些为美国公司投资海外项目而投入的私人投资基金，为投资可能产生的一系列范围广泛的政治风险提供担保,尽力为美国商界提供海外投资的机会。OPIC 最多能为一个项目提供多达 4 亿多美元的资金支持,其中 2 亿多美元为项目贷款,另外 2 亿多美元为政治风险担保。OPIC 自负盈亏,通过销售此类服务来获取收入,并且每年都有盈利。然而,OPIC 其实是美国国务院直属专门机构,其董事长由联邦政府的国际开发署署长兼任,董事会由 11 名董事组成,由总统任命,并经参议院认可。

3. 小企业管理局

美国政府特别设立了小企业管理局(SBA),以促进小企业的发展。这是美国政府下属的独立管理服务部门。SBA 的主要职能是扶持小企业的生存、发展,以更有效地发挥小企业在整个经济活动中的积极作用,为社会创造就业机会。SBA 的主要服务职能包括以下:信息服务,咨询、培训服务,金融服务,以及如"出口服务中心"、"出口法律服务网络"、"小企业研究发明鼓励计划"等其他形式的服务。

四、 合理的税收支持

税收支持是美国政府支持和鼓励美国私人海外直接投资的重要工具。美国的税收支持体系包括不分国综合限额抵免、延迟纳税、经营性亏损结转和按附加值征税等四个方面。与此同时,美国税法坚持资本输出中性,因此并不实施税收饶让制度和辅以 CFC 条款。

1. 税收抵免

美国实行在区分不同所得类别基础上的不分国综合限额抵免法,即纳税人获得的境外所得按照类别进行归类,每一类按照不同的税率计算抵免限额,直接抵免外国所得税税款;并且美国国内母公司拥有海外子公司 10% 以上的股票表决权时可进行单层间接抵免;海外子公司拥有孙公司 10% 以上的股票表决权,母公司间接拥有海外孙公司 5% 以上的股票表决权时可进行多层间接抵免。对于外国所得税税款超过抵免限额的部分,可向前结转 2 年,或向后结转 5 年抵免。

2. 延迟纳税

美国对本国企业海外经营所得实行延迟纳税制度,即在国外进行投资的美国公司在其收入汇回之前不予征税。在纳税时,则实行亏损转扣政策,即以退税的方式补偿投资人的亏损。纳税延期制度的实行,使海外投资企业发生的经营性亏损可用以前的利润冲抵,而政府则将以前缴纳的部分利润税退还企业。

3. 经营性亏损结转

亏损结转允许对外投资企业在缴纳时,用向前 3 年或者向后 5 年的收入冲销某一年度的投资和经营的正常亏损额。这意味着企业可以少纳税款。

4. 按附加值征税

美国海关税则规定,某些航空器材、内燃机部件、办公设备、无线电设备及零件,以及照相器材等,若使用美国产品在国外加工制造和装配,在其重新进口时,只需按附加值征收进口税。这一规定起到了鼓励美国企业境外投资的效果。

5. 资本输出中性

资本输出中性要求税收优惠政策尽可能保证投资者在国内外投资都能获得公平的待遇,从而避免给市场和要素配置带来更大的扭曲。美国税法坚持资本输出中性原则,故无税收饶让措施,并增加了 CFC(受控外国公司)条款。税收饶让指居住国政府对本国居民纳税人在来源国得到减免的那部分所得税,在本国计算纳税时,视同在来源国已缴纳,并允许其从本国应纳税款中扣除。税收饶让使得美国企业可以通过对外投资合理避税。此外,延迟纳税也可能导致美国公司通过对外投资合理避税。为此美国税法增加了 CFC 条款,以限制特定意义的受控外国公司合理逃税。根据该条款,当年未分配或未汇回股息应缴税,等利润分配时不再缴税。

四、　对外投资风险保证

发达国家通过对对外投资风险实施"海外投资保证制度"(investment guaranty)向本国企业境外投资提供投资担保。海外投资保险制度指政府向对本国海外投资者在国外可能遇到的政治风险提供保证或保险。它有助于减少项目风险和引导私人资金流动。美国对企业海外投资进行保护与鼓励的法律制度,源自 1948 年美国在马歇尔计划中的投资保证方案。1971 年,美国政府成立了美国海外私人投资公司,正式确立了为私人海外投资提供政治风险担保的风险保证制度。作为最早建立这一制度的国家,美国的海外投资保证制度已十分完善,承保的政治风险涉及征用、战乱和限制投资收益汇出(如外汇管制)等,不包括一般的商业风险。

OPIC 是落实美国政府海外投资保证的专门机构。其特点是:(1)只限于海外私人直接投资,不涉及间接投资。(2)以美国政府信誉和信用做担保,保险对象只限于政治风险,不包括一般商业风险。(3)仅就新的投资项目提供担保,包括对现有海外投资项目的扩建、现代化、技术改造和发展等。(4)投资者至少承担 10％的风险。(5)优先考虑向中小企业提供保险,保障和扶持中小企业在新兴市场和发展中国家,特别是在较不发达的国家和地区的私人投资,以及对美国战略利益至关重要的地区,例如大中东地区(包括阿富汗和巴基斯坦)、拉丁美洲和撒哈拉以南非洲等。(6)代位求偿权机制。OPIC 只保障在同美国订有双边投资协定的国家进行投资。当投保项目所在国出现政治风险时,美国政府首先向投资者补偿其损失,然后根据双边投资协定,取代投资者的地位,要求该东道国政府赔偿因政治风险而使投资者蒙受的损失。这样的制度设计,把私人性质的对外投资关系提升为两国政府之间的关系,从而大大提高了获得经济赔偿的概率。

五、 信息和服务

1. 美国投资促进服务机构以官方为主

官方专门机构有海外投资委员会、进出口银行、海外私人投资公司、贸易发展署、国际发展局和小企业管理局等。这些专门机构不仅是美国企业境外投资政策措施的制定者和管理者,也肩负着主要的投资促进服务功能,提供包括信息、资金、保险、投资保证等服务。其他官方机构,如商务部、财政部、运输部、能源部、农业部等政府职能部门都有促进出口的机构,提供各类信息、咨询、可行性研究、培训,举办研讨会、洽谈会及其他相关服务。此外,一些准官方组织,如小企业发展中心、退休经理服务团、开发公司等也积极参与促进对外投资活动。少数非政府机构(如美国国家经济研究局和美国传统基金会),从事学术或战略性研究。

2. 投资促进服务内容多

(1) 纯粹的信息服务,包括有关东道国的宏观经济状况、法律制度、行政管理制度和要素成本等信息,而且还通过建立本国企业境外投资企业的数据库等方式为一些发展中国家的企业服务,以便于为双方企业寻找投资伙伴提供方便。(2)组织投资招商团,即通过政府机构的出版物、组织研讨会、投资洽谈会,或组建赴海外投资考察团,为投资行为牵线搭桥,直接帮助跨国公司寻找投资机会。(3)通过提供某些东道国特定产业和特定投资项目的信息,为本国企业寻找特定的投资机会。(4)提供可行性分析以及所需的部分资金。(5)为本国小型企业在项目开发初期提供诸如准备法律文书、提供融资咨询、改进技术以适应东道国的特殊要求和人员培训等方面的技术援助。

3. 投资促进服务的特点

美国对外投资促进服务具有以下特点。(1)大多数服务是免费的,甚至会为企业提供如项目评估、可行性研究、准备法律文书等前期费用。(2)服务内容和范围不断扩大,从传统信息服务扩大到向参加投资的私人公司提供情报咨询,提供可行性分析,并分担企业境外投资的部分市场开拓和投资试验费用。(3)多项投资促进服务往往结合在一起进行,因此一家机构会为每一个项目提供多项服务,如海外私人投资公司、进出口银行等都同时了承担融资、保险、信息以及其他服务。(4)投资促进服务机构很多,却不会出现多头管理和职责划分不清的情形。其原因在于投资促进服务的针对性强,密切联系企业,跟踪项目,例如海外私人投资公司同包括大中小公司在内的约 400 家美国客户保持经常性的联系,还针对性地逐个帮助小企业将其一流产品和服务推销到海外。(5)服务处处体现美国对外投资政策目标,如优先考虑对发展环境、信息、能源、交通运输、卫生保健和金融等领域提供人力支持,建立和维护全球矿产资源信息系统并向跨国企业提供信息服务等。(6)重视小企业"走出去",除了小企业管理局等专门为小企业服务的机构,美国进出口银行和海外私人投资公司也都特别重视扶持小企业发展,而美国政府还为高科技小企业提供特别资金援助,实行小企业技术转让计划和设立小企业海外资讯数据库等。

第四节　上海自贸试验区对外投资政策建议

通过第二节的分析，笔者指出上海自贸试验区对外投资制度创新基本倾向于对外投资自由化。在这样的环境背景下，保护私人海外投资的安全与利益是上海自贸试验区制定对外投资促进政策和完善投资促进服务体系的基本原则。针对上海自贸试验区企业境外投资面临的主要挑战，本章提出如下政策建议。

一、推动国内专门立法

企业境外投资应当有法可依。目前除了我国国内法中的《反垄断法》、《公司法》、《反不正当竞争法》等与企业境外投资有一定关系之外，我国再没有其他法律，更没有为对外投资专门立法。可见，我国需要一部符合国际惯例和我国国情的《对外投资法》作为管理和服务境外投资的基本法，以对我国对外投资的目标、主体、形式、支持政策、促进措施、服务机构及其职责等方面做出原则性规定。在此法为基本指导，结合我国企业海外投资实践，补充境外投资法的实施细则及单项法规，如《境外投资企业税法》、《对外投资保险法》、《对外投资促进法》等。我国还有必要在某些部门法律如《银行法》等中增加支持对外投资的条款，为特殊国家战略目标立法，为支持小企业立法。通过这些法律给我国企业境外投资以合法地位，彻底改变无法可依、无章可循的局面。

二、推动我国政府更多签订和修订国际投资协定

我国需要加快签订和修订国际投资协定的原因有三：（1）我国签订 BIT 和 ETT 的最初动机是适应大规模外商投资的需要，在谈判中忽视了中国企业境外投资需求，事实上使现有双边协定变成我国政府对外商来华投资的单方面承诺，在保护我国海外投资方面能起的作用有限。（2）尽管我国与别国签署的双边协定中列有相互保障投资安全的条款，但由于我国没有建立海外投资保险制度，因而这些保

障条款不能发挥实际效果。(3)大部分我国已签订投资协定的合约对方是主要外商投资来源国如日本等国,而美国、欧盟却没有与我国达成这两类投资协定,后者已经成为我国企业境外投资主要目的地,在这些国家(地区)的我国海外投资迫切需要保护。2012年我国三一集团收购美国四个风力发电厂,因未通过CFIUS安全审查而失败。在案例中,如果中美两国签订有双边投资协定,我国政府就能够为三一集团提供协助,避免最终三一集团该项目资产被美国政府强制征收。

三、 转变政府直接支持的策略

我国政府对企业境外投资的支持策略应当从重点支持国有企业转向重点支持战略性产业,并为此制定明确的商务优先次序,据此进行资源配置,投资促进服务活动则需要引导有限的政府支持资源流向对国民经济发展具有战略地位的产业部门。从长期来看,战略性产业应当有益于经济稳定持续增长和就业,通常包括能源、矿产等资源性行业和具有正外部性的技术密集型行业。根据我国经济现状,还应该包括环境、信息等。此外,我国目前正处于产业结构的转型时期,企业境外投资还是提升国内产业结构的重要途径,需要将国内低技术含量的已处于或即将处于比较劣势地位的边际产业向海外转移,这主要是指传统制造业。中国进出口信用保险公司和国家开发银行继续主要承担对战略性产业的支持和服务功能,提供常规的融资支持、贷款保证、投资保险等服务。鉴于资源开发的不确定性,我国政府应建立和维护全球矿产资源信息系统,向我国企业提供信息服务。

四、 设立主导性对外投资促进机构

建议成立(上海自贸试验区)海外私人投资公司(OPIC),主导对外投资促进服务,提供一般商业上所得不到的金融服务来帮助我国私人企业扩大企业境外投资。OPIC的职责有:(1)通过提供贷款和贷款担保为企业提供融资;(2)支持那些为中国公司海外直接投资项目而投入的私人投资基金;(3)为投资可能产生的一系列政治风险和经济风险提供担保,政治风险包括货币不可兑换风险担保、财产被没收风险担保、政治动乱风险等;(4)尽力为中国企业海外投资寻找信息和创造机会。OPIC政治风险保证应以政府名誉和信用做担保,并获得代位求偿权。OPIC定性为自负盈亏的官方机构,通过销售政治风险担保服务来获取收入,其将成为最活跃的官方对外投资促进机构。

五、 实施海外投资保证制度

海外投资风险保证制度在发达国家得到普遍采用,其实质上是对海外投资者的"国家保证"。我国企业境外投资风险大,抗风险能力差,因此更加需要政府信誉的投资保证。中国出口信用保险公司虽然为海外投资提供政治风险的保险,但不是基于政府信用的海外投资保证制度。上海自贸试验区的对外投资保证可作如下安排。(1)只限于对海外私人直接投资的"国家担保"或"政府担保";(2)明确定义担保的风险范围以及"汇兑限制、征收、战争及政治暴乱和政府违约",不包括自然灾害或一般商业风险;(3)只担保在与我国签订了BIT和EET的东道国的投资,以确保代位求偿权;(4)规定担保期限,各国立法不完全一致,但通常最长期限为15年,个别的不超过20年;(5)上海自贸试验区OPIC是专门机构。

六、 加大对小企业海外投资的支持力度

小企业是国民经济最活跃和最有创造力的构成,其地位虽然重要但发展困难,上海自贸试验区应当对小企业"走出去"实施特别鼓励和扶持政策,例如成立(上海自贸试验区)小企业发展局,推动专门立法,为小企业提供管理指导和信息咨询,要求相关机构特别给予小企业资金支持的额度,财政拨款设立"小企业海外投资基金",帮助小企业开拓海外市场并提供信息和技术等帮助。

七、 创新对外投资促进服务的内容和方式

首先,应明确政府部门职能的主要目标是对外投资促进和服务。其次,将服务和财政信贷资金等支持相结合。各投资促进机构与我国"走出去"企业和项目保持

经常性的联系,使服务更加具有针对性。再次,扩大服务内容,并尽可能提供免费服务,如分担海外投资公司部分市场开拓和投资试验的费用,向参加投资的私人公司提供情报咨询和进行可行性分析,培训国际化人才和提供人身保险等。最后,培养国际化人才,加大研究和宣传,以更好地利用国际投资条约和国际机构。

八、 完善税负支持

除了我国现有的税收优惠措施,上海自贸试验区还可以考虑的支持办法有:简化税负支持的程序和要求;实施附加价值征税制度;对产业链两端如技术获取和资源获取减免税负;改分国不分类税收抵免为分类综合抵免,允许间接持股也可以抵免;遵循资本输出中性,取消税收饶让,堵塞税法漏洞以防止企业利用企业境外投资达到国际避税逃税的目的等。

第三章
中国(上海)自由贸易试验区语境下的金融发展

第一节 上海自贸试验区的金融使命

改革开放 30 多年来,中国取得的成就举世瞩目。金融改革也已有大量突破,但在一些关键领域却止步不前。例如,作为经济发展中最重要的要素价格,利率一直还没有完全市场化;一方面中国政府力推人民币国际化,另一方面,人民币汇率却又迟迟没有放开,资本项目仍无法自由兑换。这些重要的金融改革举措一直迟迟未能推出,主要原因在于其风险难以预测和掌控。而上海自贸试验区无疑是最好的改革试验田。2013 年 12 月 2 日中国人民银行出台《关于金融支持中国(上海)自由贸易试验区建设的意见》(以下简称《意见》),在众多敏感的问题上给出了实质的方向指引。尽管后续相关配套细则目前尚未出台,但改革的魄力和决心已经非常明确。

本章拟通过深入分析解读《中国(上海)自由贸易试验区总体方案》(以下简称《总体方案》)及《意见》的核心问题,从人民币国际化、大宗商品定价权以及中资银行离岸金融业务的发展三个维度,梳理和把握上海自由贸易试验区建设中金融的作用及其发展机遇。

一、 上海自贸试验区金融改革核心

上海自贸试验区金融改革的核心是利率市场化和资本市场可兑换。为了实现此目标,《意见》给出了一些非常明确、具体、可操作的措施。

1. 双向人民币资金池

《意见》第十六条指出：区内企业可根据自身经营需要，开展集团内双向人民币资金池业务，为其境内外关联企业提供经常项下集中收付业务。

此前央行仅允许单向跨境人民币境外放款，而境外人民币资金回流受限。以防止"回灌"，就像防止从江河湖流入海洋的水回灌回来一个道理。

跨境人民币双向资金池业务是指企业通过设立资金池主账户，从境内外平台单位归集或下拨人民币资金，实现人民币资金自由跨境流动，从而提高资金使用效率，降低融资成本。从 2013 年 1 月央行深圳市中心支行下发《前海跨境人民币贷款管理暂行办法》后，凡符合条件的境内企业均可从香港经营人民币业务的银行借入人民币资金，前海跨境人民币贷款试点开闸，贷款总额上限为 500 亿元人民币，涉及数家香港银行及前海企业。首批业务共有 15 家香港银行向注册在前海的 15 家企业发放 20 亿元人民币贷款。

前海跨境人民币贷款包含多重意义：这是探索人民币回流循环机制的重要一环，人民币正在渐进、有序地朝着国际货币方向迈进；人民币回流机制扩大后，对离岸市场人民币资金池会产生重要影响，更有利于离岸人民币市场的发展，这标志着我国资本账户的进一步开放；跨境人民币贷款将进一步促进人民币贷款的需求，进而推动人民币在内地和香港之间的流动；这也是利率市场化的试点，把金融改革推上了新台阶。

目前香港人民币存款约 6 000 亿元，为推动香港银行的人民币贷款业务，香港监管当局已陆续放宽对香港银行人民币贷款的限制。星展银行在最新一期人民币动力指数报告中预计，前海跨境贷款试点成功出台后，规模将逐步扩大，为香港银行人民币资金提供出路。

实际上，从近两年的香港离岸市场发展来看，政策环境放宽已成定局，打通人民币回流和外循环的通道将成为市场发展的方向。而前海跨境人民币贷款业务试点，恰好与港资金融企业北上的愿望相契合，也符合境外与境内人民币资金池双向流通的市场需求。

2013 年 2 月，国务院批准设立昆山深化两岸产业合作试验区后，央行 7 月正式批复同意在昆山试验区开展跨境人民币业务试点，尤其是台资企业集团内部人民币跨境双向借款业务，江苏昆山获准开展人民币双向借贷业务，尝试又向纵深推进了一步。企业在当地银行开设一个主账户，并且可以通过这个账户向母公司借款，母公司可以在境外筹措低成本资金。据统计，截至 2013 年 11 月，已有 80 家企业集团在昆山开设人民币跨境双向借款业务账户，双向借贷规模达 31.3 亿元。由此，昆山的人民币双向跨境借款试点已为企业实现跨境人民币现金池打下了政策基础。实现跨境双向借款，最终也为企业建立跨境人民币现金池提供了可行性。尽管昆山的此次创新仅限于台资企业，并需要在昆山注册。

《意见》所说的跨境人民币双向资金池，就是企业以区内账户为主账户，实现境内人民币资金池与境外人民币资金池内资金的双向流通。企业境外账户的人民币资金可直接划转到区内账户的这个资金池内，外汇资金也可先在新加坡等地兑换成人民币，再划转到资金池内。由此，在理论上实现资金的自由流动。

最终要实现跨境人民币资金池的目标，还有待具备如下两个条件：

一是《意见》细则需要明确双向现金流的额度及管控。由此银行才能提供基于新规则的系统技术支持，以提供并完善符合政府监管的资金（物理）通路。这是推进人民币国际化基本步骤。

二是企业层面基于其全球业务布局的人民币资金池的结算、归集、管理架构的整合及实现。尤其对于跨国公司（在华外资企业、国外中资企业等）在上海自贸试验区建立全球财务总部，实现人民币国际化视野下的跨境资金池重新整合和架构，以适应其全球经营的资金配置需要。在试验区内，跨国企业可以将这两个账户（境内总账户与国际总账户）进行融合，在一个账户内完成企业内部跨境资金流动，提高企业经营和资金调度便利性。

由此，跨国企业才会真正将人民币作为工作货币，只有这样才能使人民币参与整个全球货币流动，人民币才能真正国际化。

2. 外币资金池

《意见》第二十一条指出，要支持试验区发展总部经济和新型贸易。扩大跨国公司总部外汇资金集中运营管理试点企业范围，进一步简化外币资金池管理，深化国际贸易结算中心外汇管理试点,促进贸易投资便利化。

以往企业的外汇资金进出,都需要外管局审批。从 2012 年开始实施跨国企业外汇资金集中运营管理试点,参与试点的企业需要通过设立一个境内总账户与国际总账户,在监管部门给予的额度范围内,实现企业内部资金的跨境放款与自由流动。2012 年底,资金进出首先在北京、上海两地启动外汇资金池试点,即不用再对单笔结汇进行申报,只需向外管局报外汇总额。这一试点 2013 年 5 月扩容至江苏、浙江、广东、深圳、湖北等 5 省市。

外币资金池业务试点的意义在于推进外汇的额度管理,不再逐一审批,即境外放款不超过境内所有关联公司实收资本的 30% 无需逐笔清算,而是实行轧差清算。由于需要同时设立两个账户,资金运转有时差,效率扔有损失。

综上所述,《意见》第十六条和第二十一条分别大幅放宽了人民币和外币资金池,对吸引跨国公司在上海自贸试验区设立资金总部,推动资金池的双向运作提供了便利和可能。后续如果相关配套细则允许,跨国企业可以在上海自贸试验区内将这两个账户(境内总账户与国际总账户)进行融合,在一个账户内完成企业内部跨境资金流动,将大幅提高企业资金调度便利性;对于资金池内闲置资金,企业可以灵活运作海外投资账户、债券增值账户、贷款账户和自贸区专户,有望实现跨境投融资无缝连接,获取合理回报。

3. 试验区分账核算单元

《意见》第七条:上海地区金融机构可根据人民银行规定,通过设立试验区分账核算单元的方式,为符合条件的区内主体开立自由贸易账户,并提供相关金融服务。在《意见》第十二条和第二十八条中"试验区分账核算单元"在使用和监管上有进一步的说明。"试验区分账核算单元可在一定额度内进入境内银行间市场开展拆借或回购交易。试验区分账核算单元业务计入其法人行的资本充足率核算。"

4. 上述三者间的关系

"双向人民币资金池"的返回比率,即中国人民银行允许人民币流回人民币资金池的比例以及人民币资金池与外币资金池兑换比率,即在多大的程度上允许自由兑换,是后续细则最大的看点。同样,"试验区分账核算单元"是监管的核心问题。

5. 开展跨境投资及相关配套试点

《意见》第九条和第十二条允许个人和区内企业开展各类（包括境外证券投资和境外衍生品投资）跨境投资。为落实这些政策措施，中国证监会已宣布，拟同意上海期货交易所在上海自贸试验区内筹建上海国际能源交易中心股份有限公司，具体承担推进国际原油期货平台筹建工作。同时，将允许外国商品交易所建立自己的期货交割仓库，引入境外投资者参与境内期货交易，扩大中国期货市场对外开放程度。相应地，由此形成的交易平台、物流为先导的商品积聚效应将极大的改变目前国内金融市场，尤其是大宗商品市场的格局和发展速度。

如果此次上海自贸试验区金融改革试验成功，有可能改变世界贸易新格局，上海（或取代新加坡地位）将成为亚太贸易、物流、航运中心；同时也由此改变世界金融格局，上海将依托亚太贸易、物流、航运中心的形成，成为亚太乃至世界金融定价、结算中心，从而改变世界经济和战略格局。这也是此次中央决定建设上海自贸试验区的战略规划。

二、 上海自贸试验区主导货币与新功能

1. 上海自贸试验区运行的基本要素——主导货币

综观全球现有的、高层次的自由贸易区，其都具备有一个最基本的要素——主导（或基础）货币。这个货币一定是主要国际货币或国际化的货币，不管它是本币还是外币。这个货币一定是具有在经常项目和资本项目下可自由兑换、市场化利率、汇率的这些根本特性。这个客观的基本要素在国际专业领域里似乎被人们认为是自然而然、约定俗成的了，而在我们这里，这却是一个不能被上海自贸试验区主要设计者和建设者所忽略的问题。

建立和发展上海自贸试验区的重要定位是与世界规则和运行接轨，那也就一定要具备这个最基本的要素。那么，上海自贸试验区到底是由美元、欧元等外币，还是由人民币来主导？我们认为，在跨境人民币加速发展的大背景下，上海自贸试验区的主导货币理所应当首推人民币，或者是形成人民币为主导，其他主要国际货

币为辅的格局。对此，好像没有什么人会直接持反对意见，但是在实际操作中却是难度重重。我们认为，首先要解决来自观念上的和思维上的认识问题，只有转变观念和思维，上海自贸试验区才能迎来真正的春天。

2. 实现上海自贸试验区主旨的条件——人民币自由化

上海自贸试验区建立前后有关当局和人士反复强调区内的主旨是要按照世界通行的规则，实现跨境贸易和投资的便利化。但从上海自贸试验区设立前后的一些当局的表态及实际操作来看，还基本上停留在转换政府职能和改善服务质量的层面上，似乎以为借此就可以来改善贸易和投资便利化的条件和接轨世界通行规则了。然而，真正按照世界通行规则，实现跨境贸易和投资便利化的核心是金融，金融的重点是货币，货币的实质是人民币的可兑换性和人民币价格的市场化。如果人民币在区内的流通、交易及汇兑等运用上仍然受到不同程度的限制和管制，何以实现完全的跨境贸易和投资便利化？

所以，我们要建设世界一流的、高层次的自贸区就一定要真正按照世界通行规则，实现跨境贸易和投资便利化主旨，紧紧牵住上海自贸试验区的"牛鼻子"——金融及货币，即率先在区内实现全面的、深化的金融及人民币开放改革的试验，为进一步在全国这方面的开放改革，为稳定人民币境内外的基础提供经验。

为理解上海自贸试验区如何实现这种金融使命，我们结合自贸区发展的政策环境，针对我国金融发展中急需解决的问题，从人民币国际化、大宗商品定价和中资银行离岸业务三个方面进行讨论。

第二节　上海自贸试验区与人民币国际化

上海自贸试验区建立的一大背景是，近年来跨境贸易人民币结算及人民币交易的发展出现了持续加速的势头，人民币在国际结算、国际交易领域的地位有了跨跃式的提升，而国际储备的地位上升不明显。跨境人民币在职能发展上不完全的脆弱性引起了我们的高度关注。

在中国进一步深化经济金融开放改革的主客观要求下,如何通过上海自贸试验区按照世界通行规则来积极主动、大胆稳妥地试验人民币全面深化的开放改革,真正实现贸易和投资的便利化,乃至实现中国借助上海获得在国际金融上地位?上海自贸试验区建设中在防御跨境人民币发展不完全的脆弱性带来的金融不稳定和高风险上,能够起到什么样的作用,为我国的经济金融安全积累什么样的经验?我们认为,这些问题都是作为国家级的上海自贸试验区应该有预见性地率先思考的。

一、 跨境人民币发展加速及发展不完全的分析

1. 跨境人民币的加速发展

(1) 跨境人民币在国际结算领域的地位跃升。

近年来,在中国政府持续放宽跨境贸易人民币支付结算的限制和加强与境外国家、地区联系的强力举措下,境内企业对外贸易使用人民币结算的比例快速上升(见图 3.1),2009 年这个数据还几乎为零,到了 2013 年超过了 20%。境外使用人民币结算的“人民币贸易圈”正在日益扩大,人民币已经成为在全球支付结算中仅次于美元的第二大货币。

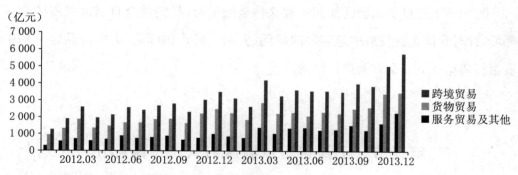

资料来源:根据路透社及招商银行网站数据整理。

图 3.1 中国跨境贸易、货物贸易、服务贸易及其他的人民币结算量

2013 年 5 月除中国内地外的全球支付交易中,人民币的使用量排在第 13 位,其市场份额从 4 月的 0.69% 升至创纪录的 0.84%,到 2013 年底,人民币的支付货

币地位上升到第 8 位。人民币在国际贸易中作为支付货币受欢迎的程度在 2013 年 11 月到 12 月间急剧提高，人民币在全球的使用量增加了 15%，而其他货币的使用量仅增长了 7%（见图 3.2）。

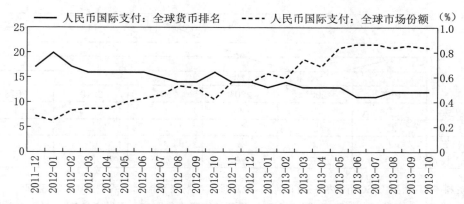

资料来源：根据 SWIFT（环球同业银行金融电讯协会）"RMB Tracker"全球货币指标体系[1]报告（2014 年 1 月 23 日）整理。

图 3.2　人民币国际支付全球排名及市场份额

（2）跨境人民币在国际交易领域的地位跳升。

伴随着跨境人民币在国际贸易中的使用大幅增加，全球人民币离岸交易市场及规模的发展势头非常强劲，一个具有流动性的境外人民币资金池正在形成中，跨境人民币交易职能在国际上的地位迅速攀升，2011—2013 年间，连续跨越 22 位，上升到第 8 位（见图 3.3）。

（3）跨境人民币在国际储备领域的地位上升不明显。

跨境人民币发展推动了一些国家和地区储藏或储备人民币，但作为国际储备货币地位，在这一期间变化并不大。这可以从国际货币基金组织（IMF）2013 年公布的第三季度报告中看到，参见图 3.4。用图表中"其他货币"在国际储备中的占比的走势曲线来代替作一说明。到 2013 年第三季度人民币在其他货币中的排名靠后，曲线显示这部分货币在国际储备货币中的占比变化

---

① 该报告以人民币国际化为主线，提供了全球主要货币在贸易、投资及充当其他支付媒介中的总量及排名。从统计方法上看，该报告以 SWIFT 系统中"MT103—单笔客户汇款"和"202—单笔银行头寸调拨"的数据为基础，统计加总后进行排名。

并不明显。

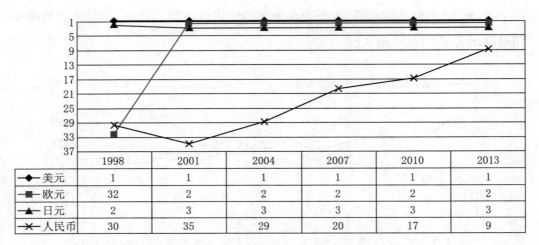

	1998	2001	2004	2007	2010	2013
◆ 美元	1	1	1	1	1	1
■ 欧元	32	2	2	2	2	2
▲ 日元	2	3	3	3	3	3
✕ 人民币	30	35	29	20	17	9

资料来源：根据 BIS(国际清算银行)官网,全球外汇市场交易指标体系①报告资料整理。

图 3.3 美元、欧元、日元和人民币的流通交易职能世界排名走势

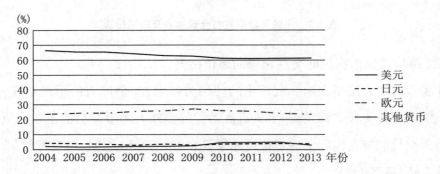

资料来源：根据 IMF 官网,Currency Composition of Official Foreign Exchange Reserves 年度报告整理。

图 3.4 美元、欧元、日元和其他货币在已分配货币的国际储备中的占比走势

2. 跨境人民币发展不完全的分析

(1) 跨境人民币发展不完全的含义和表现。

所谓跨境人民币发展不完全,是指跨境人民币在行使国际结算货币、国际交易货币和国际储备货币三种主要职能发展上的不匹配性。其具体表现为跨境人

---

① 基于问卷调查的建立,对象包括全球 53 个国家和地区的中央银行。BIS 外汇市场交易指标统计了全球外汇市场的货币交易情况,是对货币交易活跃程度的测度,统计涉及的交易类型包括即期、远期、互换、期权等。

民币在行使国际结算货币和国际交易货币职能上的国际地位短期内迅速跳升,相对超前;而在行使国际储备货币职能上的国际地位同期内上升不明显,相对滞后,出现跨境人民币在上述三种职能的同期发展上的不匹配性,即不完全。

将跨境人民币发展不完全,与主要国际货币美元作一比较,我们看到,美元在上述三种职能的国际地位持续保持着相对一致,即美元发展的完全性。上面有关图表中的数据表明:美元在国际支付结算、国际交易投资及国际储备上基本都保持了在全球占比三分之二左右的比例。这一比例甚至和美元供给量中有三分之二左右的部分在除了美国之外的世界各地被持有和使用的比例大致吻合。这些比例表现出的相对一致性是否说明其中存在着一个"黄金匹配"的关系有待于进一步验证。但有一点是明确的,美元问鼎全球以来历经几次危机,即使是经历了这次次贷危机的沉重打击,但美元 70 多年来始终保持着第一国际货币的地位。可以预期,美元的这种国际地位还会持续一个相当长的时间。

(2) 跨境人民币发展不完全的形成原因。

跨境人民币结算、交易职能国际地位跃升的原因有两个:

第一,中国政府强有力组合政策及措施的效应起到了主导作用。2009 年以来,中国通过"多管齐下"的政策及举措使得跨境贸易人民币的支付结算数额急剧和持续上升,由此也带动了人民币的国际交易规模的迅猛而又不断的扩大。

第二,中国国际收支双顺差、人民币汇价持续走强起到了催化作用。在中国对外贸易量不断攀升的情况下,相比使用美元或其他国际货币进行计价结算和交易投资,使用人民币更有助于中外企业或机构减少不确定性,降低双方的汇率风险和交易成本,有利于双方进一步促进贸易和投资活动。

跨境人民币国际储备职能地位变化缓慢的原因有三个:

第一,现行中国政府力挺跨境贸易人民币结算的政策及措施对提升本币在国际储备中地位的作用有限。目前中国政府的政策及措施的主要着力点在鼓励和推进企业在跨境贸易和直接投资上扩大本币使用,对提升人民币的国际储备货币地位只能起到间接的作用。

第二，人民币要成为全世界共同接受的国际货币需经历较长期的过程。现代国际货币发展史表明，一国货币成为主要国际货币的时间往往要滞后于该国成为主要世界经济强国的时间。中国成为世界第二大经济体，甚至是第一大经济体，人民币也不一定会同步迈进第二位甚至是第一位国际货币地位。

第三，跨境人民币流动及在经济中的运用还受到政府一定程度的控制。中国政府出于对经济稳定发展和金融安全的考虑，目前还保持着对资本项目下百分之十几部分的控制，在未实现可兑换的条件下，人民币的国际储备地位便不会快速提升。

3. 跨境人民币发展不完全的脆弱性分析

（1）跨境人民币发展不完全脆弱性的含义和表现。

跨境人民币发展不完全的脆弱性的含义是，由于跨境人民币发展不完全而形成境外人民币不稳定，跨境人民币流动在流向、流速和流量上变得复杂且难以控制，可能形成对我国金融抗干扰、抗风险能力的严峻考验，使之极易处于潜在金融不稳定或高风险的状态。

跨境人民币职能不完全脆弱性的表现有以下几方面：

第一，跨境人民币"两个不匹配"显现了我国对外经济中主导货币的风险。

到 2013 年底，即便境外使用人民币的数量正在激增，但以绝对量衡量，它仍远远落后于美元和欧元。2013 年 12 月的数据表明，美元和欧元分别占了国际贸易支付交易中的 39.5％和 33.2％，相比之下人民币仅占 1.1％[1]；人民币占全球外汇交易总额的占比 2.2％[2]；人民币在全球国际储备中的占比0.01％。[3]

以上资料表明，跨境人民币发展过程中面临着两个不匹配：一是人民币的国际使用与中国在国际上的经济地位和实力不匹配；二是跨境人民币加速发展中在职能上不完全，即不匹配。这两个不匹配是跨境人民币发展不完全的脆弱性的一种表现形式。两个不匹配突现了中国作为经济、贸易大国在对外经济活动中运用货币的主导权并不在自己手里，而是要受制于其他国际货币及发行国的政治、经济等

---

[1] 数据引自环球银行金融电信协会（SWIFT）2014 年 1 月 23 日发布的报告。
[2] 数据引自国际清算银行公布的基准三年期外汇交易额调查报告（2013 年）。
[3] 数据引自国际货币基金组织全球国际储备报告（2013 年第三季度）。

多方面因素的影响。这次美欧发达经济体爆发的债务危机,其货币的不稳定性已经给我们造成了极大的损失。

第二,境内外人民币"分割市场"形成价格扭曲及利差是我国经济发展中的隐患。

跨境人民币发展不完全的脆弱性也表现在在岸和离岸人民币持有和运用上的不同特性,由此形成了在岸和离岸人民币的"分割市场"。由于目前还不能跨境自由流动和自由兑换,两种人民币在境内外的现货市场、期货市场的支付结算和交易投资等方面都存有显著区别。主要表现为:一是境内外人民币的市场化程度不一样,境外是完全市场化的,而境内是不完全市场化的;二是境内外人民币的跨境使用和受控程度不一样,境外几乎不受控,而进入境内的是受控的;三是境内外人民币的价格不一样,由于形成机制不同,境内外市场人民币的利率、汇率很容易形成较大的利差和汇差。境外金融界将离岸交易的人民币冠以一个虚构的货币代码(CNH),在岸交易的人民币(CNY)来加以区分。"CNH"被广泛用来指在中国内地以外持有的人民币。境内外人民币市场的分割性形成了跨境人民币的价格扭曲及利差,这对中国经济社会发展是一个严重的隐患。

第三,境外人民币供求失衡有可能波及国内引发经济金融不稳定和高风险。

跨境人民币发展不完全的脆弱性主要表现为:当人民币一旦显示升值趋势时,境外对人民币的需求超常增长,大量人民币快速和大量地流向境外;反之亦然。与此同时,当境内外的本币价格(利率、汇率)出现变化或扭曲时,又会引起跨境本币的单向、快速和大量的流动,极容易造成跨境本币的供求失衡,严重时很有可能引爆货币危机,乃至金融危机。

2013年发生的一些现象值得我们关切。年初,寻求利用较高利率的投机者将资金注入中国,引起人民币对美元汇率出现了两年来的最大增幅,人民币不断升值,交易量急剧扩大及作为投资组合渠道的吸引力越来越大,这些因素助推人民币使用量激增。年中,对人民币在下半年升值的预期降温,香港人民币存款资金池连续两个月萎缩,尽管银行争先提高存款利息,据2013年8月30日公布的官方数据显示,香港人民币存款7月已萎缩至6 950亿元。

　　针对 2013 年中和第四季度，中国出现的"钱荒"和人民币升值中异常动向，分析一下境内外人民币市场同期的变化，我们可以窥探到境内外人民币市场的联动性及人民币境外稳定性的一隅。先从货币市场，我们看到境内外银行同业拆借市场隔夜利率在这两段时间段中的偏离走向（见下图 3.5），而同期跨境人民币的流动也出现了异常的情形。

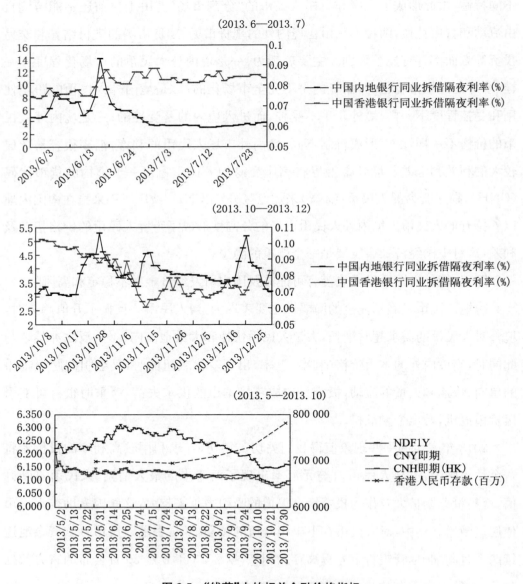

图 3.5　"钱荒"中的相关金融价格指标

再看这一时期香港人民币存款市场,存款的增速和绝对量都在下降,大量人民币回流境内。引起香港银行间拆借利率的升高,香港银行为吸引新的人民币资金而提高了存款利率。同时还引发了对离岸发行的人民币债券的抛售。根据中国银行的数据,人民币债券的平均收益率从5月底的4.35%提高到6月的5.85%。其中,我们看到了投机资金的活跃和非法交易的大量出现,其目的是利用境内外日益扩大的利差赚钱,进一步引发了境外企业通过抬高出口价格将非法资金带入国内的操作,由此对人民币的汇率稳定和中国的对外经济交往产生极其不利的影响。据中国外管局数据,2013年1月至11月共打击了约25亿美元非法交易。而隐蔽的人民币投机交易和非法交易数额应该远大于此公布量,并且难以估计。

可以预见,未来人民币的走势将呈现双向波动,其幅度也将继续扩大,跨境人民币发展不完全的脆弱性也将进一步显现出来,我国金融乃至整体经济都将经受严峻的考验。

(2)跨境人民币发展不完全脆弱性的影响。

第一,对中国货币当局政策及措施制定和落实的影响。随着跨境人民币发展的持续扩张,中国货币当局在货币供给上不仅要考虑到境内供求,还要考虑到境外供求,并要考虑人民币在境内外的供求平衡;在货币政策的制定和实施上要考虑到在开放体系下的调控如何实现货币政策目标;在跨境资本流动管控上不仅要考虑外币资本流动,还要考虑本币资本流动;等等。其难度考验中国货币当局的能力,特别是在资本管控上,境内外套利交易的存在无疑将加大监管难度。

2013年中中国央行为了抑制"影子银行"和地方融资平台的盲目扩张,实行短期控制流动性的政策。一时货币市场收紧,银行间拆借利率急剧升高,在岸和离岸人民币市场之间的人民币跨境流动显现异常现象,离岸人民币市场的资金大量流回国内。央行不得不采取紧急缓解措施,平抑市场剧烈波动。

第二,对中国经济金融稳定性的影响。2013年以来,境内外人民币市场波动加剧,跨境人民币发展不完全的脆弱性已经显现,直接影响到中国经济社会层面。国内生产经营和竞争优势的保护正在逐渐削弱,面对国际市场的突发金融风险,以及人民币利率、汇率与主要国际货币的利率、汇率与价格指标可能逆向运行,单边走势可能突出，进而导致投机性风险积累，这些都会对中国经济金融各个方面的发展带来不稳定及高风险的因素。

我们可以看到，2013 年 11 月底，中国 10 年期国债收益率升至近 9 年来高点，这主要是由境内外利差因素导致人民币回流加速引起的。人民币大量回流是造成 2013 年中国资本账户入超，人民币升值的主要原因之一，加剧了人民币对外升值、对内贬值的不利影响。

第三，对人民币利率、汇率决定和变化的影响。人民币利率、汇率变化的驱动力由以前的内因促使为主越来越转向内外因共同制约的局面。市场表明：境内外人民币利率、汇率走势的联动性越来越明显，例如，境外无交割人民币远期汇率对境内人民币远期汇率的影响力越来越大。境内外人民币价差的变化以及利率、汇率的变化都将改变资本流动的属性，从而影响人民币供求关系，以至影响到人民币利率、汇率的决定和变化，使之越来越动态化并难以预测。

二、 跨境人民币加速发展下的上海自贸试验区新功能

1. 跨境人民币加速发展对上海自贸试验区建设的要求

（1）跨境人民币发展不完全下的国家战略要求。

第一，跨境人民币加速发展中的隐患。跨境人民币加速发展中的隐患在这里主要是指跨境人民币发展不完全的脆弱性。一方面跨境贸易人民币结算及人民币国际交易，引致巨量的人民币流向了境外。数据显示，2013 年末境外市场的人民币资金存量已超过 2 万亿[①]，还有我国承诺的近 2.6 亿的货币互换；另一方面境外各地的各层面较少保有或储藏（储备）人民币，造成了境外人民币的不稳定性。

我们可以清楚地观察到，目前境外各地的各层面储藏或储备人民币的动力不足，对于持有或保有人民币的用途还没有清晰的规划，接受程度还相对较低。从境外机构来看，它们习惯了使用美元，不会轻易改变，对人民币的兴趣停留在关注层

---

① 数据引自 2014 年 3 月 12 日中国银行"离岸人民币指数（CRI）"发布会。

面,需求并不迫切。金融机构如基金公司和资产管理公司对人民币的热情大都出于押宝人民币升值的投机和分散风险的需求。生产经营企业在境外发行离岸人民币债券主要是为了融资,或是出于政治方面的考虑,并不意味着对人民币的需求以及对人民币接受程度有所提升。

随着境内外经济金融状况或条件的转变及人民币利率、汇率的波动都有可能造成这部分不稳定人民币流动的不确定性,由此形成脆弱性,即金融不稳定性和高风险性成了中国经济发展中的一大隐患。

第二,对待跨境人民币加速发展中隐患的两种倾向。

在对跨境人民币发展的分析和对策上有两种倾向值得质疑:一种是用发展"回流机制"的思维去积极鼓励人民币国际化,这种思维偏重加大政府政策及措施的力度推进人民币加快"走出去",而轻视了人民币巨量回流对中国经济金融可能带来的风险和冲击;另一种是用"疏堵"的思维去消极控制或干预境外回流人民币,这种思维侧重运用政策及措施去监管回流人民币,由此可能忽视了跨境人民币发展的趋势。这两种倾向性思维和对策不仅不能长期缓解跨境人民币高速发展中的隐患,而且还会有可能造成这一隐患的恶化。

第三,深化人民币开放改革降低跨境人民币高速发展中隐患。

有效降低跨境人民币高速发展中隐患、可供选择的思维和对策之一是渐进地解决人民币国际化在金融方面的主要障碍。具体地讲,也就是最终解决人民币不完全的市场性,即资本项下的不完全可兑换性和价格(利率和汇率)的非完全市场性。以此促进人民币最终成为一种在国际上广泛用作中央银行储备货币以及私人商业和金融交易的国际货币,使其具备三个基础条件:规模、流动性和稳定性。

在经济金融全球化、市场化和布雷顿森林体系崩溃的背景下,无论是发达经济体,还是新兴市场经济体的绝大多数国家都采取了金融的开放改革及本币的开放改革,来起到有利于本国经济发展和规避本国的金融风险的作用。

作为处于经济金融发展初级阶段的新兴经济体,中国同样面临着这样的选择,唯有坚持金融的开放改革的方向,才能保障中国经济社会持续、稳定地发展。在跨境人民币高速发展中,只有坚持人民币的持续开放改革,在国内外建立人民币有效流动、合理循环的机制，让国际社会或市场能够进一步接纳人民币，大力增加人民币在海外的存量，才能实现人民币稳步和巩固的国际化。

第四，上海自贸试验区率先全面深化人民币开放改革。

由于新兴市场经济体在金融开放改革中留下了可能引发危机的教训，以及我们对人民币安排改革的前景，对人民币国际化的方向不明朗，人民币成为国际储备货币对中国是否有利尚不清楚。因为国际储备货币的地位实际上需要丧失对汇率的控制，这一切可能多少有些让当局一时难以接受。因此，立即放弃在人民币安排上的控制并不容易。有效、可行的办法就是通过在划定的具备一定条件的区域中进行试验。

当前中国进入到了深化开放改革的"深水区"，经济增长速度放缓，人民币汇率显现出双向波动的势头，金融市场风险突现。我们可以预见，境外人民币发展不完全的脆弱性，及其给中国经济金融带来的隐患性也会显现。抓紧上海自贸试验区全面深化金融及人民币开放改革刻不容缓，这是国家发展战略的主客观要求。

上海自贸试验区是目前我国最符合条件，可以率先在区内全面深化金融及人民币开放改革的地方。重温邓小平 20 世纪 90 年代初视察上海时对上海建设金融中心及成为货币自由兑换地方的谈话，20 多年过去了，现在应该是可以落实并加以实现的时候了。这是中央及上海肩负的国家和历史的使命。

2. 发挥上海自贸试验区在跨境人民币完全发展中的作用

（1）境内离岸人民币中心在降解跨境人民币发展不完全脆弱性的作用。

跨境人民币发展不完全，就好比是我们将制造好的大船推向了海洋，而这条船没有装配锚，其脆弱性可想而知。现在我们将巨量人民币推向了境外，它的结算、交易功能急速上升了，而它的储藏、储备功能却没有跟上，其中的风险就像无锚的巨轮出海，安全性缺乏可靠的保障。因此，建成境内人民币离岸市场，在境外建立人民币"池子"，平衡境内外人民币供求，稳定境外人民币对规避和降低跨境资本流动对我国经济金融带来的冲击和风险有着极其重要的作用。

在上海自贸试验区率先开发人民币离岸产品，拓展人民币离岸市场，打通境内外离岸人民币市场，做大国际上的人民币市场，对改善境内外人民币市场的分割性，缓解境内外人民币利率、汇率扭曲和跨境人民币发展不完全都有非常积极的意义。

（2）建成上海自贸试验区离岸人民币中心的先导是创新人民币离岸产品。

首先，上海自贸试验区有条件的、合格的金融机构可向境内外企业提供跨境生产经营所需要的人民币融资产品，如境外市场上的人民币"点心债券"。向境内外企业或其他投资主体提供产品，可以有效地引导人民币对外投融资。其次，上海自贸试验区建立、完善有条件的、合格的金融交易平台可以开拓跨境人民币以人民币计价和交易的一般商品、大宗商品、一般金属和贵金属的衍生产品交易，可以形成商品的境外人民币定价交易市场。再次，上海自贸试验区建立、完善有条件、合格的交易平台拓展离岸人民币金融服务贸易产品，为境外人民币提供全方位的、便利的优质服务。最后，上海自贸试验区还可提供其他具有国内和上海特色的金融产品和金融服务。

（3）建成上海自贸试验区离岸人民币中心的基础是人民币离岸市场。

上海自贸试验区在加速离岸人民币产品的开发和交易中，所有的具体措施都要有利于积极稳妥、有力地加快推动上海自贸试验区成为跨境人民币产品和服务中心，包括零售业务、企业业务、银行同业及机构业务。这些产品和服务使客户可以高效、安全地进行跨国交易，并且可以对冲和管理风险，要尽快成为国内最理想的人民币离岸交易中心。

上海自贸试验区离岸人民币中心建设要有专门的推进计划工作组织，该组织应着力和扩大试验区跨境人民币交易、清算和结算能力，提出和落实试验区发展跨境人民币市场的实际步骤和长期目标，以及解决金融稳定性这一关键问题的对策及办法。该组织首先要进行市场培育，提高境外人民币的市场认知度。进行教育计划，形成设计新产品和优良服务的中心，所开发跨境人民币业务不仅限于外汇，还包括跨境货币交易及投资产品和其他工具，引导一个更宽广、更深入的金融市场。

（4）实现上海自贸试验区人民币离岸中心的放大效应。

我国现行对金融机构开展离岸业务的严格分账管理制度，实际上淡化了开展人民币离岸业务的地理限制。这样就有可能将上海自贸试验区人民币离岸中心的业务扩大到区外，使区内的人民币离岸中心发展具有了放大效应，由此可以带动上海国际金融中心的进一步建设。

2014 年上海将推行人民币国际清算系统（CIPS），将使国内以人民币结算的国际贸易更加高效，借此使人民币的使用范围更加广泛。在上海推行 CIPS 也是让上海到 2020 年成为世界贸易、金融和物流中心之一的关键一步。上海方面要充分利用好这一有利条件。

3. 完善金融生态让上海自贸试验区的优秀金融机构和人才发挥更大的作用

（1）完善上海自贸试验区金融生态的标准和措施。

金融生态完善的标准是，优秀的国内外著名金融机构和优秀的国内外高端金融人才愿意进驻上海自贸试验区，并在区内开展高端的金融业务。上海自贸试验区应该是按世界上最先进的自贸区的样式设立并建设的，区内应是优秀的国内外著名金融机构和优秀的国内外高端金融人才的聚焦地和"乐园"。这是上海自贸试验区发展的基础，也是建设成功的根本标志。

为此，我们要按照世界上先进的、高级的自贸区样式，努力完善上海自贸试验区金融生态。上海具有很多天然优势，包括时区优势和历史优势，然而还需要尽快建立可信赖的法律体系、有效的监管框架、极具流动性的资金池以及重视创新的优良氛围，行之有效地全面开放改革，形成金融及人民币市场化的良好环境。

（2）让优秀机构和人才在离岸人民币中心发展中起到中坚作用。

进入上海自贸试验区的优秀外资金融机构分支机构承担着引领中资金融机构走出境外，提升在境外人民币市场乃至国际金融市场上经营能力的任务。当前行之有效的做法是和境外合作的战略伙伴建立跨境人民币业务合作，利用各自的境内外优势，巩固和深化跨境人民币业务合作关系。具体可以在跨境人民币贸易融资、支付、贷款及境外投融资、资产托管及基金管理、个人业务、现金管理和金融市场业务等方面展开合作，并加强讯息交流，优势互补，共同发展。这样不仅提升中资银行在这方面的能力和地位，而且还可以在合作中支援中国企业走出去，在信用卡、国际贸易融资、清算业务、托管和基金销售等领域为企业服务。

通过合作,中资和外资的金融机构双方可以将外资金融机构的全球网络与中资金融机构的境内业务优势进一步结合,充分发挥各自的网络、客户、讯息等优势,不断拓展并持续深化跨境人民币全球业务的战略合作,为境内外客户提供市场领先的跨境人民币服务,并进一步推动人民币国际化进程。

4. 发挥人民币离岸中心建设中的领导作用

(1) 借鉴人民币离岸中心建设中领导作用的海外经验。

境外人民币离岸中心建设中领导作用至关重要,分析伦敦建立和发展人民币离岸交易中心的案例很有意义,其中,有三条我们是可以借鉴,并能够做到的:

第一,领导者要有远见卓识、国家责任感和工作热情。随着人民币国际化使用的日渐增多,伦敦看到了一条在未来半个世纪中继续保持作为全球领先金融中心竞争力的一条捷径。20 世纪 60 年代伦敦建立了美元离岸交易中心,并在之后半个世纪中一直保持着全球最大外汇交易中心地位。英国国家和伦敦领导人对打造人民币中心怀有强烈的梦想和充满激情,英国财政大臣奥斯本就是其中的一员,为实现"人民币业务西方中心"目标不遗余力地在国内外为此努力。

第二,所在地当局及领导要有担当,积极努力促成。2011 年伦敦金融城牵头建立了一个人民币计划工作组,以协调各银行在人民币业务方面的工作,并推进人民币离岸交易中心建立。该计划组成员除了各大金融机构外,还包括了英国财政部、英格兰银行以及英国金融服务局担任观察员。计划希望引领更广阔的金融市场,为伦敦的人民币产品和服务提供技术、基础设施以及监管方面的支持。中国银行就是其中一员,我们可以通过这个渠道,很好地了解和学习这个工作组具体都做了些什么。

第三,各有关领导部门迅速跟进,有效运作。以金融机构为主体的伦敦金融城人民币计划工作组向英国财政部和其他政府部门提出了各种建议,如扩大伦敦的人民币交易、清算和结算能力,发展人民币市场的实际步骤和长期目标,关注金融稳定性问题等。英国财政部和其他政府部门积极呼应,具体落实。

短短的两三年中,伦敦迅速地实现境外人民币的第二大中心的目标。这段时间和上海自贸试验区的 3 年试验期的时间差不多。问题是我们晚了 3 年多起步,到了上海自贸试验区成立 3 周年的时候,我们能否也建成这样的中心? 这很值得我们回答。

（2）加强与境外人民币市场发展当局的业务合作优势互补。

境外人民币市场是推进人民币国际化，完善跨境人民币职能，提升人民币国际地位的重要场所。人民币国际化推进中，中国除了跨境贸易结算、直接投资等方面的安排外，还迫切需要在境外形成一个具有深度和广度的离岸市场，以推动人民币交易、衍生品、债券、离岸利率和汇率形成机制的发展。

在跨境人民币加速发展的大背景下，境外形成了各具所长的离岸人民币市场，出现了众多在人民币产品和服务方面经验丰富、推动与中国经济往来使客户获益的国际机构，建立了在当地引领更广阔的金融市场，为境外人民币产品和服务提供技术、基础设施以及监管方面支持的有关事务当局。因此，肩负发展上海自贸试验区使命的相关政府部门要走出去，与这些机构或政府建立紧密关系和深度合作。这是吸取境外经验，发展境内人民币离岸中心的必由之路。

我们应通过进一步与中国香港等境外人民币中心在支付结算系统、促进人民币市场流动性以及人民币计价金融产品开发等多方面的合作，提高境内外人民币市场的协同效应，使跨境人民币的国内外基础及环境更加稳定，同时促进全球人民币"池子"最终形成，使人民币相对稳定地沉淀在境外市场，使人民币及其金融资产成为外国政府、机构和家庭持有或拥有储藏或储备币种或资产。

三、 发挥新功能要避免落入 "上海自贸试验区发展陷阱"

所谓"上海自贸试验区发展陷阱"，是指上海自贸试验区设立在先，很多中央的金融开放改革的配套政策及措施还未到位，上海方面被动等待，此时，传统体制机制的东西却乘虚而入，从区外延伸到了区内扎根，形成了某种定势。一旦新的自贸区成立，较全面的国家政策措施基本落地时，新区发展有可能获得后发优势，将出现后来者居上的局面。这时，上海自贸试验区一时难以改变先前形成的"定势"而陷入发展滞后的陷阱。

这种"陷阱"在我国改革开放初期的其他一些"试验区"就已存在。开放改革比较彻底的深圳到现在还在苦于为从区外延伸到区内扎根的旧体制、旧机制上的一些东西谋求进一步开放改革的对策。上海自贸试验区设立前后推出和实行的某些政策和措施,在科学性、有效性和可操作性上还存在些欠缺,已造成了目前我们一定程度上的被动,譬如 2013 年推出的首份上海自贸区负面清单所面对的一些质疑。

1. 落入"上海自贸试验区发展陷阱"的现实可能性

(1) 新申请的自贸区形成竞争态势。当前全国不少地方都在竞相争取自贸区的设立,国家批准新自贸区设立的时间指日可待。从这些自贸区的整体设计方案上看,在金融开放改革方面,不少在与世界市场接轨程度上更高,在贯彻世界通行规则上更具体,在先行先试的决心与胆量上更大,例如广东的粤港澳自贸区。

(2) 上海自贸试验区发展瓶颈显现。在金融领域开放改革的部署上,上海自贸试验区目前基本上处于"等、靠、要"的状态。中央和地方的有关政府部门在金融领域开放改革上形成了一个所谓的"成熟一项,推出一项"的思路和操作,其提法和做法的科学性、合理性及有效性值得商榷。"挤牙膏"式的政策、措施推出和部署,不仅有可能贻误上海自贸试验区金融开放改革的时机,并且还有可能影响到了整体开放改革的配套性、协整性和有效性。这都影响到上海自贸试验区在这方面开放改革的实际效果,直接影响到了国家高层大胆积极地进行先行先试,形成可复制、可推广的经验的战略意图的实现。

(3) 目前在上海自贸试验区发展的创新上尚存在谨小慎微有余、大胆试验不足的现象,没有充分利用中央先行先试的"尚方宝剑"。只有有预见性地、积极、大胆地而又审慎地突破金融开放改革的瓶颈,上海自贸试验区才能获得先发性优势。

2. 以发挥上海自贸试验区新功能应对发展"陷阱"

(1) 转变观念,坚定不移推进全面的金融改革开放。我们注意到,在上海自贸试验区设立前后,都有人提出各种理由,认为金融及人民币还不具备在区内进行全面深化开放改革的条件。其理由一是影响国内金融安全,二是具有全局性的安排不能单兵突进。如果这种意见被赋予不恰当的重要性,就会影响区内这些开放改革试验的展开和进程。

过度强调"金融安全"、人为地阻碍在区内进行全面深化金融开放改革的试验不可取。其一,上海自贸试验区完全可以建设成一个在金融上具有和港澳台条件和环境相似的"国内关内"区域。既然港澳台在金融方面，特别是在离岸人民币市场上，长期以来都能够给内地经济带来巨大好处，即使是产生了弊端和风险，也都是我们完全可以控制的，那为什么还要片面夸大在上海自贸试验区开放人民币的"金融安全"风险，并表现出在此项开放改革上的谨慎有余和迟疑不决？其二，中国开启的改革开放大业向来都是试点先行，以点带面，层层推进。为什么全面深化金融的开放改革就不能从上海自贸试验区开始试验？

我们认为，上海自贸试验区已经具备了全面深化进行金融开放改革试验的条件，可以大胆地先行先试。以境外已经成功运行多年、趋渐成熟的人民币市场为参照，在上海自贸试验区加快培植试验，看看区内人民币市场的发展到底会和境外人民币市场的运行发生什么样的"正面冲突"，能够使我们找到推进这项开放改革中的症结和解决问题的出路。

（2）利用优势，积极稳妥地全面深化人民币开放改革。上海在历史上是货币自由兑换的地方，是国际金融中心。现在中国和上海的各方面条件更优越，在一个面积不大的上海自贸试验区里完全具备条件接轨世界市场和规则，进行人民币自由化试验，以实现贸易和投资的便利化。

我们认为，观念和思维转变了在具体操作层面上并不存在太大的困难和问题。我们完全可以参照已经有了将近十年的、较成熟的境外人民币市场的运作和近年来伦敦金融城人民币计划实施的经验，结合我们实际情况来设计和运行。我们不应在上海自贸试验区搞一个与世界通行规则不完全相容，或在质地上有所不同的所谓"中国式"自贸区。

第三节　上海自贸试验区建设与大宗商品机遇

大宗商品交易机制的市场化、国际化，已成为不争的事实。对大宗商品进行封闭交易和定价，在当今世界，任何国家都基本不可能。因此，顺应时代潮流，推进自由贸易，主动适应国际大宗商品定价权的分配机制，并作积极的努力，是当今中国的理性选择。

一、大宗商品国际定价权

目前，在许多重要商品的国际贸易中，我国不仅成为世界最主要的进口国，而且对国际市场的依赖日渐加深。中国经济持续高速增长和由此带来的巨大市场需求对全球经济增长和全球商品市场产生着日益深刻的影响，被称为"中国因素"。不可否认，这些战略性大宗商品进口对缓解环境和资源的压力，保持我国国民经济协调、快速、健康发展起到了重要的作用。而"中国因素"在为世界经济增长做出重要贡献的同时，也确立了中国需求在有关大宗商品国际市场上不可替代的地位。然而，令人遗憾的是，其负面影响亦伴随进口规模的扩大而日益彰显，并在大宗商品的国际贸易定价领域体现突出。我国战略性大宗商品在需求不断大幅增长的同时，其国际市场价格出现大幅度上涨。

图 3.6 展示了 2001—2012 年间世界及中国宏观经济（GDP 增速）及铁矿石价格变化。我们可以发现：铁矿石价格与世界及中国宏观经济（GDP 增速）存在密切的关系。2001—2008 年随着全球经济及中国经济的快速发展，全球铁矿石价格较 2001 年上涨了近 6 倍，尽管之后美国次贷危机及欧债危机，铁矿石的价格仍然稳定在 120 美元/吨，2001 年初值仍有 4 倍多涨幅。

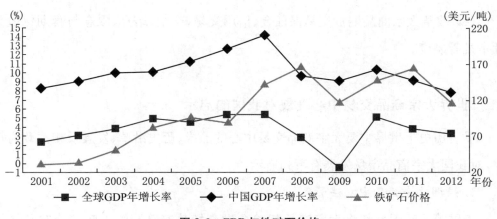

图 3.6　GDP 与铁矿石价格

近年来全球商品价格的上涨吸引了大量国际投机基金进入国际商品期货市场炒作"中国因素"，客观上又强化了中国越买越高的情况。大宗商品价格风险和定价权问题已经成为一个不可回避并极具现实意义的问题，该问题近些年来已经在社会舆论中受到越来越多的关注，"争夺国际定价权"的话题更屡屡见诸媒体。

我国已经成为世界上重要的贸易体，经济发展速度快，对各种资源品需求巨大。但在进出口贸易快速发展的同时，缺乏很多配套的管理措施，如资源类大宗商品期货产品的创新，资源类大宗商品的战略储备和完善的国内国际大宗商品供求信息研究、披露机制等。

此次上海自贸试验区《总体方案》《意见》中明确：允许个人和区内企业开展各类（包括境外证券投资和境外衍生品投资）跨境投资。具体而言，可以从以下 8 个方面推进相关改革以获取国际定价权：

（1）发展大宗商品期货市场，完善期货市场的价格发现功能；

（2）建立健全大宗商品战略储备制度，削弱价格波动对我国不利影响；

（3）完善国际大宗商品供求信息的研究、披露机制；

（4）优化产业结构、整合大宗商品进出口格局；

（5）大宗商品期货市场投资者国际化；

（6）发展大宗商品期货投资基金，提高期货市场机构投资者比例；

（7）积极创新、完善大宗商品期货交易品种，掌握定价主动权；

（8）改革大宗商品期货交易保证金、信用交易、交割、结算、限仓与套期保值头寸审批等制度。

二、 世界大宗商品交易中心发展对我国的启示

纵观历史上世界主要大宗商品交易中心的形成、历史沿革、发展及相关政府策略，对我国大宗商品市场发展有下列启示：

1. 强调政府的集中立法管理

美国等发达国家都将大宗商品相关金融市场政府管制纳入政府管制总体框架，从战略、整体的高度认识大宗商品政府管制。美国资本市场蓬勃发展和管制方

面的成功经验表明：以实现资源最优配置为战略目标，从国家整体利益出发，将大宗商品产业政策和相关金融市场作为一个整体考虑，把握全局，统一立法和集中管理是保证资本市场公平与效率的更为有效的管理方式。

我们惊喜地看到：我国金融市场法制建设取得了可喜的成绩，金融市场平稳、有效运行，但在大宗商品相关金融领域仍然存在一些不足，主要表现在由历史原因造成的政府管制立法和监管的滞后。

大宗商品期货在我国一直属于商贸流通领域，直到 1993 年 11 月 4 日，国务院发布《关于制止期货市场盲目发展的通知》，明确中国证券监督委员会具体负责对商品期货市场试点工作的指导、规划和协调监督工作，才明确商品期货市场属于金融监管范畴。由此，作为联系实体经济和虚拟经济、具有商品和金融两重性的大宗商品期货市场才得以重视和强化。而之前商品期货的重要性、特殊性及特有的战略意义没有得到应有的重视，政府的培育和监管都比较薄弱。

前期接连发生的"株冶事件"、"中航油事件"、"中储棉事件"、"国储铜事件"等暴露了我国在该领域人才的极度匮乏及政府管制的落后。更为严重的是，挟制该类事件发生的机制和体制远没有形成。比较突出的当属铁矿石价格的暴涨。2005 年铁矿石价格飙升 71.5%，2006 年经过长达 7 个月的谈判，铁矿石价格又上涨 19%，仍高于预期。2007 年在此基础上又上涨了 9.5%，2008 年在 2007 年的基础上又大幅飙升了 96.5%。而在 2009 年的谈判中，澳大利亚和巴西铁矿石巨头又联手涨价，涨价幅度又在 50% 以上。令人担忧的是，在上述这种被动局面发生时，我国政府和相关企业基本都束手无策。这说明我们在这个领域的前瞻性研究、政府实际监管，乃至企业层面运作都存在太大的差距，如果再不引起重视，采取有力的措施，这种被动的局面还将不断延续乃至恶化。

2. 自律管理具有不可替代的现实作用

由于大宗商品涉及实体商品市场和相关金融市场，政府管制的难度相对较大，企业自律管理就显得比较重要。以铁矿石谈判为例，我国钢企多头对外，各自为政，部分钢企在自律方面又比较薄弱，存在不诚信甚至不履约等短视做法，客观上授人以柄，使国内钢协陷入被动。

目前我国大宗商品相关政府监管机构客观上比较分散，监管功能彼此割裂，涉及大宗商品政府管制的国家部门有发改委、商务部（糖、猪肉等）、农业部（农产品）、国土资源部（有色金属等）。这是由我国社会发展螺旋上升的客观规律决定的，简单地呼吁相关政府机构整合没有意义。面对正在不断规范的产业和行业政策，企业的自律相对更为重要。而针对我国社会主义市场经济的特殊性，窗口指导等具有中国特色的人性化监管方法具有独特的优越性和特定的价值。

三、 上海自贸试验区大宗商品发展机遇

1. 金融创新

国际大宗商品定价中心形成的核心是聚集了世界级的生产商、贸易商、采购商及顶级投资银行充分博弈后形成的为所有交易者认同的世界级的价格。因此，上海自贸试验区必须引进世界级大宗商品的生产商、贸易商、采购商及顶级外资银行参与交易，在引进世界级的交易者同时，也必须开展结构化融资、跨境融资、商业保理等相关创新服务和基于自律的有限监管。总体而言，在中国境内交易，风险和监管还是比较容易掌控的。

2. 业务创新

上海自贸试验区内公司享有（一般保税区）都具有的保税交割、保税仓储，有利于上海市场与国际市场的价格联动，有利于期货投资者进行跨市场套利交易，降低运营成本，培育国际竞争力。

上海自贸试验区与上述金融创新相配套的业务创新有：大宗商品交易平台与现货电子商务平台无缝对接、深度融合成一体化模式；相应地，大宗商品的航运、仓储、中转、套保套利及交割、结算等软硬件质的提升，探索较为广泛使用衍生工具来控制风险和增加收益，实现整个产业链的业务与风险管理提升，使参与上海自贸试验区交易的世界级大宗商品的生产商、贸易商、采购商及顶级外资银行逐步享受到与纽约、伦敦、新加坡等地同等水平的功能配套服务。

3. 交易所整合

目前国内三大期货交易所分工、定位明确，但各地大宗商品现货交易所（中心）

数以万计，其中具有一定规模的也以千计，各地现货交易所在地方政府的支持下同质化竞争激烈。因此，上海自贸试验区在建设大宗商品市场时需要有整合者的魄力和胆略，利用好上海自贸试验区的政策，探索与国内外交易所在股权和业务层面深度的合作。

大宗商品交易所整合在世界范围内是大势所趋，上海自贸试验区应该抓住机遇成为整合者。《意见》第二十五条明确支持银行开展面向境内客户的大宗商品衍生品的柜台交易，完善结售汇管理。上海清算所作为银行间市场提供以中央对手净额清算为主的直接和间接的本外币清算服务，包括清算、结算、交割、保证金管理、抵押品管理。其在上海自贸试验区开展金融创新（比如：作为上海自贸试验区人民币离岸交易中心，为各银行提供的离岸人民币清算结算业务、以大宗商品场外交易为核心的 OTC 市场等）试点具有重要的实践意义。

随着人民币的跨境结算，跨国公司灵活调度使用资金的必然，境外人民币回流，即双向人民币资金池需要一个统一清算、结算、交割的离岸人民币中心。上海清算所的背景与功能天然具有得天独厚的优势。其在上海自贸试验区建设离岸人民币中心具有建设性的价值。通过上海清算所在试验区建设离岸人民币中心一方面可以为离岸人民币中心双向资金池提供一个统一清算、结算、交割场所，另一方面也借此可以便利的监管银行离岸市场和在岸市场头寸，动态调整渗透程度，为中国人民银行监管试验区资金异常提供可能。同样地，上海清算所在试验区试点以大宗商品场外交易为核心的 OTC 市场也可以作为国内期货市场配对交易、规避风险的完善和补充，使各交易主体打通基于国内外金融衍生全品种的风险管理体系。

第四节　创新上海自贸试验区离岸金融业务——中资银行的视角

上海自贸试验区金融创新的一个主要方向被锁定在离岸金融领域，争取成为全球人民币的创新、交易、定价、清算中心。业务品种单一、资金来源单一一直是我国中资商业银行离岸业务的特点。如何进行产品创新，更好地为企业服务，是上海自贸试验区中资银行要解决的主要问题之一。

一、 上海自贸试验区中资银行离岸业务存在的问题

上海自贸试验区的金融形态实际就是境内的离岸金融。截至 2013 年 12 月初，国有五大行、浦发行、招行、上海银行、上海农商行、平安银行获批或待批在上海自贸试验区内设立分行。基于上海自贸试验区"准入前国民待遇原则"，中外商行将在同等待遇下展开离岸业务角逐。与该业务活跃的外资商业相比，我国商业银行离岸业务起步晚，发展慢，尚处于初级阶段，在与外资银行竞争之前，存在明显的问题和不足。

1. 从业经验严重不足

离岸金融业务包括离岸保险、离岸银行、离岸证券等，但目前我国开展的离岸金融仅指离岸银行业务，即银行吸收非居民的资金，服务于非居民的金融活动。20 世纪 90 年代我国商业银行开始探索离岸业务以来，只有少数银行获取过业务牌照：获准经营离岸银行业务的中资银行一共有 7 家，其中工行深圳市分行、农行深圳市分行、广发行总行及其深圳分行只被允许从事离岸负债业务，持有局限性的离岸银行经营牌照；交行、浦发银行、招商银行和深圳发展银行（现为平安银行）等四家银行则可全面从事离岸资产业务、离岸负债业务、离岸结算业务等，是全面持牌的中资离岸银行业务试点银行（蒋曙明，2011）。可以说，真正开展过离岸银行业务的只有 4 家全面持牌银行，而另外 5 个将在上海自贸试验区开展离岸业务的商行基本是初次涉足。而已经入驻上海自贸试验区的 4 家外资银行——花旗银行、星展银行、汇丰银行和东亚银行则明显处于有利地位。早在 20 世纪它们就已在中国开拓海外市场开展离岸业务，凭借低成本、低风险、优服务等有利条件，已经基本上实现了本土化经营，积累了丰富的实践经验和客户资源。在倡导贸易自由化、投资自由化以及金融国际化的上海自贸试验区，外资银行有着明显的竞争优势。

2. 与"新兴"离岸业务产品和交易方式"零接触"

首先，在离岸业务产品方面，根据 1997 年国家外汇管理局发布的《离岸银行业务管理办法》第十六条规定，银行可以申请以下部分或者全部离岸银行外汇存款、

外汇贷款、同业外汇拆借、国际结算、发型大额可转让存款证、外汇担保、咨询和见证业务以及国家外汇管理局批准的其他业务。但仔细对比目前4家全面持牌中资银行的业务(见表3.1),可以看出：4家银行中除了交通银行和招商银行在开展咨询顾问业务方面有所不同以外,各银行的离岸银行产品同质化现象严重；另外,虽然发行大额可转让存款证在国家允许范围,但没有一家银行涉足此领域。我国金融市场发展也是刚刚起步,利率期货、利率掉期这些业务在我国尚未出现,也没有外汇期货、外汇期权等业务,更没有国外成熟的离岸金融市场普遍使用的衍生金融产品,如欧洲美元期货、欧洲日元期货。离岸业务种类齐全的外资银行进驻上海自贸试验区,必将带来中资银行从未实践过的"新"的离岸业务产品,这对在此方面经验空白的国内商行来说是不小的挑战。如《意见》中第十九条规定"将区内符合条件的金融机构纳入优先发行大额可转让存单的机构范围,在区内实现大额可转让存单发行的先行试验区",无形中将有过相关经验的外资银行推向市场。

表3.1 四大银行开展离岸业务种类

	业 务 种 类
交通银行	外汇存款；外汇贷款；国际结算；同业拆借；外汇担保；外汇买卖；咨询、顾问业务；离岸债权投资业务；中国人民银行批准的其他业务
招商银行	外汇存款；外汇贷款；国际结算业务；组织和参与国际银团贷款；担保和见证业务；提供贸易融资便利；参与国际金融市场资金拆借和融通；咨询、顾问业务；经中国人民银行批准的其他离岸银行业务
浦发银行	外汇存款；外汇贷款；信用证业务；代收及托收业务；保函及保理业务；资金交易类业务；网上银行业务及其他业务
平安银行	离岸存款；离岸贷款；离岸支付结算；离岸贸易融资；其他离岸业务

资料来源：各银行网站。

其次,在交易方式方面,国际金融中心的离岸银行服务客户分为两种类型：一是大客户——跨国银行、政府机构、国际经济组织及其他一些有信誉的实体经济组织等离岸市场主体,它们有70%的资金交易和90%的外汇交易是通过银行间完成的；二是小客户——一般的中小企业和银行,它们通过离岸市场上的大客户间接交易,而离岸银行业务一般包括短期的银行间同业拆借和长期的离岸银团贷款。这些离岸业务一般带有批发性质，完全市场化经营，对离岸银行的交易方式、定价水平和服务质量提出了高要求。而开展过离岸业务的中资银行对此却并不熟悉，它们在从前业务开展过程中，面对的客户主要是来自港澳的以投资和生产性周转为目的的投资类、贸易类和生产类和企业，鲜有来自欧洲、美国、日本等经济发达地区的大客户，其定价和服务方式完全不同于国际主流离岸业务，这将给中资银行带来巨大的压力。

3. 盈利水平低

我国商行离岸业务发展势头强劲，业务规模和总量高速增长，但利润增长速度却与之不相匹配。以目前离岸业务规模在中资银行中位居首位的交通银行为例，如表 3.2 中所示，自 2002 年离岸业务重新开展后，交行在离岸存贷款和国际结算业务上一直保持上升状态，即使在深受金融危机影响的 2007—2010 年三种业务增长约 270%；但同期利润增长速度明显远远落后——只有近 70%，且直到 2010 年末，交行的离岸业务利润才突破千万美元大关。

表 3.2　2003—2010 年交通银行离岸业务数据（万美元）

	2003 年	2004 年	2005 年	2006 年	2007 年	2008 年	2009 年	2010 年
存款余额	1.61	5.52	5.72	6.33	8.09	5.92	10.60	21.17
贷款余额	0.47	1.74	1.96	1.39	3.86	7.21	8.65	10.25
结算总量	3.63	44.26	62.90	78.88	116.59	181.53	257.67	445.23
利　润	—	—	0.018	0.044	0.077	0.082	0.074	0.130

资料来源：交通银行统计年鉴。

一般而言，离岸银行相较于在岸银行有更高的盈利能力（Erico，1999），但我国商行的情况并不如此。若以 2009 年的数据作进一步的来计算，用离岸业务利润数据除以各行的离岸资产数据，则招商银行、交通银行、深圳发展银行和浦发银行的离岸资产利润率分别为 1%、0.6%、1.6% 和 0.3%，整体的资产利润率为 0.9%，而各银行同期的净资产报酬率分别为 15.64、19.40、27.29、19.27 虽然离岸数据计算的是总资产收益率，但因为离岸资产大部分为净资产，即使剔除小部分固定资产，离岸业务、在岸业务的收益率差异仍然是非常悬殊的，这同发达国家商业银行的离岸业务高盈利现象是恰恰相反的（蒋曙明，2011）。因此，中资银行离岸业务的发展任重道远。

二、 上海自贸试验区中资银行离岸业务发展方向

中资银行若要进一步发展离岸银行业务，建议从以下几个方面着手进行：(1)产品创新；(2)优化服务；(3)防范开户、洗钱及融资风险；(4)加强离岸客户的营销工作，提高从业人员的素质(王蕾，2004)。张聪和易振兴(2008)进一步提出风险监管的措施。我国的离岸银行业务还处在起步阶段，业务开拓过程中的风险控制尤为重要。首先，要逐步转移业务的地区重心，加强产品开发力度，广泛发展零售和批发客户，从而分散品种单一、经营范围狭窄和地区集中带来的系统性风险。其次，甄别业务对象，强化对客户信息和资料的调查，重点关注处于信息劣势的企业，解决信息不对称和逆向选择所引发的风险。对实力雄厚的大型跨国集团可以提供多币种全球统一授信额度；对规模较小或有不良信用纪录的企业要强化国内抵押和担保；对特定的境内外关联公司则可提供综合金融服务。最后，接受多元化外币存贷款，动态调整货币储备，积极规避汇率风险。

对于任何一家银行而言，高新技术所提供的技术平台是一致的，客户的需求也具有共性，但是不同银行在高新技术与客户需求相结合并转变为体现银行核心竞争力的金融技术方面却大相径庭。以花旗银行为例，它的现金管理业务是全球银行业中最好的产品和服务，是花旗银行核心竞争力的体现，而这一优势正是建立在金融技术基础上的。花旗银行凭借先进的电子通信技术和信息技术奠定了其在跨国现金管理的优势地位，成为世界上最大的美元清算银行(温彬，2004)。美国银行(Bank of America)、富国银行(Wells Fargo)、PNC金融服务集团、TD Banknorth银行、Citizens银行坚持经营至上的价值观，努力降低误差，提供低成本、可信赖的金融产品，而提升了银行价值，提高了竞争力；波士顿私人银行及信托有限公司(Boston Private Bank & Trust)、高盛(Goldman Sachs)、摩根士丹利(Morgan Stanley)坚持顾客至上原则，提供优质的顾客服务，关注银行的细微细节提升了银行价值；荷兰国际集团(ING，储蓄业务)、富达投资[Fidelity Investments，自由组合基金(Freedom Funds)]坚持产品至上原则，努力创新金融产品，提供独特的金融产品提升银行价值(Tallon，2010)。

上海自贸试验区中资银行离岸银行业务的创新应从哪些方面入手？是不是应该从离岸贷款业务、投资银行业务等方面着手？理论上推崇的优质离岸资产品种——银团贷款、质押贷款、项目贷款、股本融资、贷款资产证券化等是否适合上海自贸试验区中资银行和企业？通过对上海自贸试验区企业的调研，我们认为上海自贸试验区中资银行离岸业务创新方向主要有以下三方面：

1. 全能化——投行发展

现有中国银行业的贷款模式根本无法胜任差异化业务特征的小微创新企业的融资需求。上海自贸试验区中资银行离岸业务应努力致力于金融产品创新和金融衍生品风险管理，充分调动海内外社会高净值人群和成功企业的财富收入及产业资本去支持归国创业人员的创业，引进海外成熟的天使基金，打造中国"硅谷"，为企业提供质押贷款、供应链金融创新，为中国产业升级提供金融服务。

针对上海自贸试验区企业需求，中国银行近日推出自贸区企业网银服务，助力上海自贸试验区金融创新实践。中国银行自贸区企业网银服务包括本外币转账汇划、跨境汇款、查询对账、国际结算单证、订单融资、中小企业贷款等业务，可及时满足试验区企业全球在线金融服务需求，帮助试验区企业客户培育面向全球竞争的新优势，融入经济全球化发展。

2014 年 2 月 18 日，中国银行率先启动中国（上海）自由贸易试验区第三方支付机构跨境人民币支付业务试点，与快钱支付清算信息有限公司签署《跨境电子商务人民币支付业务合作协议》，并配合支付机构发起首笔支持台湾关贸网路股份有限公司出口业务的实时交易。第三方机构跨境人民币支付业务的开展，将进一步扩大跨境人民币的使用范围，不仅有利于支付机构拓展海外业务，还能省去货币汇兑的环节，降低支付机构面临的汇率风险，为跨境人民币结算业务提供便利。作为首批启动第三方支付机构跨境人民币支付业务试点的金融机构，中国银行具有丰富的国际结算和外汇管理专业经验，拥有市场领先的跨境人民币业务、遍布全球的清算系统与丰富的人民币产品和服务，已形成包括跨境人民币结算、跨境人民币贸易融资、跨境人民币现金管理、跨境人民币直接投资等一系列综合金融服务体系。①

---

① 资料来源：http://finance.ifeng.com。

2. 国际化——银团贷款

随着越来越多的中国企业走出去,上海自贸试验区中资银行离岸业务应积极参与银行贷款,一方面降低风险,同时也为中国企业国际化提供优质金融服务。建立一套完善的服务中资企业"走出去"的金融业务平台和制度体系,从而促使中国企业在海外公平竞争的环境中,"由小变大,由大变强"的转型发展。

上海银行已与东方国际(集团)有限公司(下称"东方国际集团")签署了《跨境资金集中收付管理服务协议书》。根据协议内容,上海银行将为东方国际集团内成员公司的经常项目跨境人民币提供集中收付服务。上海银行成为首批获许在上海自贸试验区开展跨境人民币集中收付业务的银行之一,东方国际集团成为首批获准通过上海自贸试验区机构办理跨境人民币集中收付业务的中资企业。

上海银行和东方国际集团在现金管理、跨境支付及其他银行产品等各项业务上保持了长期良好的合作关系。东方国际集团现有下属全资和控股子公司117家(含1家上市公司),在美国、欧盟、日本和非洲等世界主要国家和地区设有20余家海外机构,每年跨境结算量达数十亿美元。①

3. 定制化服务

定制化服务就是上海自贸试验区银行努力为高端客户量身定做产品,致力于公司理财和个人理财业务,即资产管理服务,开拓新的利润增长点。在这方面应该借鉴德国经验,不仅从事商业项目投资的前期贷款,而且针对企业日后的任何金融需求,如企业资金账户管理、企业财产保险等等,提供"一站式"的全套服务。

三、 国际经验及上海自贸试验区中资银行离岸业务风险管理

1. 上海自贸试验区离岸业务风险

上海自贸试验区离岸业务风险主要由以下三方面:

(1) 离岸、在岸市场未完全分离。我国离岸金融市场目前是一种渗透型的经营模式,当业务规模逐渐扩大,这种相互渗透的模式就会使离岸市场影响在岸市场

---

① 资料来源:http://finance.stockstar.com。

的货币政策和金融市场的运作。国家外汇管理局《离岸银行业务管理办法是实施细则》允许银行利用在岸资金在一定限额内弥补离岸账户资金头寸的不足。在实际运作中,这种做法无疑为离岸金融业务提供一种保障,认为需要时可以利用在岸资金进行补足,会导致离岸贷款膨胀,当贷款额度上升到一定程度时,就会打破在岸资产向离岸资产渗透的上限。一旦贷款无法收回,通过离岸市场和在岸市场的相连环节,损失会不断扩延至在岸市场,造成更大损失,从而影响国内经济的健康运行。

（2）离岸、在岸联动产品隐含信用风险。随着跨境通、离在岸背对背信用证业务、离岸外汇质押(或开立备用信用证)在岸人民币贷款业务、离岸代付在岸假远期信用证业务等离岸、在岸相联动的业务推出,银行充分利用了离岸业务和在岸业务相结合的整体优势,并且成为银行新的重要的利润增长点。离岸、在岸联动产品的主要特点是仅仅是信用的转移,并非资金的转移,具有隐性债权债务的特点,并且这类业务还未纳入监管当局的监管范围,需要特别注意。

（3）离岸账户可能成为境外异常资金流入的通道。近年来,在国际上掀起一阵人民币升值热潮,大家对人民币升值的预期较高,在这样的情况下,利用离岸账户,通过离岸在岸联动和化整为零等方式,一些公司可以将境外的异常资金挪移至国内市场。主要采取的手段是外保内贷和内保外贷,在境内外关联公司之间实现资金的融通,其深层次的意义是使离岸市场成为资本项目自由兑换的通道。此外还可以通过离岸账户将大笔资金分拆成多笔汇入境内个人账户结汇,通过离岸账户以非贸易外汇收支名义将资金划转至境内关联企业结汇等方式,使离岸市场成为这类异常资金的中转过渡容器,使流入国内的境外资金的合法性和真实性无法核实。

2. 国际经验及上海自贸试验区离岸业务风险管理

总结各国离岸金融中心发展的经验教训,可以为上海离岸金融业务建设指明方向,结合我国实际国情,可以得到以下几个重要结论:

（1）准确把握宏观经济状况,对境内外市场上外汇汇率、利率价差等宏观经济数据进行准确把握,对推动离岸金融市场的各项政策的执行力度具有重要意义,并且可以防范离在岸市场的渗透问题。加深管理短期资本流入的管理办法的研究，严格管制境外资本以及境外人民币流入境内的方法、手段。

（2）内严外宽、区别对待的美国 IBF 离岸金融中心的实施策略对上海自贸试验区金融业务创新极具重要意义。在美国建立基于 IBF 系统的离岸金融中心的最初，为了防止美国本土银行免受或少受离岸市场的冲击，增强竞争实力，美国对本土银行在海外离岸金融市场上的业务的监管较为宽松，而对于境外银行在本国离岸金融市场上的行为进行严格管制，主要从存贷款利率、比例、准备金制度等都进行了严格的区别对待，这使得美国本土银行在离岸金融市场业务发展过程中不断壮大，竞争实力增强，更好地应对随时可能产生的风险。

（3）新加坡的严格风险监管体系使得新加坡境内市场少受离岸市场波动风险影响，为新加坡离岸金融中心建设创造良好的国内环境，其风险监管的思想可用于上海自贸试验区离岸业务风险监管，主要包括以下几点：

一是严格的市场准入条件是风险管理的第一道防线。一方面设立合理的市场准入条件可以防范不良离岸金融机构进入离岸金融市场，从而减少不良贷款，保障存款人的合法权益，维护离岸金融市场的正常运行；另一方面设立合理的市场准入条件可以控制国内离岸金融市场上金融机构的数量，防止离岸金融市场金融机构数量的过度膨胀给国内经济金融发展造成不良影响。因此严格的市场准入条件作为进行离岸金融机构监管的第一步，是风险管理最重要的第一道防线。

二是离岸存贷款业务的严格管理确保离岸业务健康运作。离岸金融市场主要经营的业务是存贷款业务。内外分离性离岸金融中心经营模式更重视对离岸存贷款业务的经营管理。新加坡将离岸存贷款业务和在岸存贷款业务严格分离，并对亚元资产总额加以限制；美国从存款对象、存款金额及存款形式、提取存款的相关条件等角度着手，严格管理存款业务，从贷款使用方向、贷款合同形成的书面要求等方面着手，管理贷款业务。存贷款业务的严格管理有助于减少不良贷款，防止挤兑发生，有助于将离岸业务风险控制在可控范围内。

三是加大信息披露程度、强化市场约束是预防风险的重要手段。《巴塞尔协议》Ⅱ确立的第三大支柱为市场纪律，要求加大信息披露程度，强化市场约束，市场纪律的要求受到离岸金融中心各国的重视。由于离岸金融机构业务跨国性、客户多样性的特点，信息不对称、监管困难的案例屡见不鲜。加强离岸金融中心的信息披露，强化市场约束是预防风险的重要手段。譬如新加坡要求经营离岸金融业务的金融机构每月向新加坡金融管理局递交外汇头寸，每年公开财务报告等。

四是灵活、高效、全面的监管体制。灵活的监管体制是为了适应不断变化的离岸金融市场的需要。金融自由化和金融创新的深化，使离岸金融市场处于不断变化中，由此离岸业务的风险也在不断变化，监管体系必须随时变化以适应风险的变化。

五是高能的离岸业务运作系统，为风险管理奠定技术保障。新加坡的电子支付系统（MEPS）不仅加快了离岸业务的转拨与结算效率，同时可以实时监控业务资金的流向，预防不必要的风险发生；中国香港 CMU 中央结算系统实现了多种货币的转拨与结算，极大地提高了业务经营效率，防范了结算风险，从而为离岸业务的风险管理奠定了坚实的技术保障。

四、 加快上海自贸试验区中的金融业务创新的政策建议

1. 建立健全知识产权保护制度，鼓励金融业务创新

金融创新是银行未来发展的必由之路，从全球范围来看，银行业开展金融创新是其实现盈利性、流动性和安全性相统一最终经营目标的体现。在日益激烈的竞争环境中，银行必须积极发展金融创新，开发新型金融产品，提倡差异化经营，通过市场细分的方式定位不同的消费者，满足客户的多样化需求。根据未来银行业金融机构创新发展的趋势，自主性创新将愈发多见，创新国际化是大势所趋，同时创新将逐渐以综合化和跨市场为主要方向。中资银行要发展离岸业务，要根据现有资源和市场需求，在现有的传统业务基础之上开发新型业务和产品；此外银行必须提高对市场的敏感度，根据市场环境的变化做出相应的创新。离岸业务是银行扩大客户基础，优化客户结构，挖掘客户价值潜力的重要途径，也是银行竞争力水平的重要体现。中资银行必须高度重视离岸业务，积极拓展理财、投行、资产管理等新兴业务，以积极姿态维护客户，培育支持各项业务持续发展的战略客户群。在私

人银行业务方面,可以借鉴外资银行的相关经验如花旗 CITIGOLD、汇丰卓越理财、荷银梵高理财,积极推广个人金融业务的品牌服务,深化个人高端客户服务,针对高端客户融合各种产品和服务,并将品牌形象贯穿于金融服务的各个环节。

只有创新才能把握机遇,抢占市场先机,从竞争惨烈的"红海"跃入浩瀚无垠的"蓝海"。上海自贸试验区中资银行应充分借鉴、吸收发达国家商业银行的相关经验,并加以吸收和利用,不断推出适合消费者需求的金融产品;要加强服务创新意识,将零散的产品连接成创新服务链,整合新产品的服务功能;要加快营销模式的创新,从传统的"关系营销"向为客户提供综合化的金融服务解决方案转变,实现客户和银行的共赢。只有通过产品和服务的不断丰富,满足客户的个性化、多元化的金融需求,增加新的利润增长点,才能在激烈的市场竞争中确立领先地位,更好地为我国产业升级提供金融服务。

据调查,我国商业银行不愿意进行创新的另一原因是创新成本高,同时创新成果很容易被竞争对手低成本模仿。Arrow(1962)指出企业进行研发或技术创新的积极性与知识产权保护程度存在正相关性。从过去 50 年间欧美国家的经验来看,它们不仅在高新技术领域重视知识产权问题,在农业、医疗、原材料加工、制造业中也十分重视知识产权,使得许多传统产业在应用研究和技术开发中保持了领先地位及盈利性(邹薇,2002)。因此,为了鼓励创新,我们应建立健全知识产权保护制度。同时,银行应加大自身的研发力度,熟悉知识产权保护途径和法律救济途径,建立自己的知识产权保护体系。

2. 加快离岸业务产品创新,增强上海市银行业跨国经营水平

我们应鼓励银行加快研发具有竞争潜力的离岸业务产品,引导商业银行利用信息、技术和人才等优势,为客户提供高质量和高层次的服务。

在银行理财产品方面,市场细分就显得十分重要。通过全面了解上海自贸试验区不同客户的需求,全面分析和评估银行自身的能力,重新设计银行提供财富管理服务的团队、组织架构,然后确定主要的目标客户和服务领域,创造出更高收益和更广泛的客户群。细分服务能力是中国市场中一个真正竞争优势的来源。从战略发展的高度看,市场细分也是推动银行理财市场发展逐步走向成熟的必经之路。

事实上，在市场细分过程中，培养的是银行的创新能力，这种创新是围绕客户有步骤、有分析的创新，这是上海的商业银行目前所欠缺的。因此真正实现上海自贸试验区顾客的个性化需求，是市场细分的关键和走出"同质化"的重要突破口，也是提高市场竞争力的重要途径。

3. 积极吸引优秀金融人才，完善中资银行的法人治理结构

金融人才的利用是银行提高经营效率的重要途径，也是提高市场竞争力的关键。根据报告显示，上海银行业人才生态环境整体指数仅为 67.79，与纽约、伦敦、东京、香港等国际金融中心相比还存在较大的差距。上海的中资银行要加强对金融高端人才的引进，改善人力资源绩效，吸引和留住优秀人才。随着上海自贸试验区建设的逐步推进，人才集聚效果更加明显，中资银行应充分利用好人才，提升银行业的竞争力。借鉴外资银行的人才选拔渠道中可以发现，外资银行从人才选聘到任用的每一步都极其严格，无论是员工的素质和能力都被考核到。它们有一整套完整的员工培训体系，根据员工的不同特点制定相应的培养计划。因此可以发现它们所聘用的人才都是出类拔萃的，有较高的综合业务素质，管理能力相当强。上海自贸试验区中资银行应该要建立系统的培养机制，充分发挥员工的特长，培养具有金融、法律等知识的复合型国际金融人才。通过完善选拔任命制度、薪酬分配制度，建立科学的绩效考评体系以及人才测评体系，为人才的成长创造良好的工作环境。

在知识经济背景下，银行的员工一般都具有高学历、高素质，他们的信息来源多，知识更新和创新速度快，具有较强的自主意识，不愿意接受上司程序化的指令，而是强调工作的自我管理等，这些特征决定了银行应该进行组织分权。相对于分权来说，集权的弊端主要有：(1) 不利于合理决策；(2) 不利于调动下属的积极性，也不利于培养人才；(3) 阻碍信息交流，公司沟通不顺畅；(4) 助长公司中的官僚主义作风，使公司缺乏应有的生气与活力。因此，上海的商业银行应该建立扁平化、柔性的组织结构，便于不同部门通过信息网络进行沟通，这样，不同部门成员可以方便快捷地获取最广泛的信息，及时发现风险并加强风险管理。

另外，激励约束机制是鼓励员工提高素质、激发潜能、保证人力资源素质与岗

位需求相匹配的主要手段。因此，我们应继续推进产权制度改革，改革上海自贸试验区中资银行的激励约束机制，重新分配激励资源，最终提高中资银行的国际竞争力。

4. 加强上海自贸试验区中资银行离岸业务风险监管，完善风险监管体系

我国中资银行的离岸业务还处在起步阶段，业务拓展过程中的风险控制尤为重要，尤其是上海自贸试验区作为改革的实验点，中资银行离岸业务的风险监管尤显重要。特别是开户审批资料和贸易融资中信息不对称引起的业务操作风险，不熟悉境外服务对象信用表现和资信状况引发的信贷风险，资产负债结构不合理导致"短存长贷"等问题引发的流动性风险，以及汇率风险等等。Picard 和 Pieretti（2011）也指出应加强对离岸银行业务的监管以防洗钱行为。

上海自贸试验区在进行金融业务创新过程中，尤其要注意对金融风险的防范。金融危机爆发以来，美国大型投行雷曼、美林相继破产倒闭，健全金融法规、审慎金融监管已经引起全球重视。面对国际银行业带来的一系列挑战，上海自贸试验区中资银行需要积极改进监管方式和手段，增强监管标准的统一性和可操作性。银行监管组织必须大力加强监管能力建设，构建和谐的新型银行组织。继续完善资本审慎监管制度，发挥资本在银行发展中的约束功能和调节作用。完善分类监管，根据不同风险等级对银行作评级。采取有针对性的监管措施，有效配置监管资源，建立健全市场化的正向激励机制。

5. 加强国际银行业间交流与合作

全球经济一体化是目前的发展趋势，加强与国际银行业的合作，吸收借鉴国际金融监管的经验和教训对上海自贸试验区中资银行离岸业务发展具有重要作用。加强与国际银行的合作主要包括两个方面：

（1）加强监管合作。首先，要加强与离岸金融主体所属各国家之间的交流与合作，遵守平等互惠的原则，寻求良性循环，实现可持续发展。各主权国家之间的交流与合作可以保证信息传递渠道通畅，掌握信息掌握的全面性和真实有效性，同时也能采取共同措施，以防范可能存在的规避法律的业务操作。其次，要进行资本流动的监管合作，离岸市场存在大量资本流动，尤其是短期资本流动，这不仅仅影

响一国经济金融的稳定,对全球金融市场也有重大影响。共同完善资本流动渠道,在全球范围内寻求共赢的合作,互相借鉴、互相吸收,共同维护离岸金融市场的稳定。第三,加强人才的交流与合作。目前不仅是离岸金融市场,包括整个金融市场,监管人才非常稀缺。加强国际间的交流与合作,不仅能够分享良好的监管经验,还能促进监管体系的创新和完善,通过举办学习班、国际研讨会还能进一步提高监管人员的素质,丰富人才库。

(2)合作打击"反洗钱"等犯罪行为。上海自贸试验区离岸业务开展过程中,主要负面影响在于易被逃税、洗钱、圈钱等非法活动钻空子。因此,主管部门要与国际反金融犯罪组织合作,采取必要监控对策。公司注册登记时须作必要背景调查;如认为某公司账户涉嫌洗钱或其他非法金融活动,离岸公司资料就须强制公开;如证明其进行非法活动,将撤销公司注册并收回非法资金。严防宽松的离岸环境成为助长洗钱、诈骗、转嫁金融风险、侵吞国有和公众资产的"温床"。

第四章

中国（上海）自由贸易试验区的法律促进与保障

我国改革开放以来的实践告诉人们，经济社会的又好又快发展离不开法治的保驾护航。当前，建设以"开放促改革"的中国（上海）自由贸易试验区是中国面临国际国内经济发展态势的必然要求，是拓展经济增长新空间、打造中国经济"升级版"的国家战略需求。因此，探循上海自贸试验区建设发展规律，促进和保障与之相适应的法律的施行势在必行。《中国（上海）自由贸易试验区总体方案》中也明确提出，"完善法制领域的制度保障"是上海自贸试验区建设的主要任务和措施之一。

第一节　上海自贸试验区法治建设的特性

一、 高标准规则，先试先行

党的十八届三中全会不仅提出要"加快自由贸易区建设"，而且强调自贸区的建设应"坚持世界贸易体制规则，坚持双边、多边、区域次区域开放合作"，"形成面向全球的高标准自由贸易区网络"。①这不仅凸显了中央对推进上海自贸试验区建设的坚定决心，更体现了上海自贸试验区法治适应经济基础建设和生产力发展需求的规律。我们认为，建设上海自贸试验区是以开放促改革的国家战略，试验区的

---

① 参见 2013 年 11 月 12 日中国共产党第十八届中央委员会第三次全体会议通过的《中共中央关于全面深化改革若干重大问题的决定》第七部分"构建开放型经济新体制"。

法制体系必须是高标准自由贸易协定（FTA）的试验版。因此，国际通行的高标准投资贸易规则，如公平竞争、知识产权保护、劳工标准、环保标准、政府采购等标准的规则就当然应该在上海自贸试验区先试先行，以提高我国参与区域经济、制定国际投资贸易规则的话语权。

二、 可复制、可推广

上海自贸试验区是党中央在新形势下推进改革开放的重大举措。作为国家扩大开放、深化改革的试验田，试验区在 FTA 的名义下承载着中国经济制度改革的重任。试验区的法制当然应该具备可复制、可推广性。

三、 开放促改革、与时俱进

与传统的保税区或双边多边自贸协定谈判的 FTZ 相比，上海自贸试验区的法治建设内容会更多，范围会更广。试验区法律结构除了一般的 FTZ 法律结构主要包括的对外贸易法、海关法、航运法律、检验检疫和外汇管理法律制度外，还包括其要进行试点的跨境投资体制法律制度、金融体制法律制度和服务贸易扩大开放涉及的服务贸易法律制度等等。这是因为试验区的建设不在政策倾斜，而是制度的创新（试验区的红利目前不是减税免税，而是怎样用好新制度）。2013 年 9 月 29 日试验区挂牌后，制度红利逐步显现：除了区内施行准入前国民待遇和负面清单管理模式、行政管理备案制以及工商登记先照后证和认缴登记制外，还包括中央深化改革 60 条、央行支持自贸区金融 30 条、跨境人民币双向资金池业务等，下一步要推出的就可能是离岸黄金业务、利率市场化等金融创新制度。因此，法制建设将随着开放改革进程与时俱进、不断推进。

四、 区内区外法治的共时性

目前，上海自贸试验区内适用于平等主体间的民商事法律规范与区外无异。如试验区第一案，河南益新实业有限公司诉梅特勒—托利多国际贸易（上海）有限公司供货合同纠纷案，双方争议焦点在于产品质量是否符合合同规定的问题，并不涉及上海自贸试验区成立之后所颁布的法律法规。该案之所以成为上海自贸试验区成立之后的第一案是因为被告是注册在区内的公司。但是，上海自贸试验区因扩大开放、深入改革的投资贸易、行政管理新制度的实施却影响到现有纵向的管理规范和刑事立法。同时，在执法上同样存在区内区外共时性问题，如"区内注册区外经营"，涉讼时就可能涉及案件的管辖权、送达、执行等问题。因此，目前上海自贸试验区内外，不管是适法还是执法，都绕不开共时性问题。

第二节　国际高标准自贸协定规则对上海自贸试验区法治建设的启示

上海自贸试验区的法治建设首先必须具备"良法"的要素。而这个要素实质上就是与国际接轨的高标准自贸协定规则在试验区的先试先行。要"形成面向全球的高标准自由贸易区网络"，上海自贸试验区的规则制定，实质上就是高标准自贸协定规则的内化和试验。如果在上海自贸试验区我们的法治能很好地保障高标准自贸规则的实施，得到企业的认可，我们政府管理的能力和现代化管理水平能够适应，之后我们可以形成可复制、可推广的经验，为我国对外谈判签署自贸协定提供实践基础。

高标准自贸协定的典型代表是《跨太平洋伙伴关系协议》（TPP）与《跨大西洋贸易与投资伙伴协议》（TTIP）。它们不但规定了高标准的国际贸易和投资规则，要求成员取消关税和非关税壁垒，并且在一定程度上突破了国境的限制，要求成员规范境内的市场竞争、电子商务、环境保护、法治建设、政府采购、知识产权、劳工权益等全方位制度。由于 TPP 和 TTIP 均采用了闭门谈判的方式，谈判文本不为外界所知。但鉴于《北美自由贸易协定》是美国组织签署并且实施的最为成功的自贸协定，《韩美自由贸易协定》是最近生效的美国在亚太地区规模最大的自贸协定，美国 2012 版 BIT 范本是最近公布的，在 TPP 和 TTIP 谈判中，美国肯定会参考这些协定的内容。因此研究《北美自由贸易协定》、《韩美自由贸易协定》和美国 2012 版 BIT 范本与我国已经签署的自贸协定的区别，有助于我们加深对国际高标准贸易和投资规则的了解，并为上海自贸试验区的法治建设所借鉴。

一、《北美自由贸易协定》和《韩美自由贸易协定》概览

1.《北美自由贸易协定》与我国签署的 FTA 的比较研究

自由贸易协定（Free Trade Agreement，FTA）的起源与发展，源于多边贸易谈判的迟滞不前，各国绕过多边贸易谈判，开辟途径推动区域内或国与国之间的贸易自由化。美国是最早提出签署区域自由贸易协定的国家，并且美国和加拿大签订的《美加自由贸易协定》和由此协定衍生的《北美自由贸易协定》（North American Free Trade Agreement，NAFTA）对国际上自贸协定的签署和构建影响深远，2012 年生效的《韩美自由贸易协定》则是近期来绕过多边贸易体制的成功例子。

《北美自由贸易协定》所建立的北美自由贸易区作为世界上第一个南北国家通力合作、实现区域性经济合作的经济合作平台，通过产业转移和产业升级换代，发挥各个国家相对于彼此方在经济上的比较优势，极大地促进了美国、加拿大和墨西哥的经济发展。《北美自由贸易协定》共包括 8 编，共分为 22 章，还包括 7 章附件，一共约 2 万余条规定，其主要内容涉及美国、加拿大、墨西哥三国之间的商品、劳务贸易和投资自由化、海关程序、能源和基本石化产品、技术性贸易壁垒、政府采购、投资规定、知识产权保护、行政与机构条款以及贸易争端解决等诸多方面。和我国签署的自贸协定相比，《北美自由贸易协定》在货物贸易、投资和金融服务规则、环境和劳工保护、争端解决机制等方面都颇有特色。具体表现在：

（1）消除货物贸易的关税和提升通关便利化。

在消除货物贸易的关税和提升通关便利化方面，《北美自由贸易协定》比我国签署的自贸协定有更严格的规定和更高的要求。根据《北美自由贸易协定》在第二编第三章中第 301 条、第 302 条及其相关附件规定，在协定生效后就对所有课税的货物开始纳入分阶段减免关税的范围。《北美自由贸易协定》的最终目的就在于，要取消美加墨三国间的关税壁垒和非关税壁垒，实现贸易自由化，而且通过区域性

经济合作,实现资本、人力、商品和技术的自由流动。①根据附件 302.2 第 1 条,自 1994 年 1 月 1 日开始,美、加、墨之间 9 000 个贸易类别中的大约一半的进口关税便须以立即撤除,另外 15% 在后来的 5 年间予以消除。剩下的产品必须在 2008 年 1 月 1 日之前彻底减免关税。②此外,自 1994 年协定正式生效开始,美国和加拿大之间的通关使用费即行废除;而美国和墨西哥之间的通关使用费已经于 1996 年 6 月 30 日之前彻底废除。③而对于农产品、汽车、纺织品及成衣的关税和特殊规定,《北美自由贸易协定》规定了相应的实现关税撤销的相应阶段和时间点。《北美自由贸易协定》关税撤销的特点在于,先实施工业品贸易自由化,后实现农产品贸易自由化。④

（2）投资和金融服务全面自由化。

我国签署的自贸协定往往侧重货物贸易,投资和金融服务自由化水平较低。但是《北美自由贸易协定》却要求投资和金融服务全面自由化。根据《北美自由贸易协定》第 14 章的相关规定,各个成员国的投资机构不受国籍或地域限制,可以自由在北美自由贸易区境内投资。⑤此外《北美自由贸易协定》第 1404 条规定,各国允许本国居民在另一国境内获取金融服务,不对任何金融部门的跨境交易规定限制条件,也不对已有的限制增加补充规定。⑥第 1405 条、第 1406 条分别规定了国民待遇原则及最惠国待遇原则,通过给予成员国以不低于本国国民及其他任何第三方国家相关机构的待遇,来促进投资的发展。⑦此外,《北美自由贸易协定》还规定了任何一个成员不能对其他成员国的投资提出"行动要求",并允许投资收益自由兑换和汇回;成员国投资者可将在另一成员国领土上投资的收益、售后收入、偿还

---

① 　黎国焜:《世纪之交北美自由贸易区运行特点及发展趋势》,《世界经济研究》1997 年第 3 期,第 46—50 页。

② 　赵伟、陈勇:《20 世纪 90 年代以来的美国外贸政策——多层次与多侧面的一种审视》,《亚太经济》2003 年第 1 期,第 21—24 页。

③④ 　韦丽红、王汉君:《欧盟、北美自由贸易区的发展和对中国——东盟自由贸易区的启示》,《东南亚纵横》2004 年 1 期。

⑤ 　叶兴国、陈满生译:《北美自由贸易协定》,法律出版社 2011 年版,第 264 页。

⑥ 　同上书,第 264—265 页。

⑦ 　同上书,第 265 页。

后的贷款与投资有关的其他交易收入按当前市场汇率将地方货币转换成外汇，而每个成员国必须保证这种外币可以自由转移。①

（3）争端解决机制的广泛运用。

我国签署的自贸协定往往鼓励通过国与国的协商来解决投资和贸易争议，虽然协定中规定了投资仲裁机制，但是在实践中通过投资仲裁解决投资者与东道国的争议较少。而《北美自由贸易协定》争端解决机制以种类繁多、体系庞大而闻名于世。②《北美自由贸易协定》其争端解决机制设置的最大的特点就在于，北美自由贸易区并没有创立区域范围内部性质的专门性贸易争端解决机构，而是由各个国家所订立的条约和协议，通过对不同争端所对应的相应的专门机构的设置，为争端提供了数种适用范围不同的争端解决机制，并在部分领域承诺给予外国投资者③以特别设置的透明、有约束力的争端解决机制来帮助解决争端。例如，《北美自由贸易协定》第 11 章规定的缔约国与另一缔约国投资者之间的争端解决程序就引入了 ICSID 的投资仲裁程序供当事人选择，ICSID 在《北美自由贸易协定》涉及的投资争端解决中发挥了巨大的作用。

（4）环境和劳工与贸易和投资相联系。

今天，我国的学术界还在对是否应当将环境和劳工保护与贸易和投资相联系意见不一，但是早在 20 年前，《北美自由贸易协定》就规定了环境和劳工保护条款以及相应的例外，并成为第一个在多边贸易协定中将环境和劳工保护纳入各国发展经济时所应承担国际义务的国际贸易协定。④

在环保方面，美、加、墨三国制定了《北美自由贸易协定》的附属协定《北美自贸

---

① Pablo Ruiz-Napoles："Investment，Trade and Employment in Mexico in the Context of a Liberal Reform and NAFTA"，in Paraskevopoulos，etal.，eds.，*Economic Integration in Americas*. p.56.转引自曹宏苓：《自由贸易区拉动发展中国家国际直接投资效应的比较研究——以东盟国家与墨西哥为例》，《世界经济研究》2007 年第 6 期，第 19—23 页。

② 转引自王俊：《三大区域贸易组织保障措施法比较研究》，《江海学刊》2006 年 3 期，第 219—225 页。因下文 NAAEC 及 NAALC 部分将会涉及，故此不用赘述。

③ 外国投资指的是美国、加拿大、墨西哥三国彼此之间的跨国投资。

④ 引自肖曼、邹宁华：《北美自由贸易协定中的环境问题及其对我国的启示》，《时代法学》2004 年第 2 期。

协定的环境保护章程》（North American Agreement On Environmental Coopera-tion，以下简称为 NAAEC）来实现北美环境保护合作。通过 NAAEC，美、加、墨三国允诺，贸易自由化与经济的增长将会完全建立在施行有效的环境保护合作及可持续发展之上。就目前实施情况而言，美、加、墨三国已在环境维持、保护人类健康与环境、法律实施、环境贸易和经济、信息与公共服务范围等五个方面进行了合作。而且成立了一个政府下的多国参与的辅助性监管机构——环境合作委员会（Com-mission for Environmental Cooperation，以下简称为 CEC），藉由 CEC 来作为《北美自由贸易协定》成员国实现在环境议题上的合作及北美大陆相关事务上的合作的平台①，并对各国能合力实现其允诺加以相应的协助。此外，NAAEC 还建立了由国民直接控诉政府的一种准行政诉讼制度，通过允许国民直接向 CEC 控告国家怠于履行其职责以致环境受到损害，可以对国家的制度执行起到一定的监督作用，而这种公众直接提出申诉在国际组织中是极为罕见的。②这也充分体现了 NAAEC最为显著的特点，即信息公开和公众参与机制。③

　　而在劳工方面，由于美国在签订《北美自由贸易协定》后，就要面临来自墨西哥的低劳工保护水平的竞争。所以美、加、墨三国又签订了《北美自由贸易协定的劳工合作章程》（The North American Agreement on Labor Cooperation，以下简称为NAALC），规定每一成员都要努力实现国际劳工组织的核心劳工标准和 NAALC规定的十二项劳工保护的基本原则，以此来强化 NAFTA 下各国的劳动法的执行，确保在未来能就劳工事务加深合作。④NAALC 允许任何非政府组织、个人、工会及雇用者直接向三国各自所任命成立的国家行政办公室（National Administrative

---

① Steven Zahniser and Zachary Crago, NAFTA at 15: Building on Free Trade, http://www.ers. usda. gov/publications/wrs-international-agriculture-and-trade-outlook/wrs-09-03. aspx。除此以外，还包括三国各自建立的国家咨询委员会和政府咨询委员会，各种特别委员会和工作小组。因为这几方面仍属于三国的内政部门之下的部门，并不具备跨国性特点，故本章将不再论及。

②③ 汪小勇、万玉秋、姜文、缪旭波、朱晓东：《美国跨界大气环境监管经验对中国的借鉴》，《中国人口·资源与环境》2012 年第 3 期，第 118—123 页。

④ 在 NAALC 的附件一中规定了《北美自由贸易协定》三个成员国所须致力于提高的 11 项劳工原则：结社自由和保护组织权、集体谈判的权利、罢工权、废除强迫劳动、废除童工、最低工作标准、消除歧视、同工同酬、职业安全与卫生、工人工伤补助、保护流动工人。

Officer，以下简称为 NAO）控告国家怠于劳动立法以致劳工的权益受到损害，对此，NAO 可通过部长理事会选择进一步的行动。如果控诉方对协商并不满意，则可由 NAO 将争议递交给出口评估委员会（Evaluation Committee of Experts），并最终进入《北美自由贸易协定》的仲裁程序。

2.《韩美自由贸易协定》与我国签署的 FTA 的比较研究

《韩美自由贸易协定》（以下简称为韩美 FTA）的诞生，是经济和政治两方面因素的综合考量的结果。在经济层面上，韩美 FTA 体现了在多边贸易谈判陷入僵局，亚太地区经济贸易合作发展前进缓慢，而在全球范围内双边 FTA 蓬勃发展的情况之下所出现的必然现象；在政治层面上，韩美 FTA 则服务于韩美双方各自的政治和战略考虑，尤其体现了美国面对东亚整合趋势不断发展的新情况下所作出的战略考虑。

对于韩国政府而言，在与美国签订自由贸易协定之前，美国是其第三大贸易伙伴国（次于中国和日本）、第二大出口市场国和第三大进口市场国，并且是其最大的外商直接投资（FDI）国。2005 年韩国吸收的美国 FDI 占到其所吸收的总 FDI 的 23.3％。韩美 FTA 不是可做可不做的选项，而是一种必要的"生存策略"。韩国的对外贸易依存度高达 70％，只有主动扩大对外开放，才能促进自身经济产业结构优化升级，以及提高国际竞争力。

而对于美国而言，其意义更在于政治利益和象征意义。韩美 FTA 的制定将会成为奥巴马政府促进自由与公平贸易的有力证明，同时也是奥巴马政府扩展美国在亚洲贸易机会的重要举措之一，这些举措中就包括了对 TPP 的谈判推动等。此外，韩美 FTA 生效后，其必然会使得亚太地区各国或地区的贸易出现贸易转移效应，日本、中国台湾、东盟等国家和地区可能会步韩国后尘争相与美国签订 FTA。

但是韩美 FTA 的诞生仍然一波多折。韩国政府在 1998 年 12 月召开的对外经济调整会议上，为了积极应对世界性经济区域化趋势，就已决意推进 FTA。而在 2001 年，美国和韩国之间正式已经开始了关于建立双边 FTA 的可行性研究。在 2004 年两国政府就已对韩美 FTA 的实务协商达成共识。2006 年，美国宣布，美国将正式与韩国进行自由贸易谈判。经过了 10 个月 8 轮的正式谈判，双方在

2007 年 4 月 2 日完成了双边 FTA 谈判，后又经过多次补充谈判，于 2007 年 6 月 30 日终于正式签署双边自由贸易协定。大米最终被排除在自贸协定之外，作为交换，韩国同意放弃对美国牛肉长达 3 年的进口禁令；此外两国需在 3 年内逐步取消近 95％消费品和工业产品的贸易关税，韩国将取消大约 2/3 的美国农产品进口关税，美国则取消排气量小于 3 升的韩国汽车进口关税。韩国国内对于牛肉禁令的放开导致了巨大的国内抗议浪潮和社会动荡；而关于汽车的内容也引起了美国国会的不满。因此，韩美两国又就较为敏感的汽车和农畜产品等内容再度进行磋商并最终达成新共识，并最终决定韩美 FTA 的生效时间定在 2012 年 3 月 15 日。

就韩美 FTA 本身而言，韩美 FTA 是美国 15 年以来已签署的规模最大的自由贸易协定，也是在亚洲签署的规模最大的 FTA。韩美 FTA 参照北美自由贸易协定而制定，协定内容全面而广泛，涉及多个领域，内容共分为 24 章和 3 个部件，规定了包括国民待遇与货物市场准入、农业、纺织成衣业、制药业及医疗设备业、原产地规则、灌水食物及贸易便利化、食品安全检疫与动植物检疫规定、技术性贸易障碍、贸易救济、投资、跨境服务业贸易、投资、跨境服务业贸易、金融服务、通信、电子商务、冲突规范、政府采购、知识产权、劳工、环境、透明度、争端解决等方面。此外，在附件中，以负面清单的模式制定了服务业及投资、金融服务及投资的相关非符合性措施。据韩国的研究机构预测，韩美 FTA 生效后的 15 年内，韩国对美国出口将增加 13 亿美元，贸易额将增加 1.4 亿美元，而就业岗位则会增加 35 万个左右。此外，韩国成为亚洲唯一一个与欧盟和美国都签订自贸协定并生效的国家，韩国在世界上的经济领土扩张到了 60％以上。和我国签署的自贸协定相比，韩美 FTA 的特点具体表现在：

（1）全面消除货物贸易关税，引入原产地规则，创造通关便利化条件，保护劳工权利。

在双方达成的协议中，较重要的有以下几部分：双方决定自协定生效起，立刻免除两国双边贸易中近 90％的工业品及消费品关税，其他大部分商品关税将在未来的 3—15 年内逐步消除。该协定也同样适用于两国的加工产品贸易。

在农产品贸易方面，美国从"10 年内消除所有农产品关税"的立场上作出让步，双方对大部分敏感农产品都采取了在长时间内逐步撤销关税的方法。比如 20 年内撤销苹果和梨关税、10 年内撤销猪肉和鸡肉关税、15 年内撤销牛肉关税等。此外，对于牛肉和冷冻肉，韩美 FTA 还规定，如果进口超过一定的数量，同样也采取紧急进口限制措施。

在汽车贸易方面，协议要求韩美两国对汽车零部件和排量在 1.5—3 升的汽车立即免除关税；排量超过 3 升的汽车在 3 年内废除关税；对目前征收 25％关税的小型货车在 10 年内废除关税。韩国则同意改变其国内针对美国大型车的税制。同时，协议引入了"迅速解决纠纷程序"，即当任一方违反协定时，即暂时可先将汽车关税恢复原状，但这项程序不适用于小型货车。

在纺织品贸易方面，双方将逐步推进关税的取消。在协议生效后，美国按进口额标准的 61％取消关税，达到商品数量的 87％；韩国按进口产品总量的 72％取消关税，剩余的关税，韩国应在 5 年内、美国应在 10 年内对其予以废除。在原产地规则上，原则上采用了美国所提出的"从纱开始"（Yarn Forward）原则，即自纺纱开始的加工过程必须在自贸协定的缔约国内完成。但是，部分在缔约国范围内短缺的服装产品、原材料等视为例外。

在其他工业产品上，美国向韩国出口的工业产品中近 80％将会被免税，包括航空航天设备、农业设备、汽车配件、建材产品、化工产品、消费品、电气设备、环境产品、所有鞋类及旅行用品、纸制品、科研设备和航运及交通运输设备。

双方还同意互相开放政府采购、电子商务交易、医药品、服务等众多领域的市场，并承诺将加强对环境、知识产权以及劳动者权益方面的保护。

而在原产地规则方面，韩美 FTA 规定了特惠关税的使用对象——原产地商品的重要条件和通关程序。协定稳重规定了原产地商品的重要条件，包括完全生产标准、实质性变相标准、直接运输的原则等判定原产地的一般原则。附件中规定了各种商品的原产地判定标准，反映了大约 5 000 余种商品的生产过程、贸易模式、全球化外购环境，目的是推动两国间的贸易，改善贸易业界的便利条件。

此外，在通关程序方面，规定了原产地证明，防止迂回进出口的必要的原产地确认程序及两国间贸易商品通关程序的迅速化和简单化，还对两国间的互相合作进行了规定。此外,为了两国间的贸易更加顺利,协议上规定的简化措施大部分已包含在关税法中,有望缩短美国海关的通关时间。

此外,在劳动领域将引入"群众建议制度",即禁止以促进贸易及投资为目的,降低对劳动者的保护水准。如果对方国家政府错误运用《劳动法》,个人和公民团体可以提出异议。

(2)大力促进投资及服务贸易的全面自由化。

对于外国投资者,韩美 FTA 保证了国民待遇原则的实现;此外韩美 FTA 给予双方缔约国相互间的不附加任何例外条款的自由的市场准入以及最惠国待遇,但部分领域除外。除外的领域中,韩国方面有航空、渔业、海运、卫星广播、铁路、视听共同制作协定。美国方面包括航空、渔业、海运、卫星广播等。此外,韩美 FTA 为了保护金融消费者,进一步完善金融机构,提高金融制度的安全性,单独承认"金融完善政策",并明确规定了韩国启动外汇交易法短期保护措施的权限。

在投资方面,保证了注册地在美国境内的在韩国的金融机构,包括设立分支银行、保险公司、资产管理公司拥有的权利。允许美国公司提供跨境金融服务,包括投资基金和国际运输保险的投资组合管理服务,除非这些服务是专门由韩国法律禁止美国公司在韩国从事的新的金融服务;增加透明度,要求公司提前通知拟议的规例,并要求所有的性质知道应以书面形式并公之于众。间接的征用对象原则上排除了公共卫生、环境、安全、房地产等。

此外,在协议中,双方确立了投资者国家诉讼制度。如果吸收投资的东道国政府违反了协定义务、投资合约以及投资许可,并对投资者造成了损失,那么投资者就可以向国内法院提起诉讼,或申请对投资东道国政府进行国际仲裁。

(3)为未来更深一步的谈判奠定基础。

在当前的谈判中,韩美 FTA 中也为双方的分歧和争论焦点留下了未来继续谈判的"留白"。

开城工业园区问题的谈判继续。开城工业园区本为韩国力争之地,也是韩美 FTA 谈判中最为关键的要点。在谈判中,美国以开城工业园区原产地应属政治以及境外问题为由,恐被朝鲜政府获利;而开城工业园区并不位于韩国境内,韩美

FTA 应以双方境内所生产之产品为限，拒绝将开城纳入 FTA 之中。韩国则表示，对于开城工业园区之认定于韩国与朝鲜之经济合作及和平稳定具有重要之意义，倘若美国不同意此项诉求，将不惜让韩美 FTA 破裂，以视其贯彻之决心。在最终文本中，美方对开城工业园区有条件让步。双方采用了"内置"（build-in）的解决方式，即在 FTA 生效之后，以朝鲜半岛无核化为前提条件，设立朝鲜半岛外加工区域委员会以专门就开城工业园问题进行协商。此外，还对境外加工地区的产品进行了单独的规定，为今后开城工业园区和朝鲜境内生产的产品与韩国产的产品享受统一特惠关税提供了制度性的框架。

争端解决方面，依赖于双边部长级会晤，为未来建立长期的部长级会议谈判奠定了基础。在遭遇到纠纷之时，韩美 FTA 规定，由韩国通商交涉本部长和美国贸易代表部代表在共同委员会中进入优先解决程序，大部分的问题都在协商程序中解决。此外，韩美将会就争端解决问题进行另一轮的谈判，并且不仅局限于经济领域，将会是在政治、经济等方面全方位的展开合作。

在教育、医疗、社会服务等部分公共领域的市场开放问题，韩美双方暂时持保留意见。此外，在法律和会计服务领域，韩国政府正在履行三阶段和两阶段的开放程序，因此决定不会进一步开放。

二、 国际高标准自贸协定规则对上海自贸试验区法治建设的启示

上述提及的自贸协定下的自由贸易区，是国家之间、国家与地区之间经济合作的一个协议，是通过谈判达成的，是互惠的。对于区外的国别和地区，不享受这样的政策。这样的自贸区虽然与上海自贸试验区有所区别，但两者之间是有联系的。我们在上海自贸试验区试行的一些新制度，比如简化工商登记、扩大服务业的开放、投资便利化、负面清单管理模式等，都是在自由贸易协定谈判之中遇到的问题。如果在上海自贸试验区能很好地保障这些制度得到实施，得到企业的认可，政府管理的能力和现代化管理水平能够适应，就可以进一步复制和推广，也会为国家对外谈判签署自由贸易协定、建设自由贸易区提供基础和经验，促进我国开放型经济的发展。

对于当前以《北美自由贸易协定》和《美韩自由贸易协定》为典型代表的自贸区发展,我国在自贸协定的内容制定和实施方面仍存在一定的提升空间,具体包括以下几个方面:

1. 贸易便利化措施

我国签署自贸协定往往侧重消除货物贸易关税壁垒,但是《北美自由贸易协定》、《美韩自由贸易协定》、TTP 和 TTIP 在要求全面消除关税的同时,更强调消除非关税壁垒,在海关监管、检验检疫等领域提升贸易便利化程度,消除由于成员间不必要的监管差异造成的投资和贸易壁垒。

2. 行业准入标准

我国的行业准入门槛不如《北美自由贸易协定》和《韩美自由贸易协定》清晰。我国签署的自贸协定的行业准入门槛均以正面清单的形式规定,但是《北美自由贸易协定》和《美韩自由贸易协定》等美国签署的自贸协定均以负面清单的模式加以规定。

3. 投资和服务贸易自由化

我国所签订的自贸协定与美国签署的自贸协定对比而言,涉及投资及金融服务的内容偏少。我国的自贸协定大多侧重于货物贸易。而就目前《中瑞自贸协定》的发展来看,投资和金融服务贸易领域已引起我国的重视。从长远的角度来看,投资和金融服务将成为我国对外签署的自贸协定的重点内容。

4. 电子商务的应用与发展

电子商务已成为世界经济全球化的助推器并影响着未来商业的发展模式。电子商务的跨国特性决定了对电子商务的调整必须侧重国际规则的构建。《韩美自由贸易协定》等美国晚近所签订的 FTA 中,都专章设有"电子商务"规定,规范跨国数字产品贸易。主要内容有:总则、"数字产品"的界定、服务贸易规则对于电子传输服务的可适用性、关税、海关估价、国民待遇、最惠国待遇、不相符的措施以及相互合作等内容。另外,还有一些协定规定了电子认证、在线消费者保护、无纸化的贸易管理、透明度原则等内容。尽管欧盟在其 FTA 实践中也专设"电子商务"章,但内容相比美式 FTA 更为简略。我国电子商务呈现出爆发式增长的趋势,跨境电子商务成为中国对外贸易升级转型的重要途径。为支持跨境电子商务零售出口，我国政府近期陆续出台了一些部委规章，在出口检验、海关通关、结汇等方面提供便利化服务。但是这些举措仅是美式 FTA 的电子商务规则中的一小部分，并未涉及数字产品贸易等跨境电子商务最核心的内容。

5. 知识产权保护

《美韩自由贸易协定》等美国签署的自贸协定均要求对商标、著作权和专利等知识产权进行高于 TRIPS 标准的保护，但是我国目前签署的自贸协定仍然停留在 TRIPS 标准范围内的保护。

6. 劳工、环保与贸易和投资相联系

美国签署的自贸协定都对劳工、环保方面进行了长篇累牍的规定，但我国签署的自贸协定中，仅在《中瑞自贸协定》中对环保有一定的规定，而且这些规定在法律约束力和内容的具体程度上均显不足。

7. 投资仲裁国际争端解决机制

我国签署的自贸协定目前对采用投资仲裁等国际争端解决机制仍然持比较保守的态度，典型的代表是《中加双边投资和保护协定》。但是《北美自由贸易协定》和《美韩自由贸易协定》等美国签署的自贸协定均接受了投资仲裁。接受并使用投资仲裁等国际争端解决机制，体现了一国对自身贸易投资体制完善程度的自信，也有助于倒逼我国提高立法执法的透明度和法治建设水平。

第三节　上海自贸试验区法治建设中存在的问题

一、 区内立法"三低一大"问题

没有公开、透明、与国际接轨的法律制度，无法保障上海自贸试验区顺利运行；没有健全的"法制"，试验区内"法治"将难以实现。目前，自贸试验区内除 2013 年 10 月 1 日正式生效实施的《中国（上海）自由贸易试验区管理办法》（以下简称《管理办法》）外，协调与配合区内实施的投资贸易行政管理新制度出台的多为部门规章细则,有效力位阶低、协同性低、经济主体认知度低、执法难度大的"三低一大"问题;同时不乏涉及国家事权的分配,低位阶立法的可推广、可复制有限;以及多头建制立法,缺乏与高标准国际通行规则接轨的把控机制等。

二、 立法缺位问题

第一,上海自贸试验区试行准入前国民待遇制度,同时,中央深化改革60条中第九条也提出,实行统一的市场准入制度,在指定负面清单基础上,各类市场主体可依法平等进入清单外领域。这就意味着该条决定已考虑国际通行规则中的准入后的国民待遇问题。这里的各类市场主体既包括民营企业,也包括外资企业,故仅在区内暂停适用三资企业法是不能满足制度改革创新的需求的,制定统一主体条件的《公司法》势在必行。

第二,区内新的贸易业态、新的管理模式的运行,新型案例、疑难问题的出现在所难免,缺乏对应的可适用的法律。如针对金融创新产品的推出,立法的滞后,规范大宗商品的期货交易、仓单融资的立法缺失,离岸金融业务、利率市场化等制度推出后相应监管立法有待跟进,等等。

三、 法律适用问题

第一,适应上海自贸试验区建设的系列改革新制的先试先行,必然会带来新的法律问题。例如,自贸试验区实施工商登记改革,推行"认缴登记制"、"先照后证登记制"、"年度报告公示制",这区别于中国现有的公司登记制度。因此涉及试验区内注册登记的公司自然应当适用于试验区的特别规定。这对《刑法》在试验区的适用也将产生一定的影响:"虚报注册资本罪","虚假出资、抽逃出资罪"在试验区内应如何适用? 定罪入罪的标准如何确定? 而且注册在试验区内的公司与注册在试验区外的公司在案件审理过程的主体适格性审查上,依据的法律也有所不同。

第二,由于目前颁布的涉及上海自贸试验区的法律主要是纵向的监管法行政法,并不涉及平等民事主体之间的横向交易法(例如合同法、涉外民事关系法律适用法等），因此在后者的适用上，区内和区外的企业应当受到同样的法律制约。然而，在我国的司法实践中，依宪执法、遵守"条约必须信守"原则一直没能得到应有的重视。往往按强行法直接适用本国法，而很少考虑适用国际条约、国际惯例或外国法，有悖于对外开放、与国际通行规则接轨的目标要求。

四、 区内区外法律协调统一问题

上海自贸试验区内外政策制度双轨制蕴含着风险：区内注册区外经营的企业涉讼时，应如何合理定位其主体地位并确定案件管辖权以及准据法？此类案件立案后，相应文书应如何送达？鉴于此，如何构建区内区外互动对接的法律适用机制和执法机制就显得特别重要。

五、 执法问题

目前，上海自贸试验区正在建立和健全投资准入、服务业开放、金融创新以及政府职能转变等全方位的管理体系，传统的行政监管、行政执法、综合执法以及司法协调已经不能完全适应试验区的建设和发展需求。如何在"一线放开"的同时确保区内意识形态安全和经济安全，"二线管住"又不影响区内的繁荣和试验区的国际竞争优势并符合国际通行规则？当案件审理遭遇"立法真空"时，应如何行使裁量权，裁判的依据何在？利率市场化后诉讼或仲裁请求中的债务利息、滞纳金等应如何计算，以什么为标准？要好好地回答此类问题方能达到上海自贸试验区法治建设中"善治"要素的目标要求。

而关于管辖权和法律适用问题，目前比较突出的是：

第一，就横向商事纠纷案件的管辖权，往往会涉及专属管辖的侵权行为地、事故发生地等的管辖权确定问题。[①]若因事故发生地、侵权行为地或运输合同始发地

---

① 最典型的就是海商海事纠纷案件的管辖。如：海上货物运输合同纠纷的运输始发地或者目的地，船舶碰撞或者其他海事损害事故纠纷的碰撞发生地、碰撞船舶最先到达地、加害船舶被扣留地，海难救助费纠纷的救助地或者被救助船舶最先到达地，共同海损纠纷的船舶最先到达地、共同海损理算地或者航程终止地。

等是洋山港的话,此时是试验区法庭还是上海海事法院对案件享有管辖权?

第二,发生涉及试验区特殊行政法律法规的行政刑事案件,如之前提及的企业注册登记认缴制、先照后证制等,试验区法庭是否有权受理? 一些区内普通人身性的民事纠纷是否可由试验区法庭受理? 也值得探讨。

第三,根据《最高人民法院关于审理国际贸易行政案件若干问题的规定》,自然人、法人或者其他组织认为我国具有国家行政职权的机关和组织及其工作人员(以下统称行政机关)有关国际贸易的具体行政行为侵犯其合法权益的,可以向人民法院提起行政诉讼,但第一审国际贸易行政案件由具有管辖权的中级以上人民法院管辖。①因此试验区法庭对一审国际贸易行政案件的管辖权是不确定的。②

六、 行政执法与刑事司法的衔接问题

"中央深化改革 60 条"中第三十一条提出要深化行政执法体制改革,要求要进一步完善行政执法与刑事司法衔接机制。鉴于上海自贸试验区在中央要求下实施的一系列重大改革措施将对现有经济体制和监管模式作出重大转变,其中必然会影响到刑法某些罪名的认定与适用问题,也涉及行政执法的交叉衔接问题。③因

① 《最高人民法院关于审理国际贸易行政案件若干问题的规定》第三条和第四条规定。

② 根据《最高人民法院关于审理国际贸易行政案件若干问题的规定》,国际贸易行政案件包括有关国际货物贸易、服务贸易、与国际贸易有关的知识产权和其他国际贸易行政案件。这其中就包括了当事人对上海自贸试验区管委会或者有关部门的具体行政行为不服而提起的行政诉讼以及《中国(上海)自由贸易试验区管理办法》的附件规定了管委会承担的行政审批事项、具体管理事务和集中行使的行政处罚权。其中规定了管委会负责外商投资企业设立和变更审批,境外投资开办企业审批。外商投资企业虽然属于国际投资但也是《服务贸易总协定》中规定的"商业存在",因此这类行政诉讼可以认定为国际贸易行政案件。附件还规定了管委会负责境外图书出版合同登记,复制境外音像制品著作权授权合同登记,进口图书在沪印制备案,这些活动属于与国际贸易有关的知识产权交易,因此有关的行政诉讼也属于国际贸易行政案件。

③ 例如,上海自贸试验区《总体方案》要求在金融服务、航运服务、商贸服务、专业服务、文化服务以及社会服务领域扩大开放,暂停或取消投资者资质要求、股比限制、经营范围限制等准入限制措施,未来还可能进一步在上海自贸试验区范围内取消或调整相关服务行业的经营许可证照或其他限制措施。

此，《刑法》第二百二十五条规定的"非法经营罪"在试验区内应如何认定与适用？经营行为的效力是直接由法院认定，还是先由工商管理行政部门认定？这些问题都颇值关注。

七、 争端管理问题

上海自贸试验区内可能产生的纠纷可以分为两种：一种是平等主体之间的纠纷；一种是投资者与政府之间的纠纷。与我国传统上的综保区不同，试验区有专门的争端解决机构。

上海自贸试验区的争端解决机构承担着为试验区建设国际化、法治化的营商环境提供法治保障的重要任务。然目前试验区法庭的管辖权有限，而且管辖内容尚待厘清。也由于试验区法庭对国际贸易行政案件管辖权的不确定性，其服务试验区的作用有限。

而对于投资者与政府之间的纠纷，如何突破以往以货物贸易为主的通过国与国的协商来解决投资和贸易争议的有限的争端解决方式，合理适当地采用投资仲裁等国际争端解决机制（如 ICSID 的投资仲裁程序），倒逼我国提高立法执法的透明度和法治建设水平，则是上海自贸试验区法治建设应予努力的又一目标。

第四节 有关上海自贸试验区法治保障的思考

为构建既有"良法"，又得以"善治"的上海自贸试验区法治环境，我们分析试验区目前法治现状与问题，借鉴国际先进自贸区的建设经验，遵循国际通行规则，根据上海自贸试验区建设的实情与特点，就试验区的法治保障作如下思考：

一、 制定上海自贸试验区内综合管理基本法

没有"法制"，何来"法治"。我们认为，随着上海自贸试验区诸多深化改革"新

制"的推行,区内法制当务之急是:第一,在研究各国间 FTA 谈判的公平竞争、知识产权、劳工标准、环保标准及谈判经验的条件下,合理借鉴境外自贸区先进立法①经验以及上海浦东开发开放、先行先试的管理立法经验。第二,鉴于现有框架性的《中国（上海）自由贸易试验区管理办法》效力位阶的局限性,建议以此办法为基础补充细化,并升格为地方性法规,即《中国（上海）自由贸易试验区管理条例》。②第三,注重试验区立法的普适性与区内改革开放需求特殊性的关系。鉴于试验区建设乃国家战略,其法制亦应具有可推广可复制性。建议汲取我国台湾地区自贸区建设的有益经验③,上海虽然已经颁布了《中国（上海）自由贸易试验区管理办法》,但是我们需要考虑拟出台的《中国（上海）自由贸易试验区管理条例》作为地方性立法未来升格为《中国自由贸易区管理条例》的空间和可操作性,以适用于上海自贸试验区试点成功后全国的自由贸易区。

二、 加快适应上海自贸试验区改革开放需求的立法

第一,建立健全区内投资贸易行业监管法制,尤其是对负面清单外行业投资者准入后的执业资质、品牌、专利、信用等级的评估、安全审查等事中事后监管的规范,从而降低、避免和控制实施负面清单管理模式、服务业扩大开放和金融创新可能对市场、民族工业或支柱产业带来的经济安全风险。第二,借鉴美国《仓单法》、上海期货交易所《大宗货物期货交易规则》和我国新版标准仓单国标,在我国《担保法》、《物权法》和《合同法》的基础上制定《中华人民共和国期货法》(含电子仓单规范)。

---

① 包括《北美自由贸易协定》、《美国对外贸易区法案》、《美国对外贸易区委员会管理条例》、新加坡《自由贸易园区管理条例》和我国台湾地区的《自由贸易区港区管理条例》等。

② 该条例应明晰扩大对外开放原则、确立负面清单管理模式下的准入条件。明确区内投资贸易管理的目标,试验区的主体地位、性质、目标与职责、展业范围与展业规范、权利义务与责任、区内实行的法律和区外法律的兼容性和法律救济等内容(包括准入前国民待遇下,适用于区内的国内外统一经济主体的公司法规范问题)。

③ 台湾当局于 1965 年 1 月公布《出口加工区设置管理条例》;2003 年 7 月公布《自由贸易港区设置管理条例》,正式启动自由贸易港工作。这两部管理条例不是针对某个出口加工区或自由贸易港区的,而是规范台湾岛内所有的出口加工区或自由贸易港区的条例。

三、 建立上海自贸试验区内外互动对接的法律协调机制

上海自贸试验区的法治建设既要保障区内投资贸易的正常运行和规范有序，也要确保区内法制与区外法制的协同与应用。第一，平等民事主体之间的横向交易法在区内区外的适用必须统一，否则将可能导致"超国民待遇"乱象。为避免当事人可能通过制造联结点，从而选择区内的法院进行管辖等"挑选法院"（forum shopping）问题①，根本的做法就是区内区外的法院在审理同类商事交易纠纷案件时，都必须严守《宪法》，遵从"条约必须信守"原则和国际私法规则，按统一的法律适用规则办案，避免出现同案不同判后果。第二，就区内注册登记的企业，在区外从事的民事法律行为，是适用区内还是区外的法律规定？我们认为，区内注册登记的企业在区内和区外的民事法律行为，只要涉及的是横向交易法，均应一视同仁，法律适用的尺度应一致，以免产生区内注册登记的企业和区外注册登记的企业的不公平竞争；但如果涉及的是纵向的行政纠纷或经济刑事案件，则应主动适用区内新规新法；而在"法律真空"期，则可建立判例库作为今后审理同类案件或立法的依据。第三，"罪刑法定"是我国《刑法》的基本原则。但鉴于试验区实施暂停准入限制等新制，《刑法》第二百二十五条规定的"非法经营罪"在试验区内的认定与适用应根据试验区的改革试验措施作出差别化对待。我们认为，在试验区的刑事司法实践中，应根据具体个案对"两虚"罪名的认定作出相应判断。国家工商总局发布的《关于支持中国（上海）自由贸易试验区建设的若干意见》②某种程度上使"两虚"

---

① 我国的《民事诉讼法》第二百六十五条规定，因合同纠纷或者其他财产权益纠纷，对在我国境内没有住所的被告提起的诉讼，如果合同在我国境内签订或者履行，或者诉讼标的物在我国境内，或者被告在我国境内有可供扣押的财产，或者被告在我国境内设有代表机构，可以由合同签订地、合同履行地、诉讼标的物所在地、可供扣押财产所在地、侵权行为地或者代表机构住所地人民法院管辖。所以如果合同签订地、合同履行地、诉讼标的物所在地、可供扣押财产所在地、侵权行为地在试验区内，当事人就可以选择区内的法院管辖，享受区内宽松的法律环境。

② 国家工商总局发布的《关于支持中国（上海）自由贸易试验区建设的若干意见》中已经明确，试验区内企业实行认缴登记制后，工商部门登记公司全体股东、发起人认缴的注册资本或认购的股本总额（即公司注册资本），不登记公司实收资本。公司股东（发起人）对其认缴出资额、出资方式、出资期限等作自主约定，并记载于公司章程。同时还放宽了注册资本登记条件，取消各类公司对最低注册资本的规定，不再限制公司设立时全体股东（发起人）的首次出资额及比例，也不再规定公司股东（发起人）缴足出资的期限。

罪失去其立法本意和存在的必要性，刑事司法部门不应以公司股东（发起人）的认缴资本行为而使其入罪。建议由上海市高院和检察院向最高人民法院和最高人民检察院请示，由两高对"两虚"罪名在试验区内的适用与认定作出司法解释，暂停《刑法》第一百五十八、一百五十九条在试验区的适用。未来改革措施在全国范围内推广，在时机成熟时，便可提请全国人大及时修改《刑法》中的上述罪名规定。

四、 制定上海自贸试验区内综合执法条例

目前，上海自贸试验区管委会专门成立了综合监管和执法局，统一、集中行使行政监督与执法权，对于优化试验区的法治环境，根除不同行政执法机关的法定职权竞合重复等弊端具有积极的意义。我们认为，鉴于试验区建设的国际化要求，条例应设中英文版本，并应包括但不限于执法主体、目标、程序和内容等。具体包括行政监管、行政执法、海关执法、知识产权执法等环节。

1. 行政监管

政府实现从事前监管到事中事后监管的转变，应建立诚信监管体系，实施对负面清单外行业投资者准入后的执业资质、品牌、专利、信用等级的评估、安全审查等事中事后监管，并随着监管制度的不断完善而逐步减少负面清单项目内容；同时，藉此利用外资淘汰落后企业，促进结构调整，提升经济整体效率。

2. 行政执法

执法层面的法治保障同样不容小视，具体包括：行政执法与司法机构的组织保障、罪与非罪的界限把握，及加强知识产权保护。在海关执法方面，"一线放开，二线管住"并不意味着"国门洞开"、货物可无任何管制进入。为避免不法企业商人虚假报关、夹带走私、偷逃行邮税等，对消费者的购买、收货地址记录等信息进行风险筛查，对高风险对象的购买行为应实施布控，维护意识形态安全，严防"黄、赌、毒"，打击各类走私行为。

3. 知识产权执法

鉴于知识产权融资业务的开展以及外资知识产权机构入驻上海自贸试验区，都将对我国知识产权、国际贸易和金融等诸多领域提出挑战。我们建议：在试验区

内采用比区外更严格的知识产权保护标准。①如果没有一个更高的知识产权保护标准，在企业设立更容易、更宽松的情况下，我们有理由认为侵权、盗版和假冒的发生概率将会增加，这将对试验区的长远发展起到负面影响。为此，区内的知识产权执法部门或可考虑在试验区内也对国外授权的知识产权进行保护，加大侵犯知识产权的惩罚力度和赔偿额度等一系列提高保护标准的有力措施；在试验区的知识产权保护模式上，我们认为，应确立并加强现有的行政与司法双重保护机制，并辅之以纠纷调解和援助的配套机制。

目前在试验区外，有关知识产权的行政管理与执法，由商标、专利和版权等三个行政部门分别实施。我们认为，未来或可考虑在试验区内成立知识产权综合执法机构，由其来统一实施对知识产权的行政保护；在司法领域，除已设立的试验区法庭外，鉴于知识产权案件（尤其是涉外知识产权）的专业性与复杂性，在案件数量急剧上升且案件性质复杂的情况下，亦可另行设立专门的知识产权法庭，以顺应试验区内知识产权纠纷解决的需要；与此同时，在“一线放开，二线管住”的原则下，应当适当简化知识产权进出口的行政审批程序。

此外，在继续坚持现有行政与司法双重保护机制的基础上，还可以大胆尝试加强海关对知识产权的监管和保护力度。例如，海关可以从单纯的货物进出口监管延伸到整个试验区中的产品制造和销售。保护对象也可以从在海关备案的知识产权延伸到所有的合法知识产权权利上，并从目前主要依靠“主动发现然后通知权利人维权”的工作模式，扩展到主动发现和高效处理并重的模式上来。

五、 提供多元化争端解决机制

司法保障和优质高效的法律服务是上海自贸试验区法治保障的重要组成部分。通过调解、仲裁、诉讼等多元化争端解决、法制宣传、立法释解、司法建议等方式，积极参与试验区的纠纷化解，以维护试验区的经济运行秩序。

---

① 理由之一是：在于区内企业设立采用“先照后证登记制”后，在放宽企业进入门槛的同时需要使用更严格的规则来提高企业的违法成本。

1. 关于上海自贸试验区法庭的管辖权的思考

第一,有关海商海事案件的管辖权。根据我国《民事诉讼法》和《海事诉讼特别程序法》的规定以及海商海事所特有的专业特殊性,这类案件仍由海事法院审理为宜。第二,关于上海自贸试验区法庭的功能与定位:建议最高人民法院考虑暂停《最高人民法院关于审理国际贸易行政案件若干问题的规定》在试验区内适用,由试验区法庭受理涉及试验区特别立法的刑事案件。①第三,关于涉及上海自贸试验区特别立法的刑事案件的管辖权。由于试验区对公司设立、金融等有特殊规定与制度,限制了刑法的有关条款在试验区内的适用,这些案件不仅体现了试验区的特殊性,而且往往与行政执法相关,或涉及行政执法与刑事司法的衔接问题。因此,我们认为,此类刑事案件应由试验区法庭集中管辖,以利于审理、发现问题和协同解决。第四,涉及上海自贸试验区特别法律的刑事和普通人身性的民事纠纷刑事案件应由试验区法庭受理。理由是此类案件涉及试验区有别于区外的工商登记新制等,并对刑法在试验区的适用产生了一定的影响,"两虚"罪在试验区内应不再适用,因此不能完全将刑事案件从试验区法庭的管辖权中剥离出去。此外,不涉及试验区特别法律的刑事和普通人身性的民事纠纷,可以仍由原辖地的浦东新区法院受理。这种依据标的的类型划分管辖权的做法可以参考世博法庭做法。②

2. 关于上海自贸试验区内仲裁

上海自贸试验区内商事仲裁主要包括国际商事仲裁和国际投资仲裁。后者指的是投资者与东道国政府的投资争端仲裁。关于区内国际商事仲裁,我们认为,上海自贸试验区《管理办法》第三十七条的规定③某种程度上违背了仲裁"当事人意

---

① 理由是:《最高人民法院关于审理国际贸易行政案件若干问题的规定》颁布于 2002 年,当年作此规定背景已随着时间推移而变更;上海自贸试验区改革的重点是政府改革,试验区法庭是试验区建设的法治保障,提升法庭的司法监督作用应当与政府行政管理体制的改革相辅相成。行政诉讼的本质是"民告官",最能检验政府是否依法行政。

② 浦东新区法院世博法庭是 2010 年 3 月 25 日建立的,统一负责受理、审理、执行世博会举办和撤展期间发生在世博园区内的一般民商事案件。浦东新区法院管辖举办和撤展期间园区内发生的各类刑事、知识产权和行政案件。

③ 上海自贸试验区《管理办法》第三十七条规定:支持本市仲裁机构依据法律、法规和国际惯例,完善仲裁规则,提高上海自贸试验区商事纠纷仲裁专业水平和国际化程度。

思自治"的本质和仲裁机构民间独立性，不利于形成可以推广至全国的经验。我们主张，试验区的仲裁服务应当更加开放并多元化，支持各类商事仲裁机构、包括国际和国内的仲裁机构为试验区提供优质的仲裁服务，受理涉及试验区的案件。

关于投资者与东道国政府的投资争端仲裁①，我国在这方面的实践经验不足，而且规则也有待完善。鉴于我国在最近签署的自贸协定中已经不要求投资者用尽当地救济程序，而可以直接请求投资仲裁来解决与东道国政府的争议②，一旦争议缔约方将某一投资争议递交争议缔约方境内的适格法院或上述仲裁机构之一，则视为争议缔约方的最终选择，其不能再就同一投资争议递交其他仲裁机构。因此，用尽当地救济原则很有可能会慢慢淡出投资协定领域，上海自贸试验区法庭和仲裁院应当勇于尝试解决投资者与东道国政府的投资争端解决方式，我们的政府应当对试验区内的仲裁机构解决投资争端持更为积极和支持的态度。

3. 关于上海自贸试验区法治环境的动态维护

上海自贸试验区法律制度有着随着区内深化改革制度的创新实践而建设并不断完善的过程。在这特殊的试验区建设期段，以建设法治化国际化的试验区为指导思想，区内的守法、执法等需要合理的动态管理。因此，试验区法治环境的动态维护就显得特别重要。我们建议：

第一，建立上海自贸试验区（新型案件疑难案件）纠纷动态与风险预警机制。由有关试验区的立法、司法、执法部门建立"纠纷动态与风险预警"协同管理联席例会制，定期由试验区法庭、检察室、管委会、海关、工商、税收、公安等部门向政府和立法机关反馈有关试验区的立法、制度在实践运行中的问题，从而政府和立法机关可以不断总结完善补充现有立法。同时，试验区法庭、检察室等可以通过司法和执

---

① 目前包括设立的上海自贸试验区仲裁院的"上海国际仲裁中心"在内，我国的仲裁机构主要从事的是商事仲裁。商事仲裁涉及平等当事人之间的争端，不同于投资者和东道国之间的投资仲裁，在程序、法律适用和管辖权方面对仲裁员和仲裁机构均有更高的要求。

② 例如 2012 年签署的《中日韩投保协定》的第十五条和第十六条规定了外国投资者与东道国缔约方间投资争端解决机制。涉及争议的投资者一方可以将争议提交到：(1)争议缔约方境内的适格法院；(2)可以适用 ICSID 情形下，符合 ICISD 的仲裁机构；(3)可以适用 ICSID 附加设施规则情形下，符合 ICSID 附加设施规则的仲裁机构；(4)符合 UNCITRAL 仲裁规则的仲裁机构；(5)争议缔约方同意的符合其他仲裁规则中的仲裁机构。

法实践总结经验,及时向政府和立法部门反映解决纠纷的思路与路径从而完善现有立法;通过司法建议、检察建议等形式向有关业界企业提供试验区法制动态信息和预警服务,例如:试验区内的公司采用的是认缴资本制度,这对如何保护债权人的利益提出了挑战。试验区法庭可以通过其网页或白皮书公布典型案例等各种形式引导商事主体选择安全性较高的交易方式;借助新闻媒体宣传司法建议检察建议在试验区建设中的应用和成效,提高试验区执法的社会认可度和公信力。

其次,更新理念,增强意识,建立一支专业素质高、国际化程度高的执法和管理队伍。执法者为更好地适应上海自贸试验区建设发展需求,应当通过增强试验区改革开放创新制度下的法治理念及法律服务意识与能力的教育与培训,提高服务试验区的执法与管理能力,以确保试验区法治建设实效。例如:以"两高"与教育部等联合签署的人才培养"双千"计划为平台,有计划有步骤地定向培养适应试验区建设所需法律专门人才;同时,依托有关院校,开设现代金融、贸易、知识产权、社会治理和外语等中长期专题培训班,确实提高服务试验区的法治意识与能力。

第五章
中国(上海)自由贸易试验区财税制度创新研究

第一节　自由贸易区、自由贸易园(港)区财税制度国际比较

所谓"自由贸易区",是指以世贸组织最惠国待遇为前提,两个或两个以上的主权国家或单独关税区之间签署协定以进一步开放共同市场,逐步取消绝大多数货物的关税和非关税壁垒,完善服务和投资的市场进入标准,在此基础上形成的一种贸易、投资自由化的特殊区域。"自由贸易区"范围包括签署自由贸易协定的所有成员的全部关税领土。"自由贸易园(港)区"指在某一国家或地区境内设立的实行优惠税收和特殊监管政策的某一特定区域,进入这一区域的所有货物,在进口税费方面,都视为在关境之外,并免于实施通常的海关监管措施。"自由贸易区"和"自由贸易园(港)区"在税收制度上面差异很大。

一、 自贸区财税制度简介

1. 北美自由贸易区财税制度简介

北美自由贸易区始建于 1994 年 1 月 1 日,其地域横跨加拿大、美国及墨西哥这三个国家,覆盖了 2 158 万平方公里的土地,拥有约 46 215 万人口(2010 年估计数字),其国民生产总值达 170 271 亿美元,是世界上最为重要的自由贸易区之一。1992年 12 月 17 日,美国与加拿大、墨西哥共同签署了《北美自由贸易协定》(NAFTA)①,

---

① 《北美自由贸易协定》(NAFTA):由美、加、墨三国共同签署,于 1994 年 1 月 1 日正式生效。

并于 1 年后通过审批并颁布实行。NAFTA 的主要目的在于消除上述三国的贸易与投资壁垒,经过 10 年的运行与磨合,除某些敏感产品之外(例如农产品出口),三国间几乎所有的进出口关税均已取消。其次,NAFTA 还致力于消除非关税壁垒,并积极构筑针对知识产权的保护,除主协议之外,三国还共同签署了另外两份附属协议,即《北美环境合作协议》(NAAEC)①以及《北美劳工合作协议》(NAALC)②,旨在督促美国的贸易伙伴采取并遵守与美国类似的环境与劳工保护标准与规则。

　　NAFTA 的财税制度侧重于关税层面。首先,制定了原产地规则与关税减免政策,商品原产地确认对于自贸区关税征免起着至关重要的作用。非自由贸易区成员国可能将其商品运入成员国境内进行轻微改动,即可以享受自由贸易区关税免征所带来的利益。因此,为了避免非成员国享受免税优惠,NAFTA 第 4 章、附件 401 以及一般备注第 12 条对原产地规则做出了详细的规定。若产品完全在北美生产,即可以确认产品原产于北美自由贸易区,享受关税免征的优惠政策。若产品包含非北美自由贸易区的原材料,那么当海外原材料在成员国内充分转型以致产品关税税则发生变更时,则可以认为该产品原产于北美自由贸易区。"税则变更规则"并非是指加工时必须使用一定比例的当地原材料,而是指在成员国境内加工产品的增值部分导致进口原材料发生显著变化,转化为拥有不同关税编号的另外一种产品。但对于某些敏感商品,NAFTA 要求,只有加工过程中必须使用一定比例的北美自由贸易区原料,该产品才可以被确认为原产于北美自由贸易区。例如,乘用车、轻型卡车、发动机与变速器必须拥有 62.5% 的北美自由贸易区原料,才可以在自由贸易区内免征关税。自由贸易区的"原产地规则"阻止了来自非自由贸易区的产品享受自由贸易区免征关税的优惠政策,反而对成员国制造业的发展产生重大影响。例如,加拿大与墨西哥缺乏本土汽车工业,汽车制造也严重依赖亚洲与欧洲的汽车制造商。当原产地比例由早先《美加自由贸易协定》(CUSFTA)所规定的 50% 上升至 62.5% 时,加墨两国的汽车工业将失去与美国竞争的关税优势。为了继续吸引和保留外资对加墨两国汽车工业的投资,北美自由贸易区在 8 年时间

① 《北美环境合作协议》(NAAEC):北美自由贸易协议(NAFTA)附属协议。
② 《北美劳工合作协议》(NAALC):北美自由贸易协议(NAFTA)附属协议。

内逐步提高汽车产品的原产比例,减缓了原产地规则对加墨两国汽车工业的冲击。

其次,根据各国经济发展水平的差异,主要做出了几项关税安排,一是在汽车产品方面,美国立即取消了乘用车关税,并在 5 年内取消轻型卡车的关税;加拿大和墨西哥立即取消了乘用车 50％的关税,并在 5—10 年内逐步取消剩余汽车产品的关税。二是在纺织品方面,三国间纺织品关税在自由贸易区成立后 5 年内逐步取消。但纺织品须符合"纱线转运规则"、"纤维转运规则"、"织品转运规则",才能享受零关税优惠政策。三是在农产品方面,墨西哥农产品关税在自贸区成立后 10—15 年内逐渐取消。对于三国间橙汁、糖和玉米的关税在 15 年内逐步取消。四是在电子产品方面,计算机、远程通信系统、医疗设备和航天设备的关税均立即取消,其他电子产品的关税在自贸区成立 5 年内逐步取消。五是在药品方面,在 10 年内逐渐取消三国间进出口药品的关税。墨西哥立即取消药品原料进口执照的法律规定。

2. 欧洲联盟财税制度简介

欧洲联盟(以下简称欧盟,EU)发源于《巴黎协议》①(1952),是由 28 个欧洲成员国所组成的政治与经济联盟,通过一系列超国家独立机构及成员国政府间协商决议所组成的完整体系开展运作。目前,欧盟覆盖了 438 万平方公里的土地,拥有超过 5 亿人口,2012 年其国民生产总值达到 16 600 亿美元,成为世界上经济总量最大的政治与经济实体。与 NAFTA 相比,欧盟各成员国在政治与经济层面上的整合程度更高,其运作构架更为精密复杂。为了完成欧盟的使命,途径之一便是建立一个统一的"内部市场"与"关税同盟"。前者也是说商品、人员、资本以及服务在欧盟境内流通自由化;而后者意味着针对进入欧洲的商品征收共同的对外关税。这意味着一旦商品被允许进入欧洲市场,在"内部市场"流动的过程当中将免征关税与歧视性税收,且不再受进口配额的限制。

为了促进"内部市场"与"关税同盟"的建立,欧盟财税政策的立足点在于:首先,消除跨境经济活动的各种税收障碍、防范各成员国之间的有害税收竞争、打击税收欺诈行为。由于间接税直接阻碍了商品与服务在内部市场的自由流动,因此

---

① 《巴黎协定》(Paris Agreement):由美、英、法等北大西洋公约组织成员国同德意志联邦共和国于 1954 年 10 月 23 日在巴黎签订。

欧盟首先根据《欧共体协议》第 93 条在间接税领域对各成员国的税收法则进行协调,主要涉及增值税、消费税及关税等。

其次,为了避免有害税收竞争所带来的负面影响,欧盟根据《欧共体协议》第 94 条在直接税领域对各成员国的法律规范做出趋同调整,主要涉及个人所得税、公司税、资本税、乘用车税等。这意味着,与 NAFTA 相比,欧盟的财税政策并非仅仅聚焦于自由贸易区内的关税与非关税壁垒,而是同时涵盖了间接税与直接税两个层面。然而,欧盟并非单一制或联邦制的国家,因此并没有全面统一所有成员国税法系统的需求与意图。只要符合欧盟的总体法律框架,成员国就可以自由制定符合本国国情的税法系统。

再次,虽然欧盟成员国之间的增值税税率千差万别,但为了实现税收协调的目的,各国税法须符合《欧盟增值税指令》(Council Directive 2006/112/EC)①所构建的整体框架。例如在跨境贸易方面,欧盟对成员国增值税主要有如下一些规定:一是共同体内取得业务增值税在进口方成员国而不是出口方成员国征收。在此情况下,出口方的增值税销项税额为零,通过"反向征收(reverse charges)"转嫁给进口方。而进口方须按照所在国当地的增值税税率缴纳增值税,同时将其确认为进项税额,可以在销售产生的销项税额中加以扣除。二是远距销售业务(在连续 12 个月内销售额小于 10 万欧元,那么该笔销售业务则被视为"远程销售业务")销售方可以按照本国的增值税率申报纳税。如果最终销售额超过 10 万欧元,那么销售方则必须按照进口成员国的增值税率申报纳税。如果产品在多个成员国间销售,则需要依据销售商品分别计算相应的增值税。此时,销售方必须在连续 12 个月超过销售阈值的进口国进行增值税登记。三是商品进口业务(来自非欧盟成员国)中商品进入欧盟境内时,按照商品价格与进入国的增值税率计算增值税额,与关税一并缴纳。当商品入关之后,进口时所缴纳的增值税额可以作为日后商品销售的进项税额抵扣销项税额,保证了增值税计算与征缴的一致性。

第四,建立了"关税联盟",只有在"外部边界"采用一个共同的关税法规,"单一

---

① 《欧盟增值税指令》(Council Directive 2006/112/EC):由欧盟理事会于 2006 年 12 月 28 日共同制定。

市场"才能正常运行。这意味着必须在进行关税征收活动时将 28 个成员国看做整体来对待。欧盟关税法规并不局限于"关税同盟"这一层面，而是涉及几乎所有的贸易政策，例如优惠贸易安排、健康与环境控制、共同农业与渔业政策、外部关系政策等等。欧盟关税主要针对非欧盟国家，即非欧盟成员国的商品从任何一个欧盟成员国口岸入境都需要遵守完全相同的关税安排。而商品一旦入境，在欧盟各成员国间自由流动则不需要征收任何形式的关税。这意味"关税同盟"主要保护欧盟成员国之间的跨境贸易与欧盟公民的经济利益，对非欧盟成员国的商品输入则存在一定的歧视性与排斥性。

第五，建立了"首次销售原则"，这是欧盟关税法规中较为特殊的一个条款，对于跨国企业税务筹划有着特殊的意义。根据《欧共体协议》第 147 条规定，进口商在商品进入欧盟境内时，可以使用最终销售前一次销售的价格申报关税。这意味着进口商可以根据"中间人"支付给制造商的"首次销售价格"缴纳关税。该价格仅包括原材料价格与外包服务费，并不包含"中间人"的利润及其他额外费用。当商品由海外直接销售给欧盟境内的消费者时，进口商可以通过使用较低的"首次销售价格"来达到降低关税的目的。使用"首次销售原则"时，需满足三个条件：一是商品必须根据欧共体标准制造，或确认为没有其他用途或者目的地；二是商品仅为欧共体境内的购买者制造或生产；三是商品需从外包中介处订货，并且直接从制造商运入欧共体境内。

第六，建立了《反有害税收竞争协定》，要求成员国必须撤销当前构成有害税收竞争的税收措施，并且限制在未来引入此类税收措施。除此之外，欧盟成员国还需要满足"OECD① 有害税收实践论坛"中所提出的反有害税收竞争方面的要求。该论坛主要关注成员国的有害税收实践、避税天堂、与非 OECD 经济体有关的事项三个方面的问题。

3. 中国—东盟自由贸易区财税制度简介

中国与东盟十国所构建的"10＋1"中国—东盟自由贸易区在 2010 年 1 月 1 日

---

① 经济合作与发展组织（OECD）：由 30 多个市场经济国家组成，于 1961 年成立，总部设在巴黎。

正式成立，这是我国对外商谈中的首个双边自由贸易区。中国—东盟自由贸易区占地 1 300 万平方公里，年国内生产总值超过 6 万亿美元、年贸易总额超过 4.5 万亿美元。中国与东盟间 2012 年的贸易额超过 4 000 亿美元，中国已经跃居东盟首要贸易伙伴，而东盟在中国贸易伙伴中居于第三位。2010 年，东盟对外合作成立的自由贸易区还有：澳大利亚—新西兰—东盟自由贸易区、印度—东盟自由贸易区，以及韩国—东盟自由贸易区。中国—东盟自由贸易区由五个协议共同构成，即框架协议、货物贸易协议、服务贸易协议、投资协议，以及争端解决协议。虽然自由贸易区内各成员国基本上均设有间接税与直接税，但是由于各国间的政治、社会、文化、经济背景迥异，自贸协定尚未针对各国税制开展全面协调。

中国—东盟自贸协定的财税政策主要聚焦于关税协定。首先，制订了"早期收获"计划与关税减免政策，即自 2004 年初开始，自由贸易区内成员国对 500 多种产品的跨境贸易逐步实施关税减免，直至 2006 年完全免征关税。计划中的对象以农产品为主，种类有水果、蔬菜、活动物、肉以及可食用杂碎、鱼、蛋、乳品等，还包括其他动物产品、活树以及活植物。根据"早期收获"计划，中国与东盟老成员国对于产品的关税减免做出以下安排：一是最惠国关税税率在 15％ 以上的，2004 年减至 10％，2005 年减为 5％，2006 年减为 0％；二是最惠国关税税率在 5％ 与 15％ 之间的，2004 年减至 5％，2005 年减至 0％；三是最惠国关税税率在 5％ 以下的，2004 年减至 0％；从 2005 年起逐步减免产品的关税，5 年后中国与东盟老成员国建成自由贸易区，10 年后东盟新成员建成自由贸易区，非关税壁垒将被取消，跨境贸易中的绝大多数产品可以享受零关税优惠政策，充分实现双边贸易自由化。

其次，实施货物贸易协议与关税减免政策，即 2004 年 11 月中国与东盟 10 国共同签订了《中国—东盟全面经济合作框架协议货物贸易协议》[①]，至 2005 年 7 月 20 日，自由贸易区建设正式展开，自由贸易区的货物贸易之间采用"负面清单"的模式进行归类，清单之外的产品均视为"正常产品"，自由贸易区各成员国按本国需求，各自开列"负面清单"，这意味着协议规定，跨境贸易主要分为"早期收获产品"、

---

① 2002 年 11 月 4 日中国和东盟各国签署《中国—东盟全面经济合作框架协议》，2003 年 10 月 6 日各缔约方经济部长签署《关于修改〈中国—东盟全面经济合作框架协议〉的议定书》。

"敏感产品"、"正常产品"这三类商品。"正常产品"包括一轨和二轨两类产品，其关税最终为零；"二轨正常产品"在关税减免进程安排上相对较为灵活；"敏感产品"包括一般和高度两个级别，其关税最终为零。对于"一般敏感产品"，应保持较低的关税水平，但需要一段时间才能达到，但是对于"高度敏感产品"并无此要求，可以拥有较高的关税水平。针对"正常产品"，双方做出如下关税减免安排：一是对中国和东盟老成员国，"正常产品"自 2005 年 7 月 20 日起开始关税减免，其中进行的两轮关税减免，分别在 2007 年初和 2009 年初，2010 年初关税最终减免为零。二是对东盟新成员，关税减免开始于 2005 年 7 月 20 日。此后，在 2006 年至 2009 年期间，每一年年初都应实施一轮关税减免，2010 年不进行关税减免，从 2011 年开始，以两年为一个阶段，将关税税率降低一次，直到 2015 年减免至零为止。三是"二轨正常产品"的关税减免至 5％以下时，可以暂停减免，保留 5％以下关税，并且针对中国和东盟老成员国，从 2012 年开始取消其二轨正常产品的关税。针对"敏感产品"，有关关税减免安排如下：一是敏感产品的上限为小于或等于 400 个六位税目，进口额低于总额 10％的（数据参照 2001 年）；柬埔寨、老挝、缅甸和越南可以设置小于或等于 500 个没有进口额上限的六位税目。二是对于一般敏感产品，其关税额应在 2012 年初降低到 20％以下水平，且应 2018 年初降至 5％以下；东盟新成员国应于 2015 年初降到 20％，到 2020 年初降到 5％以下。三是对于高度敏感产品，关税应当在 2015 年初已经降到 50％之下，其数量上限为 100 个 6 位税目；东盟新成员国应最晚在 2018 年初将其关税降到 50％以下水平，其中越南的高敏感度产品至多可设置 150 个 6 位税目，同样的情况也适用于柬埔寨、老挝以及缅甸。根据早期收获计划与货物贸易协议，自贸区当前针对 7 881 项产品类别（即 90％的跨境贸易商品）减免关税。至 2010 年，中国出口至东盟的商品平均关税由早先的 12.8％降低至 0.6％。而对于从东盟出口至中国的商品，其关税水平平均由 9.8％最终减至 0.1％。

二、 自由贸易园（港）区财税制度简介

自由贸易园区遵循的税收制度往往较为特殊且具有竞争力，减免范围不仅局限于关税，还涉及营业税、增值税、消费税、企业所得税、个人所得税等，相关政策主

要包括降低税率及减税、免税、退税等。此外,对于特殊扶持的高端航运、金融、专业服务等行业还需实行更加优惠的政策,该规定同样适用于备受关注的跨国公司总部以及营运中心等功能性机构。

1. 新加坡的"自由贸易园区"财税制度

新加坡作为自由港之一,其关税的征收范围只涉及汽车、石油以及烟酒这三类商品;消费税水平也较低,税率为 7％;公司所得税税率为 20％,且征税范围不包括来源于岸外的红利收入。同时,新加坡的外币进出兑换较为自由,是世界金融贸易中心之一。1969 年,新加坡颁布了自由贸易区法案,从此,自由贸易区建设进入全面展开阶段。新加坡实行自由贸易区视地区需要而设立。工业园的相关建设工作由裕廊集团负责,该集团在 1968 年正式成立,至今拥有 38 个园区以及标准厂房区,总共占地约 70 平方公里,约 7 000 多家公司前往投资。此外,裕廊集团积极响应政府产业持续的发展战略,逐渐开发很多特色工业园,其中裕廊岛石油化学工业园带来的总投资额达到 200 亿新元以上。此外,裕廊集团同时监管商务园,典型的代表是樟宜商务园和裕廊东商务园,以吸引分销、库存管理、货运管理服务以及高科技制造公司入区为主要的战略目标。

新加坡自由贸易园区取得成功的原因主要有:税收制度合理透彻,海关监管公正透明,以及物流和服务出色到位。就财税制度而言,主要体现在园内企业可暂不缴纳 GST 等税款,应纳关税物品可暂缓至当其离开自由贸易区并进入本地消费市场时缴纳。具体税制如下:(1)凡属于新加坡政府鼓励支持行业的企业,其资金投资于经批准后有利于创新科技及提高生产力的前沿科研项目(且在本国境内未出现同类行业的企业),其公司所得税可减免 20％。(2)对于拥有创新科技成果的企业,若在享受出口优惠后进行再投资,自投资起 5 年内,继续享受减免至少 10％—15％的公司所得税;对于外商从新加坡汇出的利息、分红、利润以及其他经营性收入等没有相应的限制,也没有选择银行的限制。所得利息予以免税。避免双重课税,凡与新加坡政府签署"避免双重课税"协定的国家和地区均享受此优惠。(3)无资本利得税,免征财产税。如果该行业符合政府批准,可享受 12％的产业税,对因生产设备投资的产生国外贷款利息免征所得税。(4)税务优惠:自由贸易园区都实行税率为 17％的企业所得税。对航运企业等鼓励类行业实行 10％的企业所得税，政府将进一步下调相关税率，从而吸收投资，刺激经营者的行动，获取较大的竞争优势。从 2003 年 6 月 1 日开始，海外股息、分行盈利和服务收入以及个人因持有普通国内存款、来往户口与定期存款等获得的利息均可享受免税政策优惠。(5)实施"总部计划"，即为进一步开拓国际市场，新加坡将提供全方位的亲商服务和设施，引进外商前往投资，并准予在本地设立总部。例如，获颁区域总部荣衔的企业可以享受 15％的税收优惠，对于获颁国际区域总部荣衔的企业，在获得前者优惠政策的基础上，同时享受额外的税收优惠。(6)推行"全球贸易商计划"，目前对全部合同的贸易收入适用 10％的税率。此外，符合标准的国际贸易企业可享有 5％的税率，并同时享有 10％的合同岸外贸易收入税率优惠等，这些措施对贸易公司业务的顺利开展起到了一定的推动作用。

2. 中国台湾的"自由贸易港区"财税制度

富有自由贸易区特征的出口加工制度的飞速发展，成为中国台湾外向型经济转型成功的重要推动力量之一。1965 年初，中国台湾推出"出口加工区设置管理条例"，此后高雄、台中、楠梓三个加工出口区相继成立。主要特点如下：在费用收取方面，加工贸易区普遍低于其他地区；在税收方面，规定免征进口税的货物有自用机器设备、原料及半成品等三类，而所有出口产品均不缴纳出口税。此外，投资企业自营业起 5 年内免营业税、商品税及企业所得税，第 6 年起征收 18％的所得税，当企业进行再投资时，对于占年所得额 25％以下的投资额，免征所得税；在设计方面，采取境内关外的思想，一般选取国际港口或空港附近设立自由港区，允许零部件加工、贸易展览等活动的开展，适当放宽国际商务人员的入境限制，外劳人数上限调至 40％；在监管方面，精简贸易管理，规范海关监管，增加进出口产品流通的自由，从而提升商品的中转集散能力。自由贸易区的设立，成为中国台湾建立亚太地区营运中心的首要战略。

总之，总结以上情况，我们可以得出以下几点：一是自由贸易区、自由贸易园(港)区财税制度并非一蹴而就，而是在一个相对较长的过渡期内逐渐实施的。二是国际财税制度协调、合作在为双方争取经济利益的同时，可能会对一些国家主权造成部分侵蚀。三是自由贸易区、自由贸易园(港)区的财税制度建设充满复杂性与艰巨性,起初所带来的经济影响并非完全符合当初预期,但会逐渐趋好。四是自由贸易区、自由贸易园(港)区与主要贸易伙伴共同制定财税制度,实现税收协调,避免形成"税收洼地"。五是自由贸易区、自由贸易园(港)区的财税制度需要与主要贸易伙伴建立互惠机制,一方面,通过降低我方的税负水平,吸引外商投资,促进海外商品进口,进而增加社会福利与国民的消费水平;另一方面,也希望能够得到对方给予的关税减免,从而增加本土企业的出口贸易,拉动本土经济发展,提高国民就业水平,取得双赢的结果。六是自由贸易区、自由贸易园(港)区的财税制度不应当仅仅惠及自由贸易区、自由贸易园(港),也须惠及本土企业与本国公民。

3. 上海自贸试验区财税制度

根据《中国(上海)自由贸易试验区总体方案》(以下简称《总体方案》),制定的税收政策须适应试验区的发展,须对贸易和投资产生积极的促进作用。上海自贸试验区将会在哪些方面有优惠政策,在哪些方面没有优惠政策值得研究。

首先,上海自贸试验区财税制度要满足中国目前的统一税制的前提下考虑部分创新政策,《总体方案》中提及促进投资和促进贸易的创新政策主要有:(1)对于在试验区注册的企业或股东,由非货币性资产对外投资带来的价值增值,可分期缴纳所得税,期限为5年。(2)对于试验区内高端或紧缺人才以股份或出资比例方式享受的奖励,可参照中关村等地区关于股权激励政策缴纳所得税的规定。(3)对于试验区内融资租赁退税点范围,增加该租赁企业位于试验区内的附属子公司类目。(4)对于试验区内的境内租赁公司或其附属项目的子公司,自境外买进后向国内航空公司出租的飞机,空载重量超过25吨的,依据《财政部国家税务总局关于调整进口飞机有关增值税政策的通知》(财关税[2013]53号)和《海关总署关于调整进口飞机进口环节增值税有关问题的通知》(署税发[2013]90号)中的相关规定,可享受一定的增值税税收优惠。(5)依据《关于中国(上海)自由贸易试验区有关进口税收政策的通知》(财关税[2013]75号)第三条,在试验区内,除生活性服务业务等方面进口货物和法律、法规等明确规定不予免税的货物外,生产性或生产性服务业企业所需的机器或设备等在进口时可以免税。(6)依据财关税[2013]75号第四条,允许在指定区域创立保税展示交易平台，但是必须满足严格遵循货物进口的相关规定这一条件。（7）此外，财关税［2013］75 号规定：对于上海外高桥保税物流园区、洋山保税港区、海外高桥保税区和上海浦东机场综合保税区实施与之相适应的海关特殊监管区域的税收政策。

其次，上海自贸试验区并不等同于避税港或无税区，在不享受优惠政策项目中需要注意的有：（1）企业所得税税率 25%，无优惠。由于上海自贸试验区设立的核心价值目标在于由传统自贸区向国家改革开放自贸区转变，在税负的公平原则下，预期的 15% 低税率政策可能与实际不符。需要说明的是，即使试验区内无法实行普遍的低税率政策，但是低税率优惠仍然适用于高新技术产业。（2）内销货物照章征税、无优惠。根据财关税［2013］75 号第二条，对于试验区内生产、加工并经"二线"内销的货物，其进口环节增值税和消费税应当按照规定加以征收，但是可按相应的进口料件或按实际报验状态对这些销货物进行关税征收。（3）个人购买消费用品，无优惠。亦即试验区不允许运营免税店。原因在于，试验区属于海关特殊监管范畴，以商务区和生产区为主线，而不是以开免税店为首要和最终目标，因此，试验区不会重复离岛免税模式。

第二节　上海自贸试验区财税制度创新具体内容

一、区内企业和区外企业的差异（公司注册上海自贸试验区）

1. 在企业设立登记与监管方面的区别

一是上海自贸试验区内的企业工商设立时间环节较之前简化，试验区取消了一系列最低注册资本的要求，如合资企业最低注册资本 3 万元、股份有限公司和一人有限公司最低注册资本 10 万元。试验区企业股东可自行规定资本到位的时间，实收资本两年内缴齐的要求被废除，另外，提交验资报告后可在工商部门网站查询企业的资本实缴信息。二是行政审批制度也有所不同，试验区实施"先照后证"的政策，即企业可以先申请营业执照取得法人主体资格，再申请特种行业的批准，但是如若涉及 132 项事宜,必须取得前置审批后才可申请法人主体资格。目前此 132 项事宜尚未正式确定,政策细节还未实施,故仍按之前的政策进行办理。三是公司年检制度在自贸试验区不再执行,而是要求企业每年 3—6 月底在市场信用网站进行公示,企业年度报表也将定期在相关网站进行公示。

2. 海关和外汇等方面的差异

首先要精简上海自贸试验区进口货物海关方面的程序,实施先申报仓单先提货的政策。进口商品在上海自贸试验区内免征关税,销售出口同样免征关税,如若将进口商品销售到试验区外则需补征关税。其次,由于专项政策未出台,试验区的外汇政策差异具体未知,另外,国家尚未出台试验区人民币自由兑换政策。

3. 上海自贸试验区贸易型企业优势分析

进出口货物是上海自贸试验区贸易型企业的有利区域,试验区的相关优势政策使进口货物的海关报关手续简化,有利于缩短货物中转的时间,避免运输途中的管理不善等问题的发生,提高了企业在货物运输和销售环节的效率。同时,企业存放在试验区的进口商品是免征关税的,这样有利于缓解企业在销售货物前的现金流,避免资金周转问题的发生。另外,之前外高桥经营转口贸易的优惠政策仍然适用,还配有国家财政扶持政策。当前,国家关于上海自贸试验区的相关政策细则还未实施,还有很多操作上的问题需要解决。国家已经出台的上海自贸试验区七项有关税收的政策,其目的是减轻企业税收负担,改善体制变革期间企业在各个环节上因税收带来的问题。对于刚刚走上正轨正需要投入大量资金的企业而言,在其盈利前,上海自贸试验区为其提供了足够的收税优惠,大大减轻其初期的税收负担。

二、 上海自贸试验区财税制度创新内容

财政部和国家税务总局对上海自贸试验区的支持从政策来看,可以概括为"7+2",即国家已经出台上海自贸试验区的七项专项政策,另外两项政策还未明确,仍需探索和研究。其中已经出台的政策中,贸易方面的税收创新政策占五项,其他两项是有关投资的税收创新政策,这七项政策总共涉及了四个税种,包括两种

所得税、关税，还有流转税主体的增值税，七项政策涉及征税和退税。据笔者调查，上海自贸试验区税收"优惠"不多，优惠政策主要体现在关税及非关税壁垒方面，包括试验区内可以实施无条件的关税保税的政策；即征即退或者免除自贸区内离岸贸易、离岸服务外资企业的三大流转税的征收。

1. 实施促进投资的税收政策创新

当前上海自贸试验区的税收优惠政策是媒体和业内人士关注的焦点之一，在此情况下，"产业优惠目录"则成为人们的讨论对象，这也成为吸引企业入驻上海自贸试验区的最大原因，被目录包括在内的企业减按 15% 的税率征收企业所得税。而据笔者了解，目前，能享受 15% 优惠的企业只是在目录中的鼓励类产业型企业，除此之外，试验区的其他企业仍然按照之前的税率（即 25%）缴纳所得税。从企业所得税税率来看，除了试验区特殊企业外的其他中国企业外，25% 的税率仍然大于新加坡和中国香港 16.5% 的企业所得税税率。

为支持上海自贸试验区的改革和发展，财政部、国家税务总局颁布了《关于中国（上海）自由贸易试验区内企业以非货币性资产对外投资等资产重组行为有关企业所得税政策问题的通知》（财税〔2013〕91 号，以下简称 91 号文），主要有两条涉及所得税：

一是对于在上海自贸试验区注册的企业的资产重组行为，例如企业在对外投资非货币性资产时，若在投资过程中出现资产价值评因评估而增加的部分，据此确认的资产转让所得可以在 5 年内，平均分期纳入当年的应纳税额，据此缴纳所得税。同时，被投资企业采用公允价值作为取得的非货币性资产的计税基础。笔者认为这项优惠政策早已存在过，最早见于国税局文件即国税发〔2000〕118 号。这条政策为在投资重组中遭遇税收难题的相关企业带来了福音，特别是对于那些在重组中无现金流入的有关企业而言，大大缓解了其企业难题。例如企业非货币性投资产生 2 个亿的增值额，则按照所得税 25% 的税率要缴纳 5 000 万，现在可以将其分摊到 5 年内缴纳，这样每年只缴纳 1 000 万元的所得税。这样就减小了企业的税收压力，改善了其现金流状况，相当于享受递延纳税的政策。这种情况也适用于个人，《个人所得税法》规定，在交易中没有产生现金流的个人股东，也应当按照要求缴纳个人所得税。按照总方案的政策,以非货币性资产出资的个人股东,所得收益可分摊到 5 年内缴纳所得税,变相降低了个人股东的税负。同时也要注意的是,在上海自贸试验区企业享受税收优惠政策时,必须注意以下几个方面的问题:

第一,适用 59 号文的股权收购以及资产收购行为,并不是全都适用 91 号文。59 号文中指出,在以上的两种收购行为中,符合特殊性税务处理的股权支付指的是重组中的购买方支付费被购买方的对价中有其控股企业的股权或者股份。同时,根据国家税务总局出台的《企业重组业务企业所得税管理办法》(2010 年第 4号,以下简称 4 号公告),控股企业是指由本企业直接持有股份的企业。举个例子来说,X 企业以其子公司 Z 的股权作为对价收购 Y 企业 100% 的实质性经营资产,而不是 X 的股权,相应行为符合 59 号文的要求,可以对其税务进行特殊处理。然而却不符合 91 号文关于非货币性资产对外投资的规定,因为这种行为属于 X 与 Y之间的非货币性资产交换性质,即 X 将其持有的长期股权投资与 Y 的股权进行交换。故如果上海自贸试验区中资产重组的收购方支付的不是本身的股权,被收购方只是取得了收购方的控股公司的股权,企业只能适用 59 号文进行特殊性税务处理,但不能适用 91 号文件。

第二,若上海自贸试验区的投资企业适用 91 号文,其获得的非股权支付金额要求在当期纳税,并应该依据 59 号文件的方法计算应缴纳的税额,另外投资企业取得被投资企业股权的计税基础应为投资企业付出的非货币资产的计税基础减去支付的非股权价值,加上因非股权支付确认的所得。这一点 91 号文没有提及,但仍然存在,并适用于试验区内企业用非货币性资产投资现存企业的情况。例如:Y以账面价值 200 万、公允价值 400 万的非货币资产投资 X 企业,X 企业以公允价值300 万的股权和 100 万的现金作为对价。Y 企业可以将取得的 300 万股权作为投资行为分摊 5 年进行纳税,另外的 100 万现金需当期纳税,不可递延。按照 59 号文的规定,非股权支付对应的资产转让所得或损失=(被转让资产的公允价值−被转让资产的计税基础)×(非股权支付金额÷被转让资产的公允价值)。所以,Y 应更具 100 万现金确认 50 万所得当期纳税,剩余的 150 万所得递延 5 年纳税。另外,Y 取得 X 股权的计税基础为 150 万。但是,依据 91 号文,A 企业取得 B 企业非货币资产的计税基础按 400 万的公允价值来确认。

第三，对于同时符合 59 号文和 91 号文的自贸试验区企业的资产收购和股权收购行为，应该按照那种规定执行，是当前的一个重要问题。举例来看，X 企业在试验区注册，将 100% 的实质性经营资产（计税基础为 200 万，公允价值为 400 万）投资到 Y 企业，Y 企业为试验区外企业，X 企业取得的对价 Y 企业 100% 的股权，排除其他情况，这同时符合 59 号文和 91 号文关于非货币性资产投资的行为。若按照 59 号来处理，X 企业和 C 企业取得 Y 企业股权的计税基础都是 200 万；若按照 91 号文进行理，X 企业可以在 5 年内将资产评估增值进行分期纳税，即每年确认 40 万的所得。但是，Y 企业可以将公允价值 400 万作为取得资产的计税基础。这就产生了差异，从 91 号文的规定来看，只要 X 企业将资产评估增值的部分在 5 年内分期缴纳税款了，那么 Y 企业就可以按照公允价值确认资产的计税基础。但是，依据 59 号文件，如果 X 企业在 12 个月后，以公允价值将取得的 Y 企业的股权对外售出时，已在股权转让时缴纳对外投资环节的评估增值部分的税款了，但是 Y 企业取得 X 企业资产的计税基础仍要按原有计税基础确认，而不能调整为公允价值。对比两个文件的税务处理方法，这里就出现了 59 号文在资产收购特殊性税务处理中产生的重复征税的现象。然而，59 号文的规则本身没有错误，这是由我国企业所得税制度的特征决定的。根据企业所得税相关规定，对于清算环节企业股东取得的相当于被投资企业累计未分配利润和累计盈余公积中按该股东所占股份比例计算的部分，应确认为股息所得，享受免税待遇。因此 X 企业股权转让时因评估增值带来的收入会在 Y 企业清算中应当作损失处理。故从整体来看，企业并没有重复纳税。明白了这个道理，试验区企业在遇到类似问题时，就可以根据企业的具体情况正确处理了。

第四，非货币性资产评估价值和投资双方确认的价值有时候存在差异，会导致相应税收风险问题的发生。根据 91 号文，投资双方已资产的公允价值为基础进行税务处理。但实际情况并没有想象中简单，因为非货币资产的评估价格与投资双方认定的作价投资金额有时会有差异。例如，X 企业用其子公司 Z 企业的股权对 Y 企业投资，Z 企业股权的评估价值为 2 000 万，但是 A 和 B 在参考评估报告后，综合考虑其他因素后达成一致意见，X 企业应将该股权作价 1 200 万对 Y 企业投资（不考虑其他特殊情况）。那进行税务处理的金额是多少呢？按照 91 号规定，投资双方税务处理均应按 2 000 万进行，然而，双方均要以 1 200 万为基础进行会计核算和办理增资手续。由于税法和工商实际增资行为以及会计处理的差异，双方产生了一定的税收风险。

第五，91 号文件规定，非货币性资产对外投资等资产重组行为的定义为，以非货币性资产出资设立或注入公司，限于以非货币性资产出资设立新公司和符合 59 号文件第一条规定的股权收购、资产收购行为。对于试验区企业用非货币资产出资成立新企业，按照 91 号文的规定，只要是非货币资产就可以享受。若是注入公司，则需达到 59 号文的股权收购、资产收购的条件，即在资产收购中必须为实质经营性资产。例如，试验区内企业对资源进行充分利用，将自身闲置房产通过对外投资的方式成立新企业，这种情况适用 91 号文的规定。如果是将该房产投资注入现有企业，情况就会不同，因为税务机关会以房产不符合 59 号文中实质经营性资产的理由，否认企业享受 91 号文的税收优惠。实务中，这种情况产生的税收风险应该得到企业的重点关注，还要适当咨询当地税务机关来进行确定。

第六，企业要按规定及时备案。因为 91 号文件规定的递延纳税属于税收优惠政策，根据《国家税务总局关于印发〈税收减免管理办法（试行）〉的通知》（国税发〔2005〕129 号）的规定，获得备案类减免税优惠的纳税人，须提请备案，自税务机关登记备案之日起执行，否则将不能享受减免税优惠。所以，企业应根据 91 号文件，在规定的时间内及时办理备案登记手续。

二是对上海自贸试验区内企业以股份或股权形式奖励企业内部高端技术人才以及企业内的行业紧缺人才，执行股权激励个人所得税的分期缴纳政策。这项政策并非新创，财税〔2013〕75 号文件规定，对试点地区内企业以股权形式给予企业内部高端人才以及企业内部的行业紧缺人才的奖励，可在 5 年内分期缴纳个人所得税。目前从总方案的政策来看，可以享受这种优惠的企业类型还没有完全确定，但是根据已经实施这种政策的地区情况，该优惠政策很可能会适用于高新技术企业。根据《国家重点支持的高新技术领域目录（2011 年版）》，高新技术企业分为八大领域，分别为新能源及节能技术、生物与新医药技术、电子信息技术、新材料技术、资源与环境技术、航空航天技术、高技术服务业以及高新技术改造传统产业。另外，国家有关部门颁布的《当前优先发展的高技术产业化重点领域指南（2011 年度）》将高新技术产业化重点领域分成十个大类，总共 137 项。上海自贸试验区可以参考以上两个文件的内容，以此确定该优惠政策的适用范围。该优惠政策实施的目的是吸引自贸试验区企业的高端优秀人才。

2. 实施促进贸易的税收政策创新

一是在上海自贸试验区内扩大租赁性投资出口退税试点范围，对于试验区内注册的租赁性投资企业或者金融租赁公司，将其试验区内设立的项目子公司也包括其中。类似的政策已经在其他地区实施过，2010 年 4 月，国家有关部门下发通知，对天津市租赁性投资企业经营的所有权转移给境外企业的租赁性投资船舶出口实行出口退税政策，该项政策实施以来，极大地促进了当地租赁性投资业的发展。

二是对于在上海自贸试验区注册的国内租赁公司以及其项目子公司，自境外买进后向国内航空公司出租的飞机，空载重量超过 25 吨的，经过有关部门的核准后，可以享受有关的增值税优惠政策。财政部、国家海关总署将空载重量超过 25 吨的进口飞机在进口时的增值税税率由 4% 变更为 5%，并将空载重量在 25 吨和 45 吨之间的客运飞机的税率由 1% 变更为之前的 5%，与现行增值税税率相比，5% 的税率属于优惠范畴，可以看出上海自贸试验区指向高端的发展方向，飞机租赁业务作为最为高效的资源配置方式，正好契合了这种需求。当前的税收优惠为该业务提供了宽松的税收条件，有利于飞机租赁业务的迅速发展。此外，优惠政策的范围也已扩展到租赁公司，表明国家对该业务的支持加强。

三是对于上海自贸试验区的企业，其生产、加工并经过"二线"内销的货物，按照进口货物的政策征收增值税、消费税，可对该内销货物按其对应进口料件或按实际报验状态进行关税征收。这一政策简称为选择性征税政策，那这是试验区税收优惠"打折"的信号吗？有关专家经研究认为，虽然自贸试验区企业获得的税收优惠并不直接，但是试验区高效的行政效率等其他优势，仍为区内企业提供了很多的便利条件。需要强调的是，上海自贸试验区的核心价值在于制度创新，是中国改革开放的先头兵，并不仅仅局限于政策优惠，而为其提供有效的经验，这是单一的税收优惠无法企及的。

四是对于上海自贸试验区的生产和生产性服务业企业，除生活性服务业等企业和法律法规明确不予免税的货物应当按照规定征税之外，企业的其他进口机器和设备等不征收进口环节税。这一优惠政策对试验区企业而说绝对是个好消息，对于企业发展和国家宏观经济的发展具有促进作用。

五是完善启运港退税试点政策，进一步扩大启运地、承运企业和运输工具等试点范围。启运港的试点从 2012 年开始，在青岛、武汉与上海洋山港之间进行，从上海出关的货物，在另外两个试点地区就能报关，简化了很多手续。

3. 继续完善税收政策，适应境外股权投资和离岸业务发展环境

首先，要紧紧围绕税制改革方向，保证在不违背国际惯例并能有效避免利润转移和税基侵蚀的同时，继续完善税收政策，使其更好地适应境外股权投资和离岸业务发展环境。因为这些税收政策在我国没有先例，但是很多国家都将其作为重点措施，用于发展全球离岸业务和促进金融创新，所以我国已经在这方面落后于其他国家。比如我国目前关于离岸业务和在岸业务的税收政策混为一起，所征收的税种主要包括企业所得税（25%）、营业税（5.65%）、印花税（0.1%）、准备金利息所得税等。有关人士指出，离岸保险业务在我国的税负较大，具体体现为税种多、税率高、可扣抵项目少，这样阻碍了保险机构在国际环境中的发展。同时一些专家建议上海自贸试验区可以效仿其他国家，降低在区内注册的保险机构相关业务的税率，由现有的 25% 下降一定的比例，最好到 15%。

其次，要努力探寻建立货物状态分类监管模式。这项改革同时涉及监管方法和相应的税收政策两个方面。应研究创建货物状态分类监管模式，在保证进出口货物严格遵循国家税收规定的同时，在指定的区域内开放保税展示交易平台。

综上所述，上海自贸试验区在税收政策方面还有很多可拓展的空间，可以试行一些在我国没有开征的新税种，或者还未完全开放、正在改革中的税种，比如环境税和全行业"营改增"。

第三节　上海自贸试验区财税制度创新效应分析

一、财税制度创新对投资的效应分析

上海自贸试验区《总体方案》提出两条对投资的优惠政策。需指出的是，企业进行的固定资产或股权投资等非货币投资中的分期缴税并不是指少纳税，而是延期纳税，这种做法可以缓解企业的资金流动方面的压力，同时，也会增加相应的利息收入。尤其在租赁性投资企业中，具有很大的积极作用。然而，现在还需要具体的细则，该投资对象属于区外企业还是境外企业，或者两者皆而有之？下面就以试验区内租赁性投资行业和企业的租赁性投资为例，进行实证分析研究。

1. 实证分析的数据来源

本研究所选企业是在上海自贸试验区内企业 2013 年的纳税年度会计报告（由上海市商委、自贸区管委会、区管税务局提供），主要由资产负债表、损益表、现金流量表以及相关的报表附注组成。本研究所采用的样本共有 639 家。存在租赁情况上市公司家数所占比率为 11.86%（区内企业对区外企业投资和对境外企业投资）。表明目前试验区内企业采用租赁性投资的还是比较少见，企业租赁性投资存在的范围不大，亟待扩大。

2. 调研方法和数据设定

目前关于影响企业租赁性投资的理论包括税率差别、债务替代、代理成本这三个方面。本研究将运用 T 检验以及 logistic 分析对所提到的三个基本理论进行检验，以期能够发现决定试验区内企业采用租赁性投资的一些影响因素。为此需要假定一些可能存在影响租赁性投资的因素，以检验上文所提到的理论。为了检验

税收因素对企业采用租赁性投资而非借款投资时的影响程度,本研究设定了以下的变量:

(1)企业实际所得税率:是指应交所得税额与税前利润的比值,这个变量用来衡量企业实际的所得税率。在收益、费用的处理原则上,会计与税法的规定有所不同,因此,会计上的税前利润和税法下的应税所得往往存在差异,使得应交所得税税额与税前利润和所得税率的乘积两者并不相等。税前利润和应税所得之间存在两种差异:永久性差异与时间性差异。这两种差异都会造成税前利润与应交所得之间的差异。如果企业租赁性投资受税率差别理论影响,企业实际所得税率可能是企业进行租赁性投资决策注意的一个重要方面。

(2)企业名义所得税率:企业的生产、经营所得和其他所得,依照有关所得税暂行条例及其细则的规定需要交纳所得税。因此税务部门对每个行业的每个企业都会规定一个所得税率,在本研究中称为企业名义税率,以和前面所提到的企业实际税率相区别。如果税率差别理论存在,且企业从长期的角度来考虑租赁性投资决策,则可能企业名义税率高,但因其能分期递延缴纳使,故越有可能采取租赁性投资。

为了估计代理成本对租赁性投资决策的影响,本研究定义了以下一些变量来衡量企业未来的成长机会:

(1)新投资固定资产:用来定义在某一会计期间企业新投资的固定资产。此变量值的获得可以从年度财务报告的附注里找到。企业的新减少固定资产越多,就越有可能采用租赁性投资。为了消除不同公司规模的影响,变量被定义为新增租赁性投资额与企业总资产的比值。

(2)销售增长率:在本研究中,具有较高销售增长率的企业处于成长阶段。此变量定义为本会计年度主营业务收入减去上会计年度主营业务收入的值与上会计年度主营业务收入之间的比值。

(3)市值比率:企业的市场价值与会计报表上的股东权益额的比值称为市值比率。此指标经常被用来衡量企业的成长机会。比值越高,企业的成长机会就越好。

为了检验样本中企业进行借款投资对企业采用租赁性投资的影响,本研究定义了以下两个变量,来检验这种影响的结果:

(1) 长期负债校正率:此变量定义为长期负债额和资本性占用资金的比值。资本性占用资金有年度会计报表中的长期负债和股东权益之和组成。如果企业租赁性投资和借款是相互替代的,那么对于存在租赁性投资的企业来说,它的长期负债校正率就会比不存在租赁性投资的企业要低。

(2) 短期投资比:此变量被定义为短期投资额与企业全部资产的比值。在本研究中,短期投资包括银行存款和应收票据之和。如果企业短期投资比较高,并且租赁性投资和借款投资相互替代,企业租赁性投资存在的可能性就较小。

为了了解企业租赁性投资与企业获利能力的关系,本研究定义了以下几个指标变量来揭示两者之间的关系。

(1) 息税前利润:此变量以绝对数表示,用以区别不同企业的获利能力。息税前利润越低,企业的获利能力越差,投资风险就越大,企业投资的成本就会越高,就越有可能采用租赁性投资。

(2) 税前利润:此变量也以绝对数列示。类似与息税前利润指标,税前利润越低,企业的发展情况就会不被看好,就可能需要更多高投资成本,企业采用租赁性投资的可能性就越大。

(3) 每股收益率:此变量以年度会计报表中的相关数据计算而得的数值列示。

(4) 净资产收益率:股东权益报酬率越低,租赁性投资就越有可能发生。此变量以年代会计报告中的数值列示。

(5) 每股股利:高股利意味着企业有着充足的现金储备,企业发生租赁性投资的概率就越小。

3. 单变量 T 检验分析

在本研究中将依据前面提出的租赁性投资的理论将所定义的指标变量分成 4 类,进而运用单变量 T 检验来讨论存在租赁性投资的企业和不存在租赁性投资的企业之间不同指标变量的影响程度。

（1）企业租赁性投资与税收政策影响因素的分析。

表 5.1 是对试验区内存在租赁性投资的企业及不存在租赁性投资的企业运用单因素 T 检验的结果。

表 5.1　试验区内存在租赁性投资企业和不存在租赁性投资企业税收政策影响因素的差别

	存在租赁	企业家数	均　值	sig 值
实际企业所得税率	1	74	0.259 232	0.009
	0	565	0.303 134	
企业名义所得税率	1	74	0.196 318	0.001
	0	565	0.239 989	

注：表中 0 代表试验区内公司不存在租赁性投资，1 代表试验区内公司存在租赁性投资，sig 值表示显著度。

表 5.1 表明，试验区内不存在租赁性投资的企业的实际企业所得税税率均值为 30.313 4％，而存在租赁性投资的企业的实际企业所得税税率为 25.923 2％，比不存在租赁性投资的企业低。初步检验的 sig 值为 0.009 也表明租赁性投资的企业和不存在租赁性投资的企业在企业实际所得税率因素上的差异显著。就企业名义所得税率而论，前者为 19.631 8％，后者较高，为 23.998 9％。T 检验的值 0.001 也说明两者在这个因素上也存在显著性差异。结果表明：单变量 T 检验对于税率差别理论予以了判断，试验区内存在租赁性投资企业比不存在租赁性投资企业所得税税率要低，显示出政策迹象。

（2）企业租赁性投资与代理成本影响因素的分析。

根据这一理论，当前的制度可有助于股东和经理人之间的代理问题的解决。如果企业具有较高的成长机会，它同时也具有较高的风险，投资成本也会提高，故这类企业会更愿意采用租赁型投资，以此缓解投资不足的问题，而不会过多地采用债务投资。表 5.2 就是对试验区内存在租赁性投资的企业和不存在租赁性投资进行单变量 T 检验的结果。

表 5.2 试验区内存在租赁性投资企业和不存在租赁性投资企业成长影响因素的差异

	存在租赁	企业家数	均　　值	sig 值
新增固定资产	1	74	0.050 841 548	0.196
	0	565	0.069 019 763	
销售增长率	1	74	0.277 194 595	0.969
	0	565	0.272 285 841	
市值比率	1	74	5.509 686 486	0.990
	0	565	5.496 923 717	

注：表 5.2 中 0 代表试验区内公司不存在租赁性投资，1 代表试验区内公司存在租赁性投资，sig 值表示显著度。

表 5.2 表明，上述 3 个指标在两种企业之间没有显著性差异。新增固定资产这个指标变量，存在租赁性投资的企业均值为 0.050 841 548，不存在租赁性投资的企业均值为 0.069 019 763，sig 值为 0.196，两类试验区内企业此指标未出现显著性差异。同样用来检验代理成本理论的销售增长率指标，存在租赁性投资的企业均值为 0.277 194 595，不存在租赁性投资的企业均值为 0.272 285 841，sig 值检验结果为 0.969，结果显示两类企业销售增长率指标变量并不存在显著性差异。就市值比率指标而言，存在租赁性投资企业均值为 5.509 686 486，不存在租赁性投资企业为 5.496 923 717，sig 值为 0.990，两类企业此变量同样未出现显著性差异。总的来说，依据代理成本理论设定的三个指标变量单变量 T 检验的结果显示，在不考虑其他变量影响的情况下，代理成本所设定的指标变量对租赁性投资决策的影响并不显著。

（3）企业租赁性投资与借款投资影响因素的分析。

本研究采用长期负债校正率和短期投资比两个指标变量来检验租赁性投资和企业借款之间的关系。根据本研究中的样本 T 检验后的结果，不考虑其他因素时，在存在租赁性投资和不存在租赁性投资企业两个指标之间存在着显著性的差异。

表5.3　试验区内存在租赁性投资企业和不存在租赁性投资企业借款投资影响因素的差异

	存在租赁	企业家数	均　值	sig 值
长期负债校正率	1	74	0.190 665	0.006
	0	565	0.118 758	
短期投资比	1	74	0.461 292	0.039
	0	565	0.395 041	

注:表5.3中0代表试验区内公司不存在租赁性投资,1代表试验区内公司存在租赁性投资,sig值表示显著度。

表5.3表明,存在租赁性投资企业的长期负债校正率为0.190 665,而不存在租赁性投资的企业此指标值为0.118 758,sig值为0.006,表明两类企业此指标变量之间存在着显著性差异。短期投资比指标,存在租赁性投资的企业此指标值为0.451 292,不存在租赁性投资企业的指标值为0.395 041,sig值为0.039,也存在着显著性差异,即两个指标均存在显著性差异。在单变量T检验中,表明试验区内存在租赁性投资企业,租赁性投资的效应更明显,比存在借款性投资企业效应好得多。

(4) 企业租赁性投资与获利能力影响因素的分析。

有关研究证明,试验区内获利较少的企业比其他获利较多的企业更多地采用租赁性投资,即获利能力差的企业对外投资需要更高的成本。表5.4揭示了样本的企业获利能力的一些指标变量的T检验结果。

表5.4表明,存在租赁性投资的企业和不存在租赁性投资的企业在企业获利能力方面所设定的指标变量并不存在显著性差异。存在租赁性投资企业的息税前利润均值为207 522 152.3元,而不存在租赁性投资的企业在同一会计期间的息税前利润均值为197 411 917.7元,sig值为0.913,说明两者在此变量上并不存在显著性差异。税前利润指标,存在租赁性投资的企业的均值为142 545 282.5元,不存在租赁性投资的企业均值为149 801 224.3元,sig值为0.952,两者在此指标变量也不存在显著性差异。我们还可以从净资产收益率、每股股利和每股收益指标上得到相似的结论。就企业获利能力与租赁性投资关系而言,单变量T检验发现:存在租赁性投资企业和不存在租赁性投资对获利能力指标而言是不存在显著性差异的。

表 5.4　试验区内存在租赁性投资企业和不存在
租赁性投资企业获利能力影响因素方面的差异

	存在租赁	企业家数	均　　值	sig 值
息税前利润	1	74	207 522 152.3	0.913
	0	565	191 741 918.7	
税前利润	1	74	142 545 282.5	0.952
	0	565	149 801 224.3	
净资产收益率	1	74	0.007 120 27	0.759
	0	565	−0.027 806 372	
每股股利	1	74	0.086 366 216	0.976
	0	565	0.085 976 814	
每股收益	1	74	0.098 410 811	0.134
	0	565	0.156 562 478	

　　注：表 5.4 中 0 代表试验区内公司不存在租赁性投资，1 代表试验区内公司存在租赁性投资，sig 值表示显著度。

　　总之，单变量 T 检验帮助我们发现，试验区内存在租赁性投资的企业和不存在租赁性投资的企业在企业名义所得税率、企业实际所得税率、长期负债校正率和短期投资比这四个指标上的差异是显著的，在其他指标变量上我们则没有发现这种显著性差异。当然，对于此检验的结果我们需要在以下部分文中继续讨论，因为在考虑单变量 T 检验时，研究假定其他变量是不存在影响的，因而进一步的分析还需要在 logistic 检验中进行。

　　4. 多变量 logistic 回归分析

　　（1）logistic 的回归方程。

　　本研究的对象是企业是否存在租赁性投资，因变量是一个定性变量，因而也就无法采用多元线性回归来分析。同时，企业的租赁性投资符合收益递减规律，即在变化初期进展较慢，之后逐渐加速，直至达到极限点后，又会逐渐减速。logistic 模型正好适用于有此规律的经济现象的分析，这正是本研究采用此模型进行分析的主要原因。本研究所采用的回归方程为：

$$logisticP = a + b_1X_1 + b_2X_2 + b_3X_3 + b_4X_4 + b_5X_5 + b_6X_6 + b_7X_7 +$$
$$b_8X_8 + b_9X_9 + b_{10}X_{10} + b_{11}X_{11} + b_{12}X_{12}$$

其中，P 表示租赁性投资发生的概率。P 为 0 表示企业不存在租赁性投资，P 为 1 表示企业存在租赁性投资，a 表示常量，b 表示各指标变量的系数，I=1，2，3，…，12，X_1 表示企业实际所得税率，X_2 表示企业名义所得税率，X_3 表示新增固定资产，X_4 表示销售增长率，X_5 表示市值比率，X_6 表示长期负债校正率，X_7 表示短期投资比，X_8 表示息税前利润，X_9 表示税前利润，X_{10} 表示每股收益率，X_{11} 表示净资产收益率，X_{12} 表示每股股利。经过对 639 家企业 2013 年会计年度报告样本数据的测算，得出具体的回归系数，并确立回归方程如下：

$$logisticP = -2.554\ 4 + 0.674\ 2X_1 - 5.338\ 9X_2 - 2.093\ 8X_3 + 0.043\ 4X_4 -$$
$$0.006\ 1X_5 + 3.758\ 3X_6 + 2.192\ 3X_7 + 1.33 \times 10^{-11}X_8 - 2.4 \times$$
$$10^{-11}X_9 + 1.287\ 4X_{10} + 3.674\ 0X_{11} - 1.455\ 8X_{12}$$

（2）企业租赁性投资影响因素的 logistic 分析结果。

本研究用此方程来分析各影响因素对租赁性投资影响的显著性。为了分析各因素对企业租赁性投资的影响程度，本研究采用强制进入的 logistic 方法对上面所设定的所有指标变量进行了分析。表 5.5 揭示了这种分析的结果。

就整个 logistic 分析模型而言，其 sig 值为 0.000 0，表明研究所运用的模型是有效的。需要注意的是，所有指标变量的偏相关系数都不是很高。一个可能的解释是，由于研究在截取数据时，考虑到企业会计信息披露的不完整等问题，因而在判断企业是否存在租赁性投资时，采用了名义变量来区分，而不是企业具体的租赁性投资金额，使得在进行 logistic 分析时，削弱了指标变量与因变量之间的偏相关程度。另外一个可能的原因就是对企业租赁性投资决策的影响是以多个因素共同起作用的，而不是某些因素与其呈显著性相关。通过 logistic 分析的结果可以发现：

表 5.5　企业租赁性投资影响因素 logistic 分析结果

指标变量	B	S.E.	Wald	df	sig	R	Exp(B)
企业实际所得税率	0.674 2	0.446 3	2.281 5	1	0.000 9	0.026 0	1.962 4
企业名义所得税率	−5.338 9	1.410 8	14.320 3	1	0.000 2	−0.172 0	0.004 8
新增固定资产	−2.093 8	1.220 1	2.944 9	1	0.086 1	−0.047 6	0.123 2
销售增长率	0.043 4	0.162 8	0.071	1	0.789 8	0.000 0	1.044 4
市值比率	0.006 1	0.015 7	0.149 9	1	0.698 6	0.000 0	0.944 0
长期负债校正率	3.758 3	0.814 1	21.313 4	1	0.000 0	0.215 3	42.877 0
短期投资比	2.192 3	0.742 3	8.722 3	1	0.003 1	0.127 0	8.955 9
息税前利润	$1.33E-11$	$5.08E-10$	0.000 7	1	0.979 2	0.000 0	1.000 0
税前利润	$-2.40E-11$	$6.25E-10$	0.001 5	1	0.969 0	0.000 0	1.000 0
每股收益率	1.287 4	1.103 1	1.361 9	1	0.243 2	0.000 0	3.623 2
净资产收益率	3.674 0	1.560 5	5.542 9	1	0.018 6	0.092 2	39.407 5
每股股利	−1.455 8	0.092 21	2.492 5	1	0.114 4	0.034 4	0.233 2
常量	−2.554 4	0.570 4	20.051 5	1	0.000 0		

　　注：B 表示回归系数，wald 表示偏回归系数的显著性，S.E.表示标准差，df 表示自由度，sig 表示显著度，R 表示偏相关系数，ExP(B)表示幂值。

　　企业名义所得税率与企业租赁性投资决策呈负相关关系，即企业名义所得税率越高，企业采用租赁性投资的可能就越小。另外一个用来检验税率差别理论的指标变量实际企业所得税率则被发现与企业租赁性投资决策呈显著性相关关系。此外，logistic 分析结果还显示，企业租赁性投资决策与借款替代理论所设定的两个指标变量长期借款校正率和短期投资比都呈显著性正相关关系，这恰好与此理论的推断成相反表现。logistic 分析在考虑自变量受其他指标变量影响之后还显示，企业净资产收益率指标变量与企业租赁性投资决策也成显著性正相关关系。除以上 4 个指标变量外，logistic 模型分析没有发现其他影响企业租赁性投资决策的影响因素。为了分析各理论对我国企业租赁性投资的影响，本研究进一步对所设定的可能影响企业租赁性投资的各个指标变量以分理论、分模块的方式纳入 logistic

模型进行分析。其结果如表 5.6。

表 5.6　各基础理论对租赁性投资的影响结果

理　　论		Sig 值
税率差别理论		0.000 2
借款替代理论		0.000 0
代理成本理论	成长机会因素	0.651 9
	获利能力因素	0.191 6

　　从表 5.6 可以看出，一是我国企业的租赁性投资决策也受税率差别理论的影响，同时借款替代理论所设定的指标变量也影响着企业租赁性投资决策，并发现还有其他的因素如每股收益率等也影响企业租赁性投资的决策。二是企业名义和实际所得税率对企业租赁性投资决策也存在影响。通过对样本数据的分析，本研究分析企业租赁性投资决策和企业名义所得税率呈显著性负相关关系，相同的是，发现企业租赁性投资决策和企业实际所得税率也呈显著性相关关系。对此一个可能的解释是，企业在进行租赁性投资决策时，往往是针对某个具体的项目进行的，在考虑企业所得税因素时，企业实际所得税率依据每年实际情况计算得出，在各年情况不一致，波动较大，不符合企业租赁性投资决策的实际情况。在此种情况下，企业租赁性投资决策更多考虑的是企业名义所得税率。而目前所得税率都是 25％，并不对租赁性投资企业有何差异。上海自贸试验区对企业租赁性投资正在实施两条创新政策：对于在试验区注册的企业的资产重组行为，比如企业将非货币性资产用于对外投资，投资过程中产生了资产评估增值，据此确认的资产转让所得可以在五年的时间内，平均分期纳入当年的应纳税额，据此缴纳所得税。对试验区内企业以股份或股权形式奖励企业内部高端技术人才以及企业内的行业紧缺人才，实施股权激励个人所得税分期缴纳政策，可能是造成企业租赁性投资决策和企业实际所得税率显著关系的一个重要原因了。

二、 财税制度创新对贸易的效应分析

我国不断推进的税制改革与对外贸易发展相关的主要体现在五个方面：一是根据入世承诺逐步降低关税，2010 年降为 9.8%，降税承诺已全部履行完毕；二是内外资企业所得税合并，取消"超国民待遇"，税率统一为 25%，所有企业都处于相同的税收环境下；三是增值税转型，自 2009 年 1 月 1 日开始，生产型增值税变为消费型增值税，2012 年开始实施"营改增"试点，减轻了企业税负，提高了竞争力；四是出口退税的不断调整与持续运用；五是税收法制化进程不断推进，成为市场经济税收发展的内在要求和增加税收透明度的必然结果。而上海自贸试验区促进贸易发展的政策中最给力的制度创新应该是：在试验区内扩大租赁性投资出口退税试点范围，对于区内注册的租赁性投资企业或者金融租赁公司，将其在区内设立的项目子公司纳入其中；对于在试验区注册的国内租赁公司以及其项目子公司，在境外购买空载重量在 25 吨以上并租赁给国内航空公司使用的飞机，经过有关部门的核准后可以享受有关的增值税优惠政策。与现行增值税税率相比，5% 这一税率已处于创新范畴，这表明上海自贸试验区指向高端的发展方向，并相辅于高效的物流，而飞机租赁业务正满足了这种需要，可以对资源进行高效配置。当前的税收优惠为该业务提供了宽松的税收条件，有利于飞机租赁业务的迅速发展。此外，优惠政策的范围也已扩展到租赁公司，表明国家对该业务的支持加强。本部分以对上海自贸试验区挂牌后几个月出口有直接影响的出口退税为例，对税收与试验区出口贸易的敏感性进行实证研究。

本研究的数据来源是笔者分别从上海市商务委、试验区管委会、区管税务局调研得到，调查样本为 104 家试验区内出口贸易企业（租赁性投资企业或金融租赁公司），享受出口退税的企业有 51 家（租赁性投资企业或金融租赁公司 26 家）。本研究收集并整理了目标公司的出口退税情况，计算了试验区 2 个季度（开始挂牌至 2014 年 3 月）的出口贸易、出口退税与 GDP 数据，作为实证分析的数据基础，其中重点是先对出口退税对出口贸易的影响做描述性判断；然后运用时间序列分析与面板数据模型，分别以自贸试验区部分被调研企业数据为研究对象，展开更具体的

分析。

1. 出口退税与出口额之间关系的研究——基于描述性统计

(1) 退税增长率变动与出口增长率变动的关系。

表 5.7　出口退税与出口额的增长变化

	出口退税		出口贸易	
	退税额(10万元)	增长(%)	出口额(10万元)	增长(%)
2013/10	450.2	49.5	10 421.8	37.2
2013/11	548.7	21.9	12 451.8	19.5
2013/12	827.7	50.8	12 576.4	1.0
2014/01	432.7	−47.7	15 160.7	20.5
2014/02	436.3	0.8	15 223.6	0.4
2014/03	627.1	43.7	16 159.8	6.1

资料来源:并经笔者计算整理。

表 5.7 表明,出口退税与出口额的增长二者大致呈正相关关系:当退税增长率提高时,出口额增加,如 2013 年 10 月;当退税增长率调低时,出口额减少。自 2013 年 10 月,出口增长率的变化方向与出口退税增长率的变化方向几乎呈现高度的一致性。当然,出口额的变动相比出口退税率的变动来说,前者的变动影响更大,表明出口贸易增长的影响因素不止出口退税,还有其他一些因素影响出口贸易的变化。

(2) 出口退税总额与出口贸易总额的关系。

表 5.7 表明,退税额的增幅高低与出口额的增长快慢基本一致,但是又存在差别,一是大多数月份退税额增幅远远高于出口额的增长,如 2013 年 10 月、11 月、12 月等。二是个别年份(退税率变动频繁时期)二者出现了严重背离,如 2014 年 1 月。这一方面表明出口退税是影响出口贸易的重要因素,但仅仅是影响因素之一;另一方面也反映我国出口退税的实际退税率与名义退税率不一致。

（3）出口退税与税收总收入、GDP 的关系。

表 5.8 出口退税与税收总收入比较

	退税 (亿元)	退税增长 (%)	税收总收入增长 (%)	退税/税收总收入 (%)	退税/GDP (%)
2013/10	450.2	49.5	19.2	8.88	0.93
2013/11	548.7	21.9	17.8	9.19	0.90
2013/12	827.7	50.8	18.0	11.74	1.16
2014/01	432.7	−47.7	16.7	5.26	0.55
2014/02	436.3	0.8	10.5	4.80	0.52
2014/03	627.1	43.7	13.4	6.08	0.70

表 5.8 表明，自 2013 年 11 月出口退税改革以后，出口退税额占税收总收入的比重明显提高，但比较稳定。特别是 2013 年 12 月改革之后接近 1.2%，2014 年出口退税占 GDP 的比重不到 1%，之后比重明显上升，从一个侧面反映出口退税在明显促进出口的同时拉动了 GDP 增长。

2. 出口退税对出口额的影响——基于自贸区总量数据的时间序列分析

为了检验出口退税对出口的影响，设定计量方程为：Export＝a＋B Rebate＋Y GDP＋E。其中 Export 为出口额，Rebate 为出口退税额，GDP 为国内生产总值。我们选取的研究时段为 2013 年 11 月至 2014 年 3 月，分别采集了上海自贸试验区享受出口退税的企业 51 家（租赁性投资企业或金融租赁公司 26 家）出口额、出口退税额和国内生产总值的年度数据作为研究样本，数据均取对数形式。

（1）单位根检验。

为了避免伪回归问题，首先检验上述序列的平稳性，需要对 lnExport、lnRebate、lnGDP 进行单位根检验。如果非平稳序列的一阶差分是平稳的，那么该序列是具有一个单位根的一阶单整过程。由表 5.9 的检验结果可知，时间序列 lnExport、lnRebate 在 5% 的显著性水平上是一阶差分平稳的，lnGDP 在 10% 水平上是一阶差分平稳的，故可在此基础上继续检验这些序列之间的协整关系。

表 5.9　时间序列的单位根检验

变　量	ADF 统计量	临界值	显著水平(%)	结　论
lnExport	−1.71	−2.99	5%	不平稳
ΔlnExport	−4.58	−2.99	5%	平稳
lnRebate	−2.25	−299	5%	不平稳
ΔlnRebate	−4.72	−2.99	5%	不平稳
lnGDP	−1.67	−3.01	5%	不平稳
ΔGDP	−2.84	−2.64	10%	平稳

注:单位根检验方程包括常数项和滞后期限,其中滞后期限由 AIC\SIC 最小准则决定,Δ 表示差分算子。

(2)协整检验。

时间序列 lnExport、lnRebate、lnGDP 是一阶单整序列,但其可能存在某种平稳的线性组合,这种线性组合反映了变量之间长期稳定的比例关系。我们采用 Johansen 协整检验方法对上述时间序列进行协整检验,结果见表 5.10。

表 5.10　时间序列的协整检验

最大特征值统计量	5%临界值	原假设	迹统计量	5%临界值	原假设
23.17	24.25	最多存在一个协整关系	35.44	35.01	最多存在一个协整关系
7.05	17.15	最多存在一个协整关系	12.27	18.40	最多存在一个协整关系
5.22	3.84	最多存在一个协整关系	5.22	3.84	最多存在一个协整关系

表 5.9 及表 5.10 表明,lnExport、lnRebate、lnGDP 这三个时间序列在 5% 的显著性水平下存在一个协整关系,最大特征值统计量显示在 5% 的显著性水平下至多存在一个协整关系。综合以上结果基本可确定三个时间序列存在协整关系。

具体如下:lnExport = −0.79 + 0.26lnRebate + 0.95lnGDP。该方程表明,出口退税和 GDP 以及出口额之间存在长期的关系,其中出口退税增加 1%,出口额增加 0.26%,出口退税和出口额在长期内是同方向变动;而 GDP 增加 1%,出口额增加 0.95%,GDP 和出口额在长期内也是同方向变动。

（3）脉冲响应分析。

为了更加直观地分析出口退税额和 GDP 的变动对促进出口的动态效果，我们建立 VAR(2)模型，采用脉冲响应函数对其进行分析。脉冲响应函数用来衡量来自随机扰动项的一个标准差的冲击对内生变量在当前和未来取值的影响。图 5.1 考察了本期给出口退税额一个冲击后，出口额相应的响应情况和响应路径，从图 5.1 中可知，出口额对来自出口退税的冲击当期没有反映，在第 3 期（2013/12）达到最大，以后逐渐下降。说明在上海自贸试验区 2013 年 12 月出口退税最多，出口额达到这几期观察值的最大值。

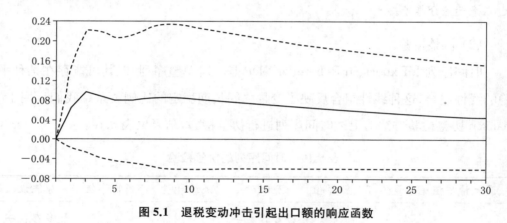

图 5.1　退税变动冲击引起出口额的响应函数

图 5.2 则是 GDP 冲击后出口额相应的响应情况和响应路径，结果表明在当期没有影响，第 4 期达到最大，以后逐渐下降。从脉冲响应路径也可以看出，出口退税对出口有正向的影响，在前期作用比较明显，例如 2013 年 12 月，以后逐渐下降。

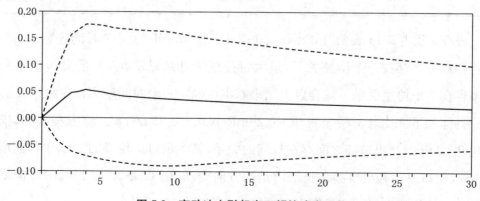

图 5.2　变动冲击引起出口额的响应函数

(4) 方差分解。

我们进一步采用方差分解方法对出口额的不同期限的预测误差的方差进行分解,方差分解将每个变量的单位增量分解为一定比例的自身原因和其他变量的贡献度。具体结果见表 5.11。

表 5.11　变量的方差分析结果

Peried	S·E	Export	Rebate	GDP
2013/10	290.745 3	69.363 2 4	24.612 02	6.024 736
2013/11	341.053 1	66.641 4 9	26.313 46	7.045 055
2013/12	390.556 6	65.473 6 9	27.208 13	7.318 185
2014/01	423.964 1	64.401 7 0	28.273 33	7.324 969
2014/02	442.500 1	63.306 4 4	29.424 15	7.269 411
2014/03	458.700 0	62.376 0 4	30.424 58	7.199 380

表 5.11 表明,出口退税对出口额的贡献度逐渐增大,长期看在 30% 以上,如 2013 年 12 月;而 GDP 对出口额的贡献度在 2014 年 1 月达到最大,最大为 7.32%,之后逐渐下降,这说明出口退税对出口额的贡献度 2014 年 1 月更大。

三、 小结

综上所述,分析上海自贸试验区挂牌以来促进投资的财税制度创新效应,我们可以得出以下两个结论:结论一是上海自贸试验区内企业的租赁性投资决策受税率差别理论的影响,建议今后在有条件时,对试验区内有租赁性投资的企业实行差别税率;试验区内存在租赁性投资企业,其租赁性投资的效应比不存在租赁性投资更明显;其他的因素如每股收益率等也影响企业租赁性投资的决策。结论二是企业名义和实际所得税率对企业租赁性投资决策也存在影响,对于在上海自贸试验区内注册的企业的资产重组行为,比如企业将非货币性资产用于对外投资,投资过程中产生了资产评估增值并根据此增值确认的资产转让所得有如下规定,即可以在 5 年的时间内平均分期纳入当年的应纳税额,据此缴纳所得税。对试验区内企业以股份或股权形式奖励企业内部高端技术人才以及企业内的行业紧缺人才,实施股权激励个人所得税分期缴纳政策，可能是造成企业租赁性投资决策与企业实际所得税率显著关系的一个重要原因。

分析促进贸易的财税制度创新效应，我们可以得出以下四个结论：结论一是上海自贸试验区内企业出口退税与出口额之间关系密切、退税额的增幅高低与出口额的增长快慢基本一致；结论二是 2013 年 9 月试验区内出口退税改革以后，出口退税额占税收总收入的比重明显提高，但比较稳定；结论三是在试验区 2013 年 12 月出口退税最多，出口额达到这几期观察值的最大值；结论四是出口退税对我国出口有正向的影响，在前期作用比较明显，例如 2013 年 12 月，在以后逐渐下降，出口退税对出口额的贡献度 2014 年 1 月达到更大。

第四节　上海自贸试验区财税制度创新的对策

一、目前上海自贸试验区的财税制度局限性

上海自贸试验区属于自贸园区（Free Trade Zone）。它基于国际协议与战略合作伙伴关系，共同商议、共同制定、共同遵守游戏规则，彼此对等地给予各种关税与非关税优惠政策。对于内部伙伴抱团取暖、互通有无、互动互惠；而对于外部对手则打击排斥，进而形成内外有别的特殊格局。简而言之，它是多国协调行为，可以说是"群体派对"。上海自贸试验区事实上属于"群体派对"的一种。在此框架之下的财税制度无论如何设计，均存在一定的局限性，主要有以下两点：

一是单边行动——无法借力于国际市场。上海自贸试验区建设没有在国际上选择主要的贸易伙伴，在给予他国税收优惠的情况下，无法得到受惠国给予我方的等价政策回报，难以为转口贸易消除进入他国市场的贸易壁垒。同时，由于采取激进的财税政策吸引海外投资，易成为所谓的"税收天堂"。这不仅会损害自身的财政收入，而且还会导致他国设置报复性关税与非关税壁垒，或国际"反有害税收竞争"的制裁（例如欧盟/OECD），从而使我方的财税优惠政策失效，失去作为转口贸易中心与国际金融中心的吸引力。

二是孤立无援——无法根植于内地市场。由于上海自贸试验区与内地市场间存在阻隔，园区的优惠财税制度不可能直接辐射至全国。向内，试验区没有消除商品与资本进入内地市场的贸易壁垒，无法有效提升社会福利、扩大消费，因此难以得到外商的青睐与支持。向外，内地外贸商业环境并未由此得到实质性改变，加之试验区地域狭小、资源有限、产能不足，创新的园区财税制度不可能很快直接带动全国经济产出的提升，更无法有效拉动国民就业水平，因此也不会得到全体国民的支持。若上海自贸试验区的财税制度建设不能借力于庞大的国内市场，那么其有限的地区性税收政策创新最终会沦为"鸡肋"。

二、 当前上海自贸试验区财税制度还需改进的方面

1. 税收法制建设问题

与税制自身建设相比，上海自贸试验区税收法制建设相对滞后，主要表现为税收宪法依据缺乏、税收法律体系不完善、税收法律层次低和税收司法不健全等。试验区税收法制建设任务繁重、时间紧迫。

在现代法治国家，宪法作为国家的根本大法，在国家行使征税权时会涉及侵入公民财产的权利方面作了规定和约束，从而成为所有税收法律关系的基础。宪法的相关条款和规定，促使国家的征税行为规范化，税权配置合理化，从而防止征税权的滥用。当前，国外很多政府在法律中都对此设立了明确的有关税的规定，主要包括三个方面：一是明确税收法定主义精神，二是明确划分税权，三是禁止性条款的规定。而我国宪法只有五十六条第一款直接涉及税收的方面，该条款规定："中华人民共和国公民有依照法律纳税的义务"。该条款只是片面强调公民的纳税义务，可能导致国家和纳税人之间形成一种不平等甚至对立的关系。而税收立宪的要旨在于，必须建立并实现国家征税权的行使与公民财产权保障之间的平衡，因此必须在宪法中规定税收基本制度、税收立法权以及税权分配和限制，从而为税收法律关系的最基本规范奠定基础。

2. 税收征管问题

当前全球化竞争日益激烈，国内经济的需求也急剧上升，当务之急是对上海自

贸试验区的征管模式进行新的探索。新的税收征管应当建立在信息化建设的基础上，从而促进税收征管的现代化，达到国际一流水平。目前上海自贸试验区在税收征管上实施国家税务总局"以优化服务为前提，以计算机网络为辅助，集中征收，重点稽查"的新税收征管模式，我们从过去一段时间的实践中发现，现行征管运行机制主要存在的问题有两个。

一是纳税申报管理。目前上海自贸试验区纳税申报方面存在纳税申报质量较低以及对纳税人监控与国际一流征管水平尚存差距等问题。之所以申报质量较低是因为新注册公司纳税人在税收规定、纳税意识以及业务技能方面参差不齐，以至于存在零申报、负申报等申报不实问题；而对纳税人监控与国际一流征管水平尚存差距是因为上海自贸试验区挂牌仅几个月时间。

二是税收征管信息化问题。目前上海自贸试验区税收征管信息化方面的问题集中表现在：试验区已经建立国内水平较高的税务信息平台，但随着税收征管模式改革的逐步探索，建立具备上海大都市特点税务信息平台，实现共享、更新及时，不仅有助于纳税服务质量的提高，还可以减少对征税成本的相应需求。总之，在今后的工作中，要重视税收征管新模式的创新，积极落实税务总局关于征管模式的改革工作。

3. 税收环境方面的问题

上海自贸试验区税收环境的问题主要体现在以下四个方面。

一是税收法治环境方面的问题。通过公、检、法机关的协助，试验区税务机关严惩违反税法的行为。但是，随着试验区税收地位的提高，税收作用的加强，偷税漏税等行为日益增多，并且方式越发隐蔽，导致部分税款流失，影响了税收环境的公正性和有序性。此外，税务干部在知识层次、执法水平、业务技能等方面各有差异，个别税务干部缺乏充分的自律意识，易受人情和关系等因素驱使，在执法过程中产生消极的影响。

二是税收信用环境方面。当今政府的税收透明度和规范程度逐渐增强，但是与纳税人的预期相比尚且存在一定差距，在一定程度上影响了试验区纳税人依法纳税的积极性和自豪感。从税务机关来看，个别税务机关对试验区税收政策执行还在学习和认识中，存在未按规定执行政策行为，甚至会涉及人情关系，产生了一种不公平、不诚信的现象。从纳税人来看，一些新进企业对守法经营、诚信纳税认识不足，有假申报以及恶意拖欠税款，对企业形象造成巨大的损失，同时对国家和社会的利益造成一定的伤害。

三是税收服务环境方面。保护纳税人正当权益、融洽征纳关系的有效途径是纳税服务。试验区挂牌以后，国家机关从理念、质量和效率三个方面不断提升试验区的相关服务，使得纳税人的满意程度逐渐增强，并提高了纳税人的遵循率，然而，仍有极少部分工作人员缺乏足够的服务意识；出于强化管理、明确责任的需要，办税流程中存在审批环节多、手续上给纳税人带来不便等问题。另外，服务形式和手段有待丰富。信息化服务手段的应用仍有很大提升空间，网上税务局建设步伐更需要加快，网上服务范围更需要进一步拓宽。

四是税收人文环境方面。人文环境代表某一地区的文化底蕴，在一定程度上决定城市的发展力和竞争力，因此，可对税收和经济发展产生至关重要的影响。而试验区税收文化建设刚刚开展，文化品牌的知名度和影响力正在形成，由于不同部门或行业具备不同的职能和性质，相应的文化建设也各有不同，因此，企业及部门之间在有关税收方面应当增强文化上的合作与交流。

4. 税种的设计问题

上海自贸试验区新设立企业目前数达到了 3 633 户，其中，内资企业占到 3 405 户，注册资本为 685.86 亿元。外商投资企业占有 228 户，注册资本为 9.8 亿美元。上海"营改增"政策实施的两年以来，累计减税达到 400 亿元以上，资料显示，当前区内试点企业的平均税负相较之前平均下降了 40%，且根据统计，试验区内小微企业的收益最多。根据《营业税改征增值税试点方案》的规定，上海交通运输业和部分现代服务业由之前的营业税改为增值税，此次改革成为重要的结构性减税措施之一，为产业分工的进步和现代服务业的发展提供了有力的制度支持，但试验区内的金融企业没有纳入"营改增"行列，这对于处于金融创新的试验区金融业是个阻碍，所以试验区的税种设计上要考虑"营改增"的扩围问题。

三、 上海自贸试验区财税制度创新对策

在全国范围内,只有上海是国地税合并征收的城市,因此上海地区的纳税服务水平有更大的提升空间。上海自贸试验区财税制度创新对策可主要从以下几个方面入手。

1. 税收法制建设创新

一是税收法定主义在上海自贸试验区的法制建设中要起到应有的重要作用。明确规定只有人民代表大会或其常委会拥有税的立法权,税收基本法、征管法、增值税法、所得税法、关税法等主要法律只能由全国人民代表大会制定完成,省级人大拥有房产税、车船使用税等地方性立法权。行政机关制定的税收条例和实施细则等必须符合宪法和法律的规定,因此上海自贸试验区法制建设过程中必须严格坚持税收法定主义,扭转试验区内税收法律不健全的局面。二是明确纳税人权利。纳税人在税的征收和支出方面的权利应在宪法中明确,例如,公民具有亲自或通过其代表参与决定税收立法的权利,这是因为这些权利涉及对公民自身财产权的保护,应当受到重视。三是制定试验区政策时要充分考虑税负公平原则,在分配国家与纳税人的财产权以及中央与地方的财政权时要做到合理与公正;防止过于单纯的税收优惠政策导致的"税收洼地"效应的产生。四是要积极发挥市场在建设试验区经济中的关键性作用,实现真正自由化的贸易经济。

2. 税收征管模式创新

一是建立一个互通、共享的税务信息平台,要想实现高水平的网上办税、建立无障碍沟通平台、试行电子发票,就必须加强信息技术对税源管理的作用,进一步完善综合征管软件相关系统,满足专业化管理的要求,加强数据管理,高效利用数据,提高纳税评估质量和效率,降低征税构建成本。应当在税收征收管理系统操作方面加强相关培训工作,使得工作人员熟练掌握相应的操作流程,减少在操作环节上的错误发生率。二是防范税务执法风险,在防止政府不适当干预的同时,还应该防止纳税人通过一定手段获取税收优惠政策的行为,为此要建立健全税收法律体系及其管理制度,促使纳税服务、纳税评估等税收工作逐渐专业化和制度化,降低

税收执法风险。三是加强规范性文件管理,应规范取证、文书制作和案卷整理,分析文件管理存在的问题,不断完善文件管理方案,做好管理基础工作,提高执法制度建设质量,以逐渐建立具备上海自身特点的税收征管模式。四是推进依法行政,创新行政管理决策机制,将风险管理理念纳入其中,加强执法人员在税收政策方面的培训,建立税收执法风险管理预警系统,进一步优化当前税收征管模式,建立内部协调制度。五是实行专业化集中审批、试行窗口"一站式"审批、取消部分前置核查、拓展区域通办。对于发票管理、综合申报、凭证开具等即办事项,积极试行办税服务窗口"一站式"审批,实现当场办理、当场办结的高效率程序;试验区新注册企业办理资格申请等涉税事项,尽量简化程序,实行重事后监督轻前置审查的政策,为纳税人相关业务的开展节省时间;针对试验区处于偏远地区的企业办理涉税事项存在障碍这一问题,试验区内各区域积极实行办税服务通办,并促使浦东新区与试验区办税服务通办的实现,方便偏远地区纳税人一系列涉税事项的办理。

3. 税收执法环境、税法服务环境创新

在实际中,一些执法工作很可能得不到有关部门和人员的理解和配合,无法发挥工作的主动性,促使执法工作无法顺利推进,从而增加执法过程中的风险。这需要我们在提高自身能力的同时,还要关注各方面的关系是否融洽,以获取较多的支持和配合,建立和谐有序的税收环境,使得试验区内的安全得到有效保障。

在深化税法执法环境改革方面,提出以下建议:一是与政府有关部门建立相互协作配合的工作机制,可将银行、工商、房管、土地、公安、审计、财政等部门关系工作统一交由国家处理,进一步扩大协税、护税网络,加强试验区税源管理。二是加强与政府以及协调财政、监察、审计等有关部门和司法机关的工作联系,完善外部监督的标准要求,降低在执法过程中由于对标准的不同认识导致的不确定性风险。三是加强与政府及有关部门的交流,可针对管理体制等方面提出改进措施等,增强政府工作的系统性和科学性,从而防止来自政府方面的不正当干预。

在税法服务环境方面,有以下几点建议:一是实施预先核释及合宪审查,增加纳税人在进行投资等行为之前的遇见可能性;二是设立纳税人保护官岗位,不仅提高工商业活动中法律程序的正当性,而且增强对其的信任程度;三是设立专业的税务法院和培养专业的、国际化的税务法官职位，提高事后救济途径的效率和效果。

4. 金融企业的"营改增"问题创新

随着"营改增"试点的深入实施，金融业的"营改增"势在必行，其中金融保险业是最难实施的一个税种。金融保险业的税收环境很复杂，相关部门在设计税种方面需要综合考虑各种因素，重视前期的调研工作和制度设计，最终建立一套合理、操作性强的征税体系。当前金融保险业营业税税率为 5％，征税范围有贷款业务、融资租赁业务、金融商品转让业务、金融经纪业务、其他金融业务和人身保险业务、责任保险业务。另外，金融保险业的税额占营业税总额的 20％，仅次于建筑业税额，位于营业税种的第二位。从以上资料可以看出，金融保险业的税种改革一旦实施，涉及面很广，对相关企业的税率和征税主体将产生很大影响，还会改变中央和地方的税收博弈环境，情况相当复杂。金融业的"营改增"在上海自贸试验区实施起来存在较大难度，最难以解决的问题之一就是进项税额的抵扣。原因在于金融业的成本费用以人工费和场地费为主，能够抵扣的进项税额项目很少，因此，改为增值税后，金融机构可以获得的利益并不多。"营改增"目的是避免双重征税，如果税额扣除滞后，改革的初衷就会改变，需要解决好试验区内金融企业的"营改增"创新问题。

5. 加强税收执法队伍建设

加强税收执法队伍建设包括以下几个方面。

一是强化对税务干部的"法治"和"执法风险"的教育，促使税收法制观念深入人心，加强执法人员的依法行政及自觉学法、遵法、守法的意识，从而减少因工作失误或违法行政导致的风险。二是遵循依法治税，重点推进执法队伍的建设，加强执法人员的道德教育，真正做到执法为民强化执法为民的意识。三是增加税收执法人员专业和法制方面的相关培训，消除执法管理程序中可能存在的风险；此外，还要建立完整的培训机制，涉及法律、财务、计算机运用等多个方面，在一定程度上减少由于缺乏相应的能力素质而带来的执法风险。四是推出执法人员资格管理制度，严格要求，只有满足规定的条件，才能上岗，加强相关执法人员的依法治税意识，提高执法能力和水平，除此之外，执法人员还要严格遵守各项法律法规，尽职尽责,以降低人为因素可能带来的风险。

6.实体税制、程序税制和财税体制改革

第一,对于实体税制,要遵循公平价值原则。第二,对于程序税制,上海自贸试验区三大主要任务可能对现存的税收征纳机制产生抑制作用,因此需要将改革的重点放在改进涉税信息管理制度和纳税评定上的反避税制度方面,同时,完善税收救济上纳税争议的行政复议制度和行政诉讼制度等税收机制也是关键;应当在保障国家税收及时的同时,实现税收公平和切实维护纳税人的合法权益。第三,对于税收救济制度,要废除"先交纳税款或提供担保"的要求,并强化内部税收行政复议的监督,给予纳税人复查纠正的机会,以有效缓解争议。第四,对于财税体制,要做到推进整合税制结构、完善增值税税率、强化大部制改革、监控行政收费和地方开源等。

第六章

中国(上海)自由贸易试验区企业运营模式与机制创新

　　2014 年 1 月初,中国(上海)自由贸易试验区管委会研究决定,计划于当年 3 月将办公总部迁入临港地区。此次搬迁范围将包括上海自贸试验区管委会机关、所属事业单位,以及海关、检验检疫、外汇、海事等中央驻区监管部门和工商、税务、质监、公安等市政府驻区职能部门。"管委会要搬到临港去了,原来那栋楼让给入驻企业。"一石激起千层浪,引发市场诸多议论。简单地看,管委会"搬家"至临港,是搬得远了。在组成上海自贸试验区的 4 个海关特殊监管区域中,外高桥保税区是开发最早,条件最好,离市区最近的一个,与之相比,临港可用"偏远"来形容。这块位于上海东南的新兴开发区,尽管在最近十年快速发展,于一片滩涂上崛起了上海经济发展的新希望,但毕竟"资历"尚浅,"火候"未足,而且离市中心有 70 公里以上的直线距离,即使最近开通了 16 号线地铁,来回一次临港,也不是件轻松的事。"把最好的物业让给企业,把最好的空间让给市场。"是上海自贸试验区管委会搬迁至临港的最好注解。

　　因此,如何让上海自贸试验区内的企业在感受政府用意良苦的同时,把握自身发展的机遇和充分利用好"自贸试验区"平台,从企业运营的视角做一次"模式和机制"的探究无疑是有价值的一件事情。[1]

　　从新制度经济学视角来看,企业本质上是"一种资源配置的机制",其存在能够

---

[1]　在国务院新闻办 2013 年 11 月 28 日举行的中国(上海)自由贸易试验区中外记者集体采访活动上,上海市委常委、副市长、上海自贸试验区管委会主任艾宝俊表示,自贸试验区内市场主体的活跃超出预期,截至 11 月 22 日,试验区"工商一口受理"共办理新设企业 1 434 家。

实现整个社会经济资源的优化配置,降低整个社会的"交易成本"。研究企业的运营模式与机制创新,有助于社会公众从市场主体、政府监管等角度去深刻认识上海自贸试验区建设的必要性、可行性以及绩效路径。

第一节　国际化与上海自贸试验区

一、 特点之一:跳出区域,影响全国

从定义上看,从此前"上海自由贸易区"转变为"中国(上海)自由贸易试验区","中国"和"试验"四字的添加,使得其影响和政策内涵从此前单独的上海区域,覆盖到全国范围。

自由贸易区不同于保税区,其作为国际经济一体化较高级形式,常常用于国家与国家及地区间的经济合作。理论概念是,两个或两个以上的国家(包括独立关税地区)为实现相互之间的贸易自由化所进行的地区性贸易安排。这种区域性安排不仅包括在特定区域内实现货物贸易自由化,而且涉及服务贸易、投资、政府采购、知识产权保护、标准化等更多领域的相互承诺。中国建立境内自贸试验区,显然在为扩大区域经济合作做准备,这也是中国迎接全球经济再平衡后新国际经济秩序挑战的举措。近年来,全球贸易再平衡后,中国旧有出口主导增长模式遇到挑战,同时美国接受 WTO 教训,启动建立全新国际经济贸易体系,具体体现在目前美国参与之后主导并推动的两个谈判:"跨太平洋伙伴关系协议"(TPP)和"跨大西洋贸易与投资伙伴协议"(TTIP)。虽然 TPP 谈判呈开放原则,但中国至今未被邀请,因而中国在美国主导的全球经济格局重构中,处于被边缘化局面。TPP 和 TTIP 两个自由贸易区形成后,客观上会降低多边体制 WTO 的重要性,也因区域内产生"贸易创造"和"贸易转移"效应,抑制中国对亚太主要经济体和欧盟的出口。由此可见,上海自贸区试验意义巨大,这是中国面对严峻国际经济形势后作出的颇具战略眼光的选择。将上海自贸试验区放到中国全球战略框架里来实现,可能出现以下路线图:上海率先试验,接下来扩大试验区域,然后加快与单个国家的自贸区谈

判,推动中日韩自贸区形成,与欧盟探索建立中国欧盟自贸区,最后具备与美国进行 TPP 谈判的资本和条件。

二、 特点之二：跳出经济，影响管理体制

上海自贸试验区是中国新一轮"以改革促开放"大战略的重要决策。中国国际经济交流中心战略研究部张茉楠表示,中国改革开放走过了 30 多年,每十年都是一个增长长周期,第一个十年(上世纪 80 年代)是要素红利期,第二个十年(上世纪 90 年代)是制度红利期,第三个十年(本世纪初十年)是全球化红利期。而今,以上海自贸试验区为代表的改革开放新战略已经启动,这势必让中国获得新的增长红利、改革红利和全球化红利。

目前,中国建立了 6 种类似的经济特区,包括保税区、保税物流区、保税港区等,上海自贸试验区是国家建设的第一个真正意义上的自由贸易试验区。理论界将其视为与 1979 年建立深圳特区、2001 年加入 WTO 同等级别的重大改革举措。

三、 特点之三：跳出中国，影响全球

此时,国家推出上海自贸试验区《总体方案》到底有什么深远的意义？事实上,就大趋势而言,中国以要素红利为主导特征的第一轮"全球化红利"将趋于结束,迫切需要开启第二轮"全球化红利"。第二轮"全球化红利"有别于依托低要素成本参与国际分工所获得的第一轮"全球化红利",它的背景在于:通过构建新全球价值链和庞大的内需市场,吸收国外高级生产要素,如技术、人力资本等来推动中国经济升级,而上海自贸试验区战略就肩负着这样的使命。

从第二轮"全球化红利"获得的视角,上海自贸试验区所承载的使命体现在:首先,上海自贸试验区需要担当构建国家价值链,提升加工贸易参与国际分工的水平的重要使命。以上海为代表的长三角是中国出口贸易的龙头之一,由于我国加工贸易的零部件和原材料过度依赖进口,形成了研发和营销"两头在外"的模式,再加上加工贸易国内价值链过短,对配套产业的带动作用不足,因此,需要进一步调整

加工贸易的方式结构，加快构建国内价值链，特别是如何积极参与加工贸易的企业应加强自身优势的培育，带动跨国公司将更多的设计、生产、流通和服务环节放在中国，优化母子公司之间的分工关系，促使加工贸易由单纯生产向综合服务和全球运营方向转型。按照"十二五"规划延长产业链，提高增值含量的要求，在促进内外资加工贸易协调发展的同时，加强加工贸易产业分类评估，明确细化禁止、限制类产业目录建立准入退出机制，通过财税、金融、品牌认证等手段加大引导力度，积极培育核心竞争力。

另一方面，近十年来，随着中国市场在全球影响力的持续提升，越来越多的跨国公司希望在上海设立亚太区总部甚至全球事业部总部、全球性研发中心。上海在吸引跨国公司地区总部集聚方面，正处于历史性的战略机遇期。尤其是金融危机以后，扩大内需政策将进一步激发中国国内市场增长潜能，而逐步提高的劳动力素质和相对完备的配套能力为吸收高附加值、高技术含量外商投资创造了发展条件，跨国公司将全球战略重心从欧美市场向以中国为核心的亚太区新兴市场转移的趋势日益明显，这带来了整个价值链的转移。例如，截止到 2012 年 9 月底，上海已累计吸引跨国公司地区总部达 393 家，成为中国内地跨国公司地区总部最集中的城市，无疑，上海自贸试验区将肩负着如何进一步吸引全球高级要素向中国集聚的"洼地"角色。

四、 特点之四：跳出框架，影响创新

上海自贸试验区战略不仅是国内新一轮改革的迫切要求，也是后金融危机时代新一轮全球化的倒逼使然。从当前国际大环境看，不同贸易体系下的谈判内容更加侧重贸易与投资并重、服务贸易和投资协定相关联。尤其是 TISA（国际服务贸易协定）、TPP、TTIP 谈判加速推进。更高标准的国际自由贸易协定在框架、内容、要义等方面提出了较为严格的要求与规定。例如，大多数 TISA 谈判参与方在金融、证券、法律服务等领域已没有外资持股比例或经营范围限制。相比而言，中国这些领域的政策仍停留在传统的 WTO 多边贸易框架体制下，银行、证券、保险、电信等行业在上一轮加入 WTO 谈判时仍保留有限制外资准入的措施，缺乏参与

TISA 谈判的基本条件。TPP、TTIP 谈判更是由于国际政治等原因，使中国面临被边缘化。

问题是，一旦 TPP、TTIP 自贸区谈判达成，将在很大程度上改变世界贸易规则、标准和格局，挑战现有贸易规则体系。美欧等发达国家将会在知识产权、劳工标准等方面制定新的规则，这无疑提高了非自贸区成员国的"进入门槛"；另一方面，由于自贸区具有对内开放、对外限制的特征，因此，会对区外经济体构成更高的壁垒而产生贸易转移的效果，而这也意味着中国贸易、投资等的国际竞争压力增加。

鉴于以上原因，从国家层面推动上海自贸试验区的建设显然更具全球化视角、更具创新意识。理由在于：一方面，中国正在准备积极参与全球自贸区谈判，推动中国全方位的自贸区战略，在一定的程度上保障未来的中国全球化利益。另一方面，上海在贸易、金融、投资、航运、港口、关税、"负面清单"、离岸市场等领域的改革，以及加快服务业开放、加快政府职能转变，建立与市场经济相适应的监管等重点制度性创新，正是中国政府欲借推动国内自贸区建设为契机，倒逼国内市场化改革，推动中国与新一轮全球规则体系接轨的战略考量。

第二节　自贸区环境中企业运营模式设计

一、运营模式的种类

从不同的视角对企业的运营模式的分类会得到不同的结果。我们结合国际趋势和自贸区企业的一般化①，采用孙永波教授所分析的 8 种服务型企业的企业运营模式进行分类。

1. 直接出口运营模式

直接出口主要发生在产业市场。对高价值设备提供维护的服务型企业通常采

---

① 上海自贸试验区内原有各类企业 3 000 多家，截至 2014 年 2 月新增企业 2 000 多家，其中贸易服务类企业约占 70%。其余为物流服务、制造、金融等类型企业。因此，采用下面的分类有相应的根据。

用这种方式出口。例如，我国浙江的某些电器企业，无论国外客户何时需要，它们都可以把提供服务所需的资源和系统移到客户所在国。另外，一些咨询公司也采取类似做法。

2. 系统出口运营模式

系统出口是由提供互补性解决方案的两家或多家企业联合进行的出口，一家服务型企业可以支持一般商品出口企业或者另一家服务型企业。例如，广告公司和银行基于其客户在国际市场的活动而拓展到国外，而美国的花旗银行把业务拓展到中国。

3. 合资经营的运营模式

采取合资经营的进入模式，一方面可以减少企业资金的投入，弥补企业国际市场经验不足的缺陷，另一方面，通过合资经营的方式，企业可以吸收和利用合作伙伴的资源优势，如管理技术、市场信誉、营销技能和客户关系等。另外，东道国政府对独资进入模式往往有较严格的限制，特别是发展中国家在许多服务领域严格限制外商独资企业的进入，在合资的情况下，基本上能够克服这类约束。

4. 电子营销运营模式

当今随着电子商务技术的飞速发展，服务型企业对当地经营的依赖程度越来越低，互联网为企业提供了宣传推广产品和网上销售的途径，同时也提供了一种收集国际市场有关购买习惯和模式的资料渠道，企业还可以通过网络伙伴安排传递与支付。在欧洲，音像制品和保健器械往往通过卫星电视来销售。

5. 企业集群或战略联盟的拓展运营模式

对于中小服务型企业来说，出于规模的限制，国际市场开拓能力有限，风险抵御能力不强，因此在国际化道路中，中小服务型企业积极开展企业集群式发展也是有效途径之一。企业集群能比零星分散的企业提供更多增值，更具有国际市场导向，更能适应东道国的政治经济环境，更具有国际谈判的话语权。例如，美国在中国香港就有金融业群，汇集来自美国众多的中小金融服务企业。另外，中小服务型企业还可以通过与大型企业采取战略联盟的方式进入国际市场并谋求发展。这样，就克服了企业规模小，实力弱的劣势，通过借助其他公司的力量，打开国际市场的大门。

6. 进口顾客运营模式

进口顾客方式又称为"本国服务出口战略"，是指国外顾客旅行到服务提供者所在地接受服务。它是地域性极强的单场所服务企业国际化必须采取的方式，以这种方式出口的服务有旅游、教育、医疗保健、娱乐、修船、仓储及物流配送、机场联运服务等。顾客之所以会旅行到服务提供国去消费这种服务，是因为特定国家的服务产品与本国或其他国家相比，即使把旅行费用考虑在内，仍然具有品质差异性或者成本更低的优势。例如，日益兴盛的全球旅游、美英等国的教育服务对国外学生的强大吸引力就说明了这一点。

7. 契约运营模式

服务企业从国际市场获益的方式主要是海外生产。服务企业可以采取两种不同的投资方式来实现从海外生产中获利的目标：一是将无形资产（如专利、技术、诀窍、管理、品牌等）投入国外企业，自己并不拥有国外企业的所有权，通过收取许可费来获益，称为契约进入模式。对于产品或经营模式具有标准化特点的服务企业，契约进入模式的应用非常普遍。

8. 直接投资运营模式

服务企业进行海外生产的主要方式就是进行直接投资，将无形资产、有形资产以及产品投入，即将企业的生产经营活动转移到国外市场、科学合理地配置生产要素，有效控制海外企业的生产经营，并通过商品销售获得收益。显然直接投资的收益不仅来自销售环节，而且可以来自生产环节，来自对生产的科学组织和对海外资源的有效整合和利用。投资进入模式反映了企业通过在国外的投资活动参与国际竞争的过程。直接投资有两种基本方式：一种是指投资者在东道国新设企业，又称绿地投资；另一种是并购投资，是兼并与收购的合称。

二、 企业运营模式的选择

但从以往的特区设立的历史经验来看，投资者们追逐利益，炒作概念等现象成了某个特区设立后的一个常态。然而，上海自贸试验区正在做的是在先行先试的要求下打造高标准的制度环境，这就告诉了企业在进驻前必须思考三个问题：一是本企业是否需要进驻上海自贸试验区？二是本企业是否有能力抓住试验区所带来的机会？三是本企业的在试验区的经营模式该如何选择？

通过前面的分析介绍，不难发现各种运营模式的特点。这些特点就是企业选择模式的依据。因为不同的运营模式意味着所需资源的不同、对国际市场经营控制程度的不同以及相应的国际市场风险的不同。这里主要通过对前述的 8 种重要的运营模式进行分析，来考察服务企业运营模式选择的影响因素以及这些因素的作用路径，以供企业在模式选择时作参考。表 6.1 列出了 8 种运营模式特性的比较。

表 6.1　几种运营模式的比较

运营模式	控制程度	成本	分散风险的能力	回报
契约运营模式	弱	低	高	低
直接出口运营模式	弱	低	低	低
系统出口运营模式	中等	低	低	低
企业集群或战略联盟的拓展运营模式	中等	低	高	中等
电子营销运营模式	中等	低	中等	中等
进口顾客运营模式	中等	低	中等	高
合资经营运营模式	强	中等	中等	中等
直接投资运营模式	强	高	低	高

如表 6.1 所示，每种运营模式都伴随着一定程度的投资风险、资源投入和对海外机构的控制。决策理论告诉我们，企业在选择运营模式时往往会选择具有较高的投资回报率的进入模式，也就是说评估运营模式的基本标准是每种模式对海外机构的控制程度或者是海外市场的参与程度，而控制程度也是决定风险和回报最为重要的一个因素。

如果企业要求更高的控制程度，就需要投入更多的资源；而资源投入的越多，企业的投资风险就越高，花费在规避风险上的成本也就越高。因而在选择进入模式时，一般假定企业希望控制程度越高越好，而投入的资源和风险则越低越好。但是这二者大多数情况下都是矛盾的，因此在选择运营模式时，需要结合企业长远利益和现实环境影响(特别是资源的利用和可获取性大小)权衡利弊,寻找二者合理的结合点。

第三节　上海自贸试验区企业运营机制定位与创新

一、企业可选择的机制类别与路径

1. 分类标准

一般认为,从不同的认识角度出发,可按不同的标准对经营机制进行分类。包括(1)按管理内容划分;(2)按所有制性质划分;(3)按企业经营方式划分;(4)按系统论要求划分;(5)按机制综合作用的特点进行划分;(6)按宏观微观的调控程度划分;(7)按机制的内涵进行的划分。

2. 构成

经营机制包括以下几种理论:

(1)二机制说,认为经营机制从静态看,反映了机制形成的多元性,包括机制主体和机制客体。商品可供量是机制的本质客体,经营水平是机制的重要客体。经营机制从动态看,反映了它的运行机制合理性,包活以下三个结构:动力结构、信息结构和决策结构,这三个结构的不同组合,构成了不同条件下的运行机制。

(2)三机制说,认为经营机制包括运行机制、激励机制、约束机制。也有学者认为是动力机制、协调机制、约束机制的结合。

(3)四机制说,认为经营机制包括决策机制、动力机制、调节机制、约束机制、也有学者认为是决策机制、动力机制、发展机制、运行机制。

(4)五机制说,认为经营机制包括自主经营机制、市场竞争机制、内在动力机制、运行调节机制,行为约束机制,也有学者认为是目标形成机制、投入产出机制、要素组合机制、成果分享机制、行为约束机制。

(5)八机制说,认为经营机制是组成企业的各个要素独立功能的发挥,包括了投资导向机制、价格机制、成本机制、利润机制、竞争机制、分配机制、风险机制、约束机制。

(6) 机制群说，认为机制反映了不同经营层次和经营系统要求，故应是群体，既运转机制群，包括商品购销运储所要求的投入、转换、产出三个机制；监控机制群，包括计划、组织、指挥、控制所要求的责任、权力、利益三个机制；动力机制群，包括素质、动机、情绪、态度所要求的完善、激励、集聚三个机制。

3. 选择

由于自贸区的企业目前其主要群体的运营领域是围绕着商品或服务贸易的各种活动，因此，对运营机制的选择应该立足于企业资源的使用或利用的可能性与程度。这个过程必须考虑到单体资源与系统资源的吻合性，即期资源与长期资源的匹配度，企业资源与环境资源(如政策资源)的适应性等等，从而让机制与模式的联动性达到最优。

4. 获取

企业的运营机制通过企业的能力得以表现。能力的演化是量变到质变的过程，是组织对环境变化适应性的程度表示，作为经验的函数，能够反映出应对环境变化的及时性和适合度。由于能力具备相对的稳定以及客观存在的惰性，因此，能力获取的渠道是唯一性的——即通过独特的专门化训练，使之形成一种惯性反应的行为。

一个企业的能力主要是指专门化训练之后的企业发现机遇、抓住机遇并获取利润所需要的资源配置和活动安排的预知性、可用性、可得性。专门化训练主要包括如下要素：员工与企业文化，组织和文化，经营技能，营销/销售，领导/管理力，企业发展/革新力，基础设施/资产的使用效率。企业的能力当然也可以进一步划分为针对经营流程的经营创新能力，针对管理流程的管理和学习能力以及激励团队的领导能力。

二、 运营机制的构成与具有的特性

合理界定企业的经营机制构成，至少应遵循如下三条原则：第一，针对性原则。经营机制构成应反映企业经营的实质，即针对生产什么、如何生产、为谁生产等问题构筑经营机制结构。第二，内容完整、层次清晰原则。经营机制应涵盖企业经营的全过程，既要考虑企业内部管理，又要兼顾企业环境相适应，而不是有所偏废——不应将不同层次的经营机制平列混合在一起。第三,关系明确原则。由于不同类型的经营机制各有其特定的功能,故企业管理层要清晰经营机制间彼此的内在联系和作用关系。

根据上述三条原则和我们对"经营"及'"经营机制"的理解,认为构成企业经营机制的机制体系可以归为两类机制:实体类机制、关联类机制。其中,实体类机制可视做企业经营机制的基础,集中反映企业经营要素能量流的运动,正面触及企业经营的核心,重在揭示生产什么、如何生产、为谁生产的机理或原理。其对象多为那些看得见、摸得着的有形实体——由目标机制、经营要素组合机制、经营运转机制构成,它们之间紧密联系,形成前后关联一致的有序体系,以此构成经营机制的'"躯体"并藉此反映企业经营的运作方式(模式)。

关联类机制则是建立在实体类机制基础上的促控机制,它依附于实体机制,通过无形的信息传递和反馈来反映实体类机制运作的状况,根据企业内外条件的变化情况来调节实体类机制的运行,它通过管理中心,对实体类机制起到加速或减缓运行的作用。因此,它应该由激励机制、约束机制和责权利机制构成,成为经营机制的'"神经"。应该指出,上述各经营机制不宜进一步细化,例如将约束机制分为风险约束、预算约束、法律约束、社会约束等机制。因为按照层次的划分要求,这些均属次一级的经营机制,不可与上一级机制并列。

我们认为,实体类机制与关联类机制的协调一致,将会共同促进企业"有机体"的高效运转。上述经营机制的构成可用图 6.1 表示。

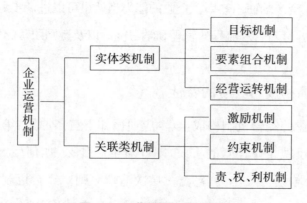

图 6.1 经营机制构成示意图

总括地说，企业运营机制有如下三个特点：

第一，客观性。经营机制的客观性特点有两个涵义。其一，经营机制本身作为事物是客观存在的。可以说，只要存在微观经济主体的经营活动，就一定有与之相对应的经营机制存在。因为任何微观经济主体的经营活动，必须要进行各种生产要素的筹集，投入并通过必要的经营环节，实现从要素到产品，再到商品的转变。所有这些活动都必然有其内在的基础和运行逻辑，必然遵循一定的机理或原理。其二，经营机制运行的结果是客观的。经营机制在运作的过程中必然产生一定的后果，譬如，不同的要素组合机制产生不同的后果，如果经营不计成本，一味地追求数量或产值最大化，企业在进行经营要素投入时必然不考虑消耗的多少，尽可能用多投入的办法，实现多产出的目标；如果企业经营的目的是追求最大的经济效益，那么，企业在进行要素投入时，就必然会考虑要素间的替代以及边际效益与边际消耗，按"帕累托"法则实现资源的优化组合。

第二，关联性。企业经营机制体系中的各分机制是个整体，它们相互协调、相互适应、相互约束，一旦其一个机制发生变化，势必引起其他机制发生相应的变化。譬如，目标机制由追求最大化数量转追求最大经济效益，必然引起要素组合机制由要素消耗型转变为边际替代型，相应地会引起经营过程运转机制由内向型转变为外向型，由此，相关联的激励机制、约束机制、责权利机制等都将随之产生质的变化。

第三，相对稳定性。企业经营机制一旦形成，必须具有相对长期的稳定性，只要企业经营环境及企业内部的生产技术未发生质的变化，已经形成了的经营机制就会持续发挥作用，譬如，在市场经济条件下，企业形成了市场导向型经营机制，这种经营机制一旦形成，它就不会因为诸如市场供求、价格等的变动而改变其经营机制的实质。恰恰相反，企业会充分发挥其经营机制的优势来适应这种变化。

所以，上海自贸试验区内的企业应该以"反思"的胸怀、"战略"的思维、"定位"的视角对企业的经营机制做出选择。特别要重视的是，机制的选择没有最好，只有适合——只要是符合企业资源利用和开发最大化要求的机制，就是更好的机制。

三、 上海自贸试验区企业运营机制创新

创新不仅是事物的生命线,在复杂多变企业经营环境下,企业经营活动过程中的创新同样是保持其生命力延续的有效途径和根本路径。显而易见,入驻上海自贸试验区的企业有着独特的企业经营环境,谁能结合环境和自身运营要求,持续对其机制创新,谁就能赢得自贸区所带来的机遇。

需要指出的是,创新并不是一件遥不可及的事情,下面是一个制造企业的案例。2001年前后,生产电池的南孚公司客服常接到投诉,电池使用中常常出问题。经过调研和检查后证实,实际是用户买了劣质玩具,把电池负极扎破所致。为此,南孚做了微创新——在电池底部加了个绝缘垫圈,从根本上解决了这一问题,赢得好评如潮。2003年,产品做了升级,取名"聚能环",并在央视打出广告:"好电池有个圈"。现在,南孚电池赢得了高达75%的市场占有率。这个案例说明,只要善于发现问题,有解决问题的意愿,总能找到解决问题的办法——微创新,是一个所有企业都可以活动的舞台。

下面将主要从投融资、人才、知识学习等企业重要经营活动来讨论上海自贸试验区内企业的机制创新。

1.投融资机制创新

上海自贸试验区正在努力创造区内投融资的资金来源多样化、投融资方式灵活化、投融资平台多层化的投融资体制,大力推进证券化、股权化、资本化、国际化的融资渠道创新,优化融资结构融资能级。这些未来越加完善的企业投融资平台可以成为企业运营中的机制创新来源。

自上海自贸试验区成立以来,融资租赁得到了迅速发展。这是因为,融资租赁是集融资与融物、贸易与技术服务于一体的现代交易方式,全球近三分之一的投资是通过融资租赁方式完成的,所以,融资租赁成为了与银行、保险、信托、证券等同的世界金融市场五大支柱之一。但融资租赁引入我国的时间尚短,发展还不够充分,这就为企业利用融资租赁政策开发有利于企业自身发展的机制——如经营范围选择、融资租赁服务能级提供了前提条件。根据上海自贸试验区《总体方案》,服

务贸易扩大开放的其中一条措施就是"允许融资租赁公司兼营与主营业务有关的商业保理业务"。目前,试验区内已有 18 户外商投资融资租赁企业办理了工商变更手续,增加了"兼营商业保理"的经营范围。

其次,上海自贸试验区试行注册资本认缴制,充分体现市场准入"宽进"理念。凡是在试验区注册的融资租赁企业,都能享受注册资本认缴制,这一改革举措有效增强了资本的流动性,有利于降低公司准入门槛,激发出企业的发展活力——截至 2014 年 1 月底,上海自贸试验区共新设外商投资融资租赁企业 38 家,占上海全市同期新设融资租赁企业总数的 81%。因此,区内企业可以利用这一平台,建议适应的资金使用机制,充分使用时间差,降低经营成本。

2. 人才机制创新

人才是企业运营的核心要素。人才机制创新是一项复杂、艰巨、系统的工程。企业的人才机制主要包括人才引进机制、人才培养机制、人才使用机制、收入分配机制、淘汰机制等。科学有效的企业人才机制是由多个子机制组成的综合性人才体系。正因为如此,只有科学化的制度建设以及人才战略才能保障和促进企业人才的稳定性及竞争性,最终促进企业管理能力、综合竞争力的提高。而由于企业的环境要素以及自身资源禀赋不一样,企业在进行自身各项管理提升的过程中,也就存在了人才机制的建设与实施的可能性;企业可以借助人才机制的创新,吸引到更多的优秀人才,加快企业发展。上海自贸试验区涵盖了不同类型的企业,每个企业对待人才的认识各不相同;但其人才机制创新一定是在大的人才政策环境下进行的。

上海对外经贸大学校长孙海鸣认为,上海自贸试验区将对两类人才产生巨大需求:一是跨国公司主导的供应链管理模式下贸易及与贸易相关的服务业对国际经贸类专业型人才的大量需求;二是上海自贸试验区体制创新催生出的对了解跨国公司业务、熟悉国际规则的高级综合性人才的大量需求。根据这两类人才需求的趋势性判断,我们认为,上海自贸试验区与区内企业的人才创新机制主要体现在以下方面:

(1) 企业与政府合作,在试验区人力资源服务平台之上,寻找适合企业的各类人才。也就是进一步探索建立"政府牵头、企业投资、市场运作"的人力资源服务平台。依托该平台,建立"一窗口、一网络、一体系"。

"一窗口"即人力资源服务窗口,完善公共人力资源服务功能,探索实行属地化管理,区内企业、各类人才可直接在试验区公共人力资源服务窗口办理各项公共服务项目;同时完善市场化人力资源服务体系,形成区内人才招聘为核心的多渠道、全方位的产品体系和综合服务窗口。

"一网络"即试验区人才网络系统。建立试验区人才数据库,通过统筹、管理、归档,趋势分析,了解人才发展现状、特点和趋势,为试验区人才队伍建设提供基础依据;建立试验区人才需求指数——通过对试验区企业的产业人才供应、需求、薪酬等的统计与分析,定期发布试验区人才需求报告,在一个更大、更厚实的基础上打造试验区在线人才服务网络,形成覆盖居住证、社会保险、档案管理、人才培训、人才招聘、人才测评等服务产品,实现公共人才资源服务的线上线下联动的市场。

"一体系"即试验区人力资源培训体系。企业人才的能力是经过训练得到的,所以,什么样的训练水平,就会获得什么样的人才结构。试验区人力资源服务平台通过"菜单设计"提供的方式,满足区内企业的初、中、高级人才培训需求。一是对区内高级管理人才开展定期活动交流,对他们的战略策划、团队领导、协调沟通、经营运作等能力进行综合性提升。二是根据各产业发展的不同特点进行职业技能培训,提升企业员工技能与技术水平,从基础着手全方位提升试验区整体人才素质水平。三是实行产学研一体化教学探索,根据试验区新增长的产业特色特点,定点培养具有开拓创新精神的专门人才。

上述平台可以极大地综合区内企业需要的各类人才供企业选择和调剂,不仅增强了政府对人才的监管等服务功能,同时降低了企业选择人才的成本。

(2) 在政府管理层面落实并完善特殊人员就业许可和居住证审批工作。在目前就业与居住的管理体制条件下,为建立上海自贸试验区人力资源服务体系,促进试验区对外开放和产业发展,应该在现有的特殊人员就业许可和居住证政策等行政审批事项下放的前提下,试验区内企业应该着手企业层面的人才引进、人才居住证、外国人就业证等制度落实的内部管理制度的设建工作,以保证人才引进前后工作的顺利进行。

(3) 深化探索出入境便利化政策。根据企业投资额实际到位情况,在口岸落地签证、长期居留许可、延长签证等方面给予投资者出入境便利,可以建立一年多次的商务签注便利,为试验区吸引海外人才营造更为方便、快捷、高效的出入境服务环境。

(4) 完善人力资源配套设施。继续建立人才公寓,对于区内引进的高级管理人才、技术人才、白领等,根据其贡献程度,鼓励企业给予一定的住房补贴(即这部分支出可以抵扣相关的税收),加大人才吸引力度。同时还要不断完善区内生活服务设施,加强区内公共环境建设,营造宜居宜业的生活、工作环境。

3. 知识学习机制创新

企业持续学习机制是企业对持续学习活动进行管理所作的一种综合安排,它从企业的战略、组织结构、文化、激励等要素出发,满足并达到能够激发、推动促进组织持续学习的最本质的内在联系的表述。在自贸区独特的竞争环境下,企业只有建立起有效的持续学习机制,才能保持良好的企业持续创新的势头,才能确保企业赢得持续的竞争优势。有效的企业持续学习机制要求企业具有鲜明的企业文化,宽松的文化环境;要求企业内各成员、各部门之间能进行顺畅的沟通,知识能得到共享;要求企业在战略、组织结构等方面对企业持续学习提供有力的支持;要求企业为学习活动提供持续不断的激励等等。在这个运营机制的营造和建设过程中,企业领导人具有十分关键的作用——企业家的学习理念和态度,决定了企业的知识学习机制的最终效果。所以,企业的领导人必须发挥其环境洞察能力、变革更新能力来推动企业组织学习。

上海自贸试验区志在打造高标准的营商环境,那些用老思维来看待自贸区建设的企业注定会失望。企业所处市场和行业环境日趋复杂、动态与不确定性企业之间竞争也日趋激烈,企业在原有稳态环境中建立的优势会被不断侵蚀,以往市场环境中形成的静态均衡会不断被打破。为此,企业需要以重构的形态建立动态的市场能力体系——这就需要有动态的知识学习创新机制。

4. 沟通机制的创新

与企业环境各主体间的有效沟通,是企业基础能力的表现。企业不仅要最大化地利用传统的沟通渠道，更要充分利用现代化的新渠道。特别是当移动互联网带给消费者充分享用方便的同时，也为企业利用移动互联网实施与客户间点对点、针对性极强的有效沟通提供了机会。据一项调查显示，某特大型城市的电视收视率在 2010 年为 70％，而到了 2013 年仅为 17％；一个智能手机用户的平均低头次数为 200 次/天。所以，试验区内企业要学会在互联网时代与客户沟通交流的新技能，并以此创新出符合企业资源特性的沟通机制。

综上所述，上海自贸试验区企业只有以满足顾客需求为努力目标，不断提高环境洞察能力和快速反应能力，才能动态地适应复杂变化的环境，保持企业运营模式的相对稳定和持续有效。

第七章

中国(上海)自由贸易试验区贸易
便利化评价体系构建[*]

　　《中国(上海)自由贸易试验区总体方案》明确指出,"试验区经过两至三年的改革试验,要力争建设成为具有国际水准的投资贸易便利、货币兑换自由、监管高效便捷、法制环境规范的自由贸易试验区,为我国扩大开放和深化改革探索新思路和新途径,更好地为全国服务"。可见,不断改善和提升贸易便利化水平,是上海自贸试验区建设的重要任务之一,如何构建一套既符合国际通行惯例和国际标准,同时又具有试验区发展特色的贸易便利化评价体系是关键。

　　本章通过借鉴世界经济论坛(WEF)每年定期发布的《全球贸易促进报告》(The Global Enabling Trade Report)中关于贸易便利化指数的指标设计和评价方法,结合国家对上海自贸试验区发展的战略定位,以及区内企业商业模式运作对贸易便利化的需求,设计了一套适合上海自贸试验区的贸易便利化评价指标体系,并结合专家评价,采用 AHP 方法对各指标的权重进行了设置。

第一节　WEF 关于贸易便利化的指标设计——基于国家层面

　　世界经济论坛(WEF)每年出版的《全球贸易促进报告》中所统计的贸易便利

---

*　本章内容是彭羽副研究员主持的上海市政府决策咨询重点研究项目"上海综合保税区贸易便利化指数编制"(2012-GZ-03)的部分内容,并获得"上海市 085 工程—上海对外经贸大学中国(上海)自由贸易试验区专题研究项目——上海自贸区贸易便利化措施研究"的资助。

化指数,较全面地反映了一国贸易便利化的程度。该指数包含四个子指数:市场准入子指数,衡量一个国家接纳国外商品进入本国以及准许出口商进入国外市场的政策;边境管理子指数,衡量边境管理当局对商品进口与出口管理的便利程度;运输和通信基础设施子指数,考察一个国家是否具有必备的、促进商品在国内和国家间自由流通的运输和通信基础设施;商业环境子指数,衡量的是政府管治的质量以及当局调控和影响该国进出口的规范与保障环境。

上述四个分类子指数中的每一个都依次由一些贸易便利支柱组成,一共有9个,分别是:国内和外国市场准入;海关行政效率;进出口程序效率;边境管理的透明度;运输基础设施的可用性和质量;运输服务的可得性和质量;信息通信技术的可用性和使用;监管环境;人身安全等。9个支柱下共47个具体评价指标,如图7.1和表7.1所示(具体评价指标及方法请参见附录)。

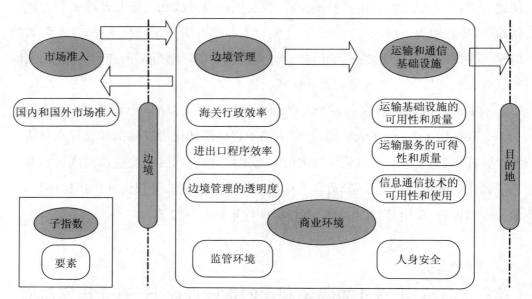

图 7.1　WEF 关于贸易便利化指数的评价框架

一、 子指数 1：市场准入——国内外参与竞争

市场准入指数包括国内和国外市场准入两个子指数,衡量一个经济体的市场保护水平,贸易制度的质量以及一国的出口商在它的目标市场所面临的保护水平。

表 7.1 WEF贸易便利化指数的具体评价指标

子指数 A：市场准入	子指数 B：边境管理			子指数 C：运输和通信基础设施			子指数 D：商业环境	
支柱 1：国内和国外市场准入	支柱 2：海关行政效率	支柱 3：进出口程序效率	支柱 4：边境管理的透明度	支柱 5：运输基础设施的可用性和质量	支柱 6：运输服务的可得性和质量	支柱 7：信息通信技术的可用性和使用	支柱 8：监管环境	支柱 9：人身安全
A. 国内市场准入 1.01 关税率* 1.02 非关税措施* 1.03 关税复杂度* 关税离散度* 关税高峰* 特殊关税* 不同关税的数目* 1.04 免税进口份额* B. 国外市场准入 1.05 表面关税* 1.06 目标市场的优惠幅度*	2.01 海关手续的负担* 2.02 海关服务指数*	3.01 清关程序的效率 3.02 进口时间* 3.03 进口文件* 3.04 进口成本* 3.05 出口时间* 3.06 出口文件* 3.07 出口成本*	4.01 进出口非常规付款 4.02 清廉指数*	A. 运输基础设施的可用性 5.01 机场密度* 5.02 转运连接指数* 5.03 辅设的道路 B. 运输基础设施的质量 5.04 航空运输基础设施的质量 5.05 铁路基础设施的质量 5.06 道路质量 5.07 港口基础设施的质量	6.01 班轮运输相关指数* 6.02 船运的便利性和可得性* 6.03 物流的竞争力 6.04 跟踪和追查能力 6.05 船运到达目的地的及时性 6.06 邮政服务效率 6.07 贸易总协定在运输部门的规则*	7.01 商业网络使用范围 7.02 移动电话用户* 7.03 宽带互联网用户* 7.04 互联网用户（硬用数据） 7.05 固定电话线 7.06 政府在线服务指数*	8.01 产权 8.02 道德和腐败 8.03 负面影响政府效率 8.04 国内竞争 8.05 金融市场对外开放的效率 8.06 对外开放程度 8.07 雇用外籍劳工的便利 外资所有权的普遍度 FDI对商业规则的影响 对多边贸易规则的开放 8.08 贸易融资的可得性	9.01 警方服务的可靠性 9.02 暴力的犯罪和商业成本 9.03 恐怖主义的商业成本

注：带*号的表示硬指标。

国内市场准入指数不仅包括一国对所有进口商品实施的关税和非关税措施,也包含了免税进口品的份额、关税方差、关税高峰的频率、不同关税的数量以及特定关税的份额。国外市场准入的考虑因素包括该国目标市场的关税率和优惠幅度。本指数着眼于从关税与非关税壁垒措施的角度,来分析一国在市场准入方面的贸易便利化程度。

二、 子指数 2：边境管理——海关与货物流通

一国的海关管理机构是商品进出口必经程序的一个关键节点。边境管理代表的是各国对贸易的设卡程度及规则透明度。边境管理这一指标主要衡量以下三个因素:海关行政效率、进出口程序效率以及边境管理的透明度。海关行政效率衡量私营部门认为的海关手续的效率以及由海关当局和相关机构提供的服务的程度。进出口程序效率衡量了海关以及相关边境管制机构许可程序的有效性和效率、进出口货物所需的天数和文件数以及进出口的总官方成本,其中不含关税和贸易税。此外,鉴于贿赂会给贸易带来重大阻碍,边境管理的透明度支柱评估了进出口相关的贿赂或无证额外支出的普遍性,以及各国整体感知到的腐败程度。

三、 子指数 3：基础设施——物流运输、通信

该指标是对货物贸易的载体与通信工具进行衡量。贸易离不开物流运输基础设施的支持,而信息通信技术的存在极大地便利化了贸易流程。本指标的衡量包括三个因素:运输基础设施的可用性和质量、运输服务的可得性和质量以及信息通信技术的可用性和使用。运输基础设施是通过机场密度、公路里程、海陆空港的建设来衡量的。运输服务则是基建设施的质量、物流竞争力服务效率的集中体现。信息通信技术主要通过固定电话网、移动电话网、宽带互联网的覆盖情况和服务质量等指标来衡量。

四、 子指数 4：商业环境——政府监管与稳定

该指标是对政府在贸易中的作为进行评估，主要衡量政府监管环境以及整体社会的稳定程度。监管环境支柱评估了经济体的监管环境在多大程度上有助于贸易，关注的是政府在产权、道德和腐败、负面影响、政府效率、国内竞争、金融市场的效率、对外开放程度、贸易融资的可得性等。此外，人身安全环境也非常重要，该指标将一国政治环境稳定因素考虑在内，同时警方服务、暴力犯罪以及恐怖主义的影响也被计算在内。

第二节　中国与主要国家/地区贸易便利化指数的比较

一、 中国与主要国家/地区贸易便利化总指数得分的比较

从 2012 年世界各国（地区）贸易便利化指数的表现来看，中国内地的贸易便利化水平与中国香港、新加坡相比差距甚大。中国内地与新加坡的得分差距为 1.92，与中国香港的得分差距为 1.45。故在指数整体表现上看，中国内地在贸易便利化上还有很大的提升空间。

表 7.2　中国内地与主要国家/地区贸易便利化总指数得分的比较

国家（地区）	2012 年贸易便利化总指数	排名	2010 年贸易便利化总指数	排名
新加坡	6.14	1	6.13	1
中国香港	5.67	2	5.67	2
日本	5.08	18	4.94	23
美国	4.9	23	5.02	21
中国内地	4.22	56	4.29	57
巴西	3.79	84	3.83	54
印度	3.55	100	3.74	92

资料来源：根据 WEF，"The Global Enabling Trade report 2012"；"The Global Enabling Trade report 2010"相关信息整理。

表 7.2 中,我们使用排名的变化率来表示近两年来各国 (地区) 的贸易便利化进步程度。从金砖四国来看,与 2010 年相比,2012 年中国的世界排名上升 1 位,排名第 56 位;而印度的 2012 年排名则下降 8 位,巴西更是下降了 30 位。

二、 中国与主要国家/地区贸易便利化分项指数得分的比较

1. 市场准入分项指数的得分比较

表 7.3 中,可以看出在市场准入指标方面,中国内地的表现在这七个国家 (地区) 中并不尽如人意,市场准入指标得分位列倒数第二,在该七个国家 (地区) 中仅超过印度。但是在国内市场准入方面明显不及日本、美国等大国,在国外市场准入方面甚至不如同为金砖四国的印度。

表 7.3　中国内地与主要国家/地区市场准入分项指数得分的比较

国家 (地区)	市场准入	排名	国内市场准入	排名	国外市场准入	排名
新加坡	6.2	1	6.97	2	4.67	11
中国香港	5.08	10	7.00	1	1.24	130
日　　本	3.79	98	5.16	30	1.05	132
美　　国	4.02	60	5.18	29	1.70	125
中国内地	3.55	108	4.26	97	2.13	92
印　　度	2.60	130	2.77	130	2.27	88
巴　　西	3.64	104	4.05	101	2.82	68

资料来源:WEF,"The Global Enabling Trade report 2012"。

2. 边境管理分项指数的得分比较

从边境管理子指数来看,中国内地得分为 4.4 分,在全球的排名为第 45 位,低于新加坡 (第 1 位)、中国香港 (第 4 位)、日本 (第 8 位)、英国 (第 14 位)、美国 (第 20 位)。在海关手续的负担、海关服务指数、清关程序的效率、进口时间、进口文件、进口成本、出口时间、出口文件、出口成本、进出口非常规付款、清廉指数等分项指标的得分中,中国内地也明显低于其他国家和地区 (见表 7.4)。

表7.4　中国内地与主要国家/地区边境管理分项指数得分的比较

国家（地区）	新加坡	中国香港	中国内地	美国	日本	英国
指　　　数	排名（得分）	排名（得分）	排名（得分）	排名（得分）	排名（得分）	排名（得分）
总排名	1(6.14)	2(5.67)	56(4.22)	23(4.90)	18(5.08)	11(5.18)
子指数：边境管理	1(6.5)	4(6.0)	45(4.4)	20(5.4)	8(5.8)	14(5.8)
支柱 2：海关行政效率	1(6.6)	10(5.7)	45(4.5)	14(5.6)	13(5.7)	28(4.9)
2.01　海关手续的负担	1(6.2)	2(6.2)	53(4.4)	55(4.3)	35(4.7)	28(4.9)
2.02　海关服务指数	1(12.0)	33(8.8)	51(7.8)	3(11.8)	9(11.3)	1(12.0)
支柱 3：进出口程序效率	1(6.4)	2(6.3)	37(5.2)	17(5.6)	16(5.8)	14(5.8)
3.01　清关程序的效率	1(4.1)	3(4.0)	30(3.3)	13(3.7)	11(3.7)	10(3.7)
3.02　进口时间	1(4)	2(5)	86(24)	2(5)	28(11)	7(6)
3.03　进口文件	5(4)	5(4)	18(5)	18(5)	18(5)	5(4)
3.04　进口成本	2(439)	5(565)	3(545)	67(1 315)	42(970)	47(1 045)
3.05　出口时间	1(5)	1(5)	83(21)	2(5)	27(10)	8(7)
3.06　出口文件	8(4)	8(4)	95(8)	8(4)	2(3)	8(4)
3.07　出口成本	2(456)	5(575)	3(500)	55(1 050)	44(880)	47(950)
支柱 4：边境管理透明度	1(6.5)	12(6.1)	59(3.6)	25(5.0)	13(6.0)	17(5.6)
4.01　进出口非常规付款	2(6.6)	11(6.1)	58(4.0)	37(4.8)	6(6.3)	23(5.6)
4.02　清廉指数	5(9.2)	12(8.4)	61(3.6)	22(7.1)	15(8.0)	17(7.8)

资料来源：同表7.3。

3. 基础设施分项指数的得分比较

如表 7.5 所示，尽管近十年来中国内地在基础建设方面投入巨大且发展迅速，可较之于发达国家而言，整体贸易基建设施水平仍然处于劣势，中国在运输和通信基础设施方面的总体排名为第 48 位。从再细分的指标来看，中国内地在信息通信技术的可用性和使用方面的排名明显靠后，仅列第 72 位；其次，在运输基础设施的可用性和质量方面的排名为第 53 位；相对表现较好的指标为运输服务的可得性和质量，在全球排名为第 21 位。

表 7.5　中国内地与主要国家/地区基础设施分项指数得分的比较

国家(地区)	运输和通信基础设施	排名	运输基础设施的可用性和质量	排名	运输服务的可得性和质量	排名	信息通信技术的可用性和使用	排名
新加坡	6.06	1	6.15	2	6.06	1	5.98	11
中国香港	5.85	3	5.96	8	5.60	2	5.99	9
日　本	5.51	14	5.60	18	5.42	6	5.52	20
美　国	5.45	15	5.75	14	5.00	13	5.62	18
中国内地	4.27	48	4.49	53	4.73	21	3.60	72
印　度	3.58	84	3.96	76	3.82	59	2.97	97
巴　西	3.8	73	3.19	109	3.98	48	4.23	53

资料来源:同表 7.3。

4. 商业环境分项指数的得分比较

如表 7.6 所示,七个国家(地区)在商业环境指标的比较来看,中国内地名列第 5 位,在全球的排名为第 45 位。中国内地在监管环境和人身安全两个子指标的排名分别为第 38 位和第 62 位,与新加坡、中国香港、日本和美国等发达国家和地区的差距明显,但好于印度和巴西等发展中大国。

表 7.6　中国内地与主要国家/地区商业环境分项指数得分的比较

国家(地区)	商业环境	排名	监管环境	排名	人身安全	排名
新加坡	5.75	5	5.71	1	5.79	20
中国香港	5.75	7	5.42	5	6.08	9
日　本	5.18	26	4.80	23	5.57	31
美　国	4.69	42	4.54	32	4.85	69
中国内地	4.63	45	4.31	38	4.95	62
印　度	4.20	74	3.95	50	4.4	87
巴　西	4.14	75	3.66	70	4.62	81

资料来源:同表 7.3。

三、 中国与主要国家/地区贸易便利化指数比较的结果

上述内容中，我们既选择了新加坡和中国香港等单独关境区国家和地区，也选择了美国、日本等发达国家，同时还选取了印度、巴西等发展中大国作为比较对象，将中国内地与这些国家（地区）的贸易便利化指数进行了比较，归纳出目前中国内地内存在的种种阻碍贸易活动开展的影响因素，如表 7.7 所示。

表 7.7　中国内地贸易便利化各指标方面存在的问题汇总

贸易环节（相关指标）	存在问题	负面影响
市场准入	国内市场准入：关税总体较高，非关税贸易壁垒不明晰，难以统计	进口成本剧增，减少进口
	国外市场准入：目标市场优惠幅度过低	出口商难以寻找出口的潜在客户
边境管理	海关服务指数不高：审批过严、职能交叉	对贸易从业者的活动造成阻碍，导致进口成本增加
	进出口清关的程序较为繁琐	进出口贸易耗时增加、成本上升
	边境管理透明度	边境非常规收费增加了贸易成本
运输与通信基础设施	物流基建与发达国家相比明显落后，基础设施覆盖面不广，地区发展不平衡	国内货物运输成本增加，增加国内货物运输延迟导致的纠纷
	通信基建设施落后	增加贸易环节沟通的额外成本
商业环境	金融市场不够健全，对外开放不高	贸易融资渠道少，成本高
	政策透明度不高	寻租活动提高了进行贸易的成本

第三节　上海自贸试验区贸易便利化评价
体系构建——基于自贸试验区层面

以上 WEF 关于贸易便利化的评价指标体系是基于国家（地区）层面的，其中的

许多指标并不适用于一国内某区域层面的贸易便利化评价,如国内市场准入和国外市场准入支柱,在一国范围内,商品的关税率和非关税措施水平都是一致的,这些指标无法体现区域层面贸易便利化程度的差异。但是,从大的评价框架来说,WEF 关于贸易便利化的几大指标体系仍然值得借鉴,如基础设施、关境管理和商业环境方面,不管是从国家层面还是一国内的区域层面而言,都是影响贸易便利化程度的关键因素。

一、 上海自贸实验区贸易便利化评价指标体系构建的依据

上海自贸试验区贸易便利化评价指标体系的构建,首先要符合国际社会对贸易便利化的一般理解,即贸易便利化指数测量的是相关机构、政策和服务在加速货物在跨国界和到达目的地上的自由流动的程度。同时,更为重要的是,需要结合上海自贸试验区内企业的主要商业模式进行指标设计。目前,上海自贸试验区内企业的几大业务模式包括跨国公司营运中心平台、融资租赁平台、企业对外投资平台和跨境电子商务平台,上海自贸试验区贸易便利化指标体系的构建将紧紧围绕这些业务平台进行设计。

从跨国公司营运中心平台来看,上海自贸试验区(原上海外高桥保税区)从2006 年起就开始培育和发展以销售管理中心为核心的跨国公司区域性应用中心,以顺应跨国公司业务功能整合和国际服务业梯度转移的趋势,这些跨国公司营运中心不断叠加结算管理、资金管理、物流管理等经营职能,并向区域性管理总部升级,成为上海自贸试验区经济发展中的引领力量。据统计,2012 年 198 家跨国公司营运中心企业完成经营收入 5 899.67 亿元,占上海自贸试验区投资企业经营收入的 46.2%;营运中心完成进出口贸易额约 350 亿美元,占上海自贸试验区进出口贸易总额的 31%。由于跨境物流分拨功能是营运中心最重要的功能之一,因此运输、仓储基础设施和关境管理等环节是决定跨国公司营运中心平台贸易便利化的重要因素;同时,营运中心通常承担了跨国公司订单处理中心的角色,因而普遍具有跨境资金结算中心的功能,这对贸易项下的收付汇、非贸易项下的收付汇以及税务部门监管的便利化提出较高的要求。

　　从融资租赁平台来看,融资租赁作为上海航运金融服务功能的重要创新突破,于 2010 年 6 月在上海正式启动,截至 2012 年底,已陆续引进融资租赁项目 90 个,租赁资产规模超过 43 亿美元,租赁标的物包括 35 架民航客机、26 艘远洋船舶以及飞机发动机、挖掘机、医疗器械等大型设备[①]。由于融资租赁业务会带动货物贸易的进出口,这将直接产生对海关通关便利化的需求;同时,融资成本和便利化程度对融资租赁企业而言尤为重要,因为融资成本的高低会直接影响融资租赁企业的国际竞争力。

　　从企业对外投资平台来看,我国企业对外投资正处于高速发展的阶段,中国企业对外投资将成为上海和全国经济进一步融入全球化的重要平台,而上海自贸试验区极有可能成为上海和国内其他地区企业进入国际市场的一个重要跳板。对从事境外投资的企业而言,对外投资项目是否需要审批以及审批的效率直接影响了其业务开展的贸易便利化程度;此外,融资渠道和便利化程度也是境外投资企业能否顺利开展业务的关键。

　　从跨境电子商务平台来看,目前中国境内通过各类平台开展跨境电子商务业务的企业已超过 20 万家,2012 年中国跨境电子商务交易额已达 2 000 亿元人民币[②],大力发展跨境电子商务,对提高我国开放型经济水平,促进经济持续健康发展,具有重大意义。对跨境电子商务业务而言,运输、仓储基础设施、海关和检验检疫管理及税务管理环节是决定其业务便利化和运行成本的重要因素。

二、 上海自贸试验区贸易便利化评价指标体系的构成

　　为使上海自贸试验区贸易便利化评价指标体系符合国际通行标准和惯例,本章在大框架上基本与 WEF 关于贸易便利化的指数保持一致,在上海自贸试验区

---

① 数据来源:《上海自贸区十项功能先行先试将以新加坡为假想敌》,大智慧阿思达克通讯社,2013 年 9 月 12 日。

② 数据来源:《2012 年我国跨境电子商务交易额超过 2 000 亿美元》,中国经济网,2013 年 11 月 1 日。

贸易便利化指数下设基础设施、海关管理和检验检疫、商业环境等三个一级指标。但是，在二级指标和三级指标的设计方面，充分考虑了区内企业的主要商业模式对贸易便利化的需求。

1. 基础设施一级指标

基础设施的发展程度和可得性是影响贸易便利化的重要因素。衡量国家层面的贸易便利化，通常会采用"运输基础设施"和"通信基础设施"这两大指标。考虑到上海自贸试验区具有保税仓储的特殊功能，并且拥有保税物流园区（原外高桥保税物流园区），因此在前两大指标的基础上，增加"仓储基础设施"作为基础设施的二级指标。

"运输基础设施"的三级指标设计主要借鉴了WEF的评价思路，将航运、海运、港口和物流基础设施的便利性作为主要评价指标，具体包括以下指标。（1）转运连接性指数（TCI）：衡量的是上海自贸试验区与其他国家的连接性，这个指数的得分是四种连接类型的加权和：第一种没有转运的类型，数字要乘以1；需要转运1次的要乘以0.5；转运2次的需要乘以0.33；转运3次的需要乘以0.25；权重代表连接的效率，该指标为硬指标。（2）航空运输基础设施的质量：采用调研问卷的形式，问题为"怎样评估上海自贸试验区的航空运输基础设施？"（得分选项从1到5，其中1＝极其不发达；5＝按国际标准来说分布广泛而且有效），以下调研问卷的评分均采用得评价指标5分得分法（1代表最低；5代表最高）。（3）港口基础设施的质量：主要评价洋山港和外高桥港口设施的质量，采用调研问卷的形式。（4）班轮运输连接性指数，衡量上海自贸试验区与全球航运网络的连通程度，得分取船舶数量、船舶集装箱承载能力、最大船舶规模、航线数量、在一国港口部署集装箱船舶的公司数量等五个指标的得分均值，该指标为硬指标。（5）船运的便利和可购性：这个变量评估与国际船运有关的便利性和费用，采用调研问卷的形式。（6）物流的竞争力：这个指标衡量了上海自贸试验区的物流行业竞争力，采用调研问卷的形式。

"仓储基础设施"下设两个三级指标，分别为"区内仓储容量、多样性和可得性"和"区内仓储成本"，均采用调研问卷的形式。"通信基础设施"下设"网络带宽"和

"政府上网服务质量"两个三级指标,其中"网络带宽"是硬指标,"政府上网服务质量"采用调研问卷的形式评价,主要评价上海自贸试验区政府相关政策的网上发布程度与及时性。

2. 海关通关和检验检疫一级指标

"海关通关和检验检疫"下设"海关通关"和"检验检疫"等两个二级指标。海关通关过程中,一般包括接单、查验、缴税、放行等四个环节,这几个环节的科学设置和合理协调是影响海关通关效率的重要因素,因此"海关通关"指标下最重要的三级指标是"海关通关程序耗时、复杂性"。同时,"海关电子系统稳定性"是直接影响海关通关效率的关键指标之一。由于贸易、物流企业在上海自贸试验区与其他海关特殊监管区域之间存在转关的业务需求,因此"转关程序复杂性"也对海关通关效率产生影响。"进出口非常规费用"指标则反映了企业在海关通关过程中需要交纳额外费用的可能性和频率。

从检验检疫环节来看,法律法规规定须经检验机构检验的进口商品的收货人或者其代理人,必须向报关地的商检机构报检;法律法规规定须经检验机构检验的出口商品的发货人,应在规定地点和期限向检验机构报验,在商检机构规定的地点和期限内,接受商检机构对进出口商品的检验。商品检验检疫一般包括接受报验、抽样、检验和签发证书等几个环节。因此,"检验检疫"二级指标下包括"检验检疫申报程序复杂程度、耗时"、"检验检疫查验程序复杂程度、耗时"和"检验检疫出证时间"等三个三级指标。由于"海关通关和检验检疫"下的三级指标都相对比较主观,所以均采用调研问卷的方法进行打分统计。

3. 商业环境一级指标

商业环境既包括政府职能部门的监管环境,同时也包括社会化的配套服务环境。监管环境主要指工商、税务、外汇管理等政府职能部门的管理效率,包括"工商登记注册效率"、"贸易和非贸易项下收付汇的便利性"、"项目审批效率"和"税务部门效率"四个三级指标。其中,"工商登记注册效率"是硬指标,指注册登记成立一家企业所需的最短时间;"贸易和非贸易项下收付汇的便利性"指标中,贸易收付汇的便利性主要指离岸贸易项下外汇收付的便利程度,而非贸易项下的收付汇则指注册在试验区的跨国公司地区总部和营运中心，在支付物流分摊管理费用、佣金、境外关联公司垫付的工资等非贸易项下外汇支付的便利性。"项目审批效率"指标包括企业在试验区内的项目投资和试验区企业对外投资项目的审批效率。"税务部门效率"主要指出口退税效率、税务非贸出证和税务涉票业务的效率。

社会化配套服务主要指企业融资服务以及会计、咨询、法律等配套服务环境。"企业融资成本和便利性"指标是衡量试验区便利化的重要指标。同时，会计、咨询和法律等配套服务业的发展程度和可及性，也对试验区内企业商业模式运作过程中的贸易便利化产生影响。

三、 基于 AHP 法的上海自贸试验区贸易便利化评价指标的权重设定

层次分析法（Analytic Hierarchy Process，简称为 AHP）最早由 T. L. Saaty（1977，1980，1990）提出，是一种定性和定量相结合、系统化、层次化的分析方法，主要用于解决当人们做一些决策时，受到经济、社会、人文等多方面因素的影响，而这些因素的重要性、影响力又不能够量化，并且人们的主观选择也会有影响作用的这一类问题。

层次分析法的主要步骤分为：

（1）分析整个系统中各个元素之间的关系，并建立层次结构。

（2）对同一层次上的各个元素对于上一层的相关元素的重要性进行两两对比，比较其重要程度。此时采用 Saaty 等人提出的 1—9 尺度，从中选择具体数字，构建成对比较矩阵。矩阵中元素 a_{ij} 的取值范围是 1，2，$\cdots$，9 及倒数 1，1/2，1/3，$\cdots$，1/9。譬如选取同一层的 D_i 与 D_j。

（3）求最大特征值和特征向量，并做一致性检验。一般会采用和积法求比较矩阵的最大特征值和特征向量。和积法的步骤：①对矩阵 E 的每一列向量归一化后得到一个新矩阵 E_1；②对矩阵 E_1 按行求和得到列向量 E_2；③把向量 E_2 归一化后得到 E_3，$\omega = E_3^T$ 即为近似特征向量；④计算 $\lambda = \dfrac{1}{n} \sum\limits_{i=1}^{n} \dfrac{(E\omega)_i}{\omega_i}$，作为最大特征值

的近似值。对于一致性检验,首先要定义一致性指标 CI 以及随机一致性指标 RI。一致性指标 CI:对于一个 n 阶矩阵 A,其最大特征值为 λ,Saaty 等人将 $CI = \dfrac{\lambda - n}{n - 1}$ 定义为一致性指标,$CI = 0$ 时,A 为一致阵;CI 越大,A 的不一致程度越重。当 $CR = \dfrac{CI}{RI} \leqslant 0.1$ 时认为 A 的不一致性程度在容许范围内,其特征向量可以作为权向量,计算出 CR 的过程被称为一致性检验。

关于上海自贸试验区贸易便利化指标的权重设定,首先要构建一级指标对目标层次的成对比较矩阵,我们通过翻阅大量贸易便利化相关文献,并结合专家学者的评价,得出以下基本结论:相对于基础设施而言,关境环境是重要的,商业环境是稍微重要的。由此,构造出的成对比较矩阵如下:

$$A = \begin{bmatrix} 1 & \dfrac{1}{5} & \dfrac{1}{3} \\ 5 & 1 & 2 \\ 3 & \dfrac{1}{2} & 1 \end{bmatrix}$$

用 MATLAB 软件对 A 求解后可知,三个一级指标的权重如下:基础设施指标为 0.109 5;海关通关与检验检疫指标为 0.581 5;商业环境指标为 0.309 0。另外,与权重向量所对应的最大特征值为 3.003 7,对其进行一致性检验,得到 $CR = 0.003\,2 < 0.1$,所以通过一致性检验。

同理,可以计算出二级指标各元素相对于一级指标中与其相关的各元素的权重,以及三级指标各元素相对于二级指标中与其相关各元素的权重和总权重。从三级指标权重的高低排序来看,海关通关程序耗时和复杂性、企业融资成本和便利性、海关电子系统稳定性、项目审批效率及进出口非常规费用等五个指标分列前五位,如表 7.8 所示。

表 7.8 上海自贸试验区贸易便利化评价体系及指标权重

一级指标及权重	二级指标及权重	三级指标及权重	相应总权重
上海自贸试验区贸易便利化评价指数	基础设施 (0.109 5)	转运连接性指数 (0.073 6)*	0.005 1
	运输基础设施 (0.637 0)	航空运输基础设施的质量 (0.283 1)	0.019 7
		港口基础设施的质量 (0.410 4)	0.028 6
		班轮运输连接性指数 (0.053 5)*	0.003 7
		船运的便利和可购性 (0.035 4)	0.002 5
		物流的竞争力 (0.144 0)	0.010 0
	仓储基础设施 (0.258 3)	区内仓储容量、多样性和可得性 (0.750 0)	0.021 2
		区内仓储成本 (0.250 0)	0.007 1
	通讯基础设施 (0.104 7)	网络带宽 (0.250 0)*	0.002 9
		政府上网服务质量 (0.750 0)	0.008 6
	海关通关与检验检疫 (0.581 5)	海关通关环节 (0.750 0)	海关通关程序耗时、复杂性 (0.547 5)	0.238 8
		转关程序复杂性 (0.056 0)	0.024 4
		海关电子系统稳定性 (0.269 9)	0.117 7
		进出口非常规费用 (0.126 6)	0.055 2
	检验检疫环节 (0.250 0)	检验检疫申报程序复杂程度、耗时 (0.333 3)	0.048 5
		检验检疫查验程序复杂程度、耗时 (0.333 3)	0.048 5
		检验检疫出证时间 (0.333 3)	0.048 5
	商业环境 (0.309 0)	监管环境 (0.500)	工商登记注册效率 (0.055 3)*	0.008 5
		贸易和非贸易项下收付汇的便利性 (0.262 2)	0.040 5
		项目审批效率 (0.565 0)	0.087 3
		税务部门效率 (0.117 5)	0.018 2
	社会化配套服务 (0.500)	企业融资成本和便利性 (0.833 3)	0.128 7
		其他配套服务 (0.166 7)	0.025 8

注:其中带 * 号的指标为硬指标;不带 * 号的指标均通过调研问卷对得分进行估计。

第四节　结论和下一步的工作

本章通过借鉴世界经济论坛（WEF）每年定期发布的《全球贸易促进报告》中关于贸易便利化指数的指标设计和评价方法，根据上海自贸试验区业务运营的特点，主要依据其业务模式将综保区的贸易便利化指数分为三大子指数，分别为基础设施、海关通关与检验检疫和商业环境，下设 7 个二级指标，分别为运输基础设施、仓储基础设施、通讯基础设施、海关通关环节、检验检疫环节、监管环境、社会化配套服务等，二级指标下共设 23 个三级指标，并根据专家评价，采用 AHP 方法对各指标的权重进行了设置。

后续工作将在上海自贸试验区管委会的支持下，根据以上指标设计问卷并下发给区内的企业，通过对每个指标计分的形式，依据每项指标的权重计算总得分。问卷的处理方法可以参照《全球贸易促进报告》中关于 Executive Opinion Survey 的问卷分析方法，方法如下：

删选问卷，如果整个问卷的完成率≤50%，问卷则舍去。

对问卷的数值采取多变量孤立点分析（multi-variate outlier analysis），找出与一般情况的数据不一致的，舍去。具体采用马氏距离方法（Mahalanobis distance technique），来优化数据。

标准化

$$Z_{i,q,c} = \frac{x_{i,q,c} - \bar{x}_{q,c}}{\sigma_{q,c}} \tag{7.1}$$

式中：$x_{i,q,c}$——c 国的受访者 i 对问题 q 的回答；

　　　$\bar{x}_{q,c}$——c 国对问题 q 回答的平均值和标准差；

　　　$\sigma_{q,c}$——c 国对问题 q 回答的标准差；

　　　$Z_{i,q,c}$ 的绝对值大于 3 的排除。

数据处理：移动平均法。

附表　WEF 关于贸易便利化指数的具体评价指标及数据来源

支柱	分指标	评价方法	数据来源
支柱1 国内和国外市场准入	1.01 关税率	该指标的计算公式是加权平均所有适用的关税税率，包括一国在世界范围内适用的优惠税率。其权重是根据进口所参照的贸易模式（2010年数据）来确定。适用的关税税率是指在进口货物上所征收的海关关税	国际贸易中心
	1.02 非关税措施	该指数是由2个与NTM(非关税措施)相关变量的平均值。非关税措施可能以配额、收费、歧视标签或者卫生标准及其他限制性条件的形式出现。变量包括适用的贸易非关税措施影响的进口数大于0的平均值。适用于所有产品的平均通报数。此外出于政治动机的非关税措施被排除。	作者在国际贸易中心数据的基础上计算所得
	1.03 关税复杂度：这个变量是由以下指标平均所得：关税离散度；特殊关税高峰；特殊关税；不同关税数目		
	1.03a 关税离散度	这个指标反映了一个国家关税结构中所有产品类别的关税差异。用所有进口商品的关税来计算方差。	国际贸易中心
	1.03b 关税高峰	这个指标是指一国关税税目中那些超过国内平均关税率的比例。关税高峰是指那些超过国内平均关税率3倍的关税数目所占的总数。	国际贸易中心
	1.03c 特殊关税	这个指标是指一国关税税目中那些至少含有一项特殊关税的协调制度(HS)税目占协调制度(HS)关税税目总数的比率。特殊关税是指按每单位数量固定征收的税(不是从价税)。	国际贸易中心
	1.03d 不同关税的数目	这个指标反映了适用于一国所有部门的进口关税率的不同关税税目数目。	国际贸易中心

（续表）

支柱	分指标	评价方法	数据来源
支柱1 国内和国外市场准入	1.04 免税进口份额	考虑到最惠国关税和优惠贸易协定的除石油以外的免税贸易份额。	国际贸易中心
	1.05 表面关税	这个指标是由各个国家相互适用的优惠税率在内适用关税税率平均计算所得。	国际贸易中心
	1.06 目标市场的优惠幅度	这个指标测算的是其尤其是从一个比最惠国关税更低的国家所进口商品的百分比。它是由2个部分平均：(1)最惠国关税和最惠国税率的比；(2)有利得分对于关税水平的比。有利得税率（优势分）加权平均。	国际贸易中心
支柱2 海关行政效率	2.01 海关手续的负担	海关手续担负用于衡量企业高管对其所在国海关手续的效率的看法。打分范围为1至7，分数越高表示效率越高。数据来自世界经济论坛与150家合作研究机构30年未合作进行的高管意见调查。抽样调查遵循基于公司规模的双层模式。通过在线或面谈进行方式收集数据。调查问卷回复采用问卷值进行汇总。最近一年的数据与上一年年度的数据相结合创建出两年年度的移动平均值。调查对象评价所在国的海关手续效率。【最低分(1)表示海关手续效率极低，而最高分(7)表示海关手续效率极高】 原始问卷： How would you rate the level of efficiency of customs procedures (related to the entry and exit of merchandise) in your country? [1] [2] [3] [4] [5] [6] [7] Extremely inefficient　　　Extremely efficient 非常低效　　　非常高效 评价一下您本国的海关手续（涉及进口和出口的商品）的效率水平？	世界经济论坛2010年和2011年执行人员调查问卷

（续表）

支柱	分指标	评价方法	数据来源
支柱 2 海关行政效率	2.01 海关手续的负担	问卷的处理办法和数值计算： 1 2 3 4 5 6 7 (1) 删选问卷，如果整个问卷的完成率≤50%，问卷则舍去。 (2) 对问卷的数值采取多变量取点分析（multi-variate outlier analysis），找出与一般情况的数据不一致的，舍去。具体采用马氏距离方法（Mahalanobis distance technique）来优化数据。 (3) 标准化 $Z_{i,q,c} = \dfrac{x_{i,q,c} - \bar{x}_{q,c}}{\sigma_{q,c}}$ 其中，$x_{i,q,c}$ 表示 c 国的受访者 i 对问题 q 的回答；$\bar{x}_{q,c}$ 表示 c 国对问题 q 回答的平均值和标准差；$\sigma_{q,c}$ 表示 c 国对问题 q 回答的标准差；$Z_{i,q,c}$ 的绝对值大于 3 的排除。 (4) 数据加权处理：具体指标用 $\bar{q}$ 表示 将一国经济分为 3 个部分：第一产业（农业），第二产业（工业制造业），第三产业（服务业） $$\bar{q} = \sum_s w_{s,c} \times q_{s,c}, \text{其中 } q_{s,f} = \sum_j^{N_{s,c}} \frac{q_{j,s,c}}{N_{s,c}}$$ $w_{s,c}$ 代表某一产业 s 占一国 c 总的经济比重；$q_{s,c}$ 是该国 s 部门的调查对象数据的平均值；$q_{j,s,c}$ 是调查对象 j 来自 c 国的 s 产业；$N_{s,c}$ 是 c 国 s 部门的调查对象的总数。	世界经济论坛 2010 年和 2011 年执行人行人员的调查问卷
	2.02 海关服务指数	这个变量是基于 15 个由全球快递协会关系整个调查取得有海关及相关机构提供的服务不同方面的得分。由负责的官员完成打分，一个经济体最高得分是 12 分。	全球快递协会、海关能力报告，http://www.global-express.org/index.php?id=4

第七章 中国（上海）自由贸易试验区贸易便利化评价体系构建 · 193

支柱	分指标	评价方法	数据来源
支柱3 进出口程序效率	3.01 清关程序的效率	数据来源为物流绩效指数调查，该调查由世界银行联合学术机构、国际组织，私营企业以及业内人员共同完成。评分采用五大核心领域对六个市场作出评估：受访者所在国最重要的出口和进口市场；随机选取对于内陆国家，则选择其与国际市场连通的邻国。受访者按照从 1（很低）至 5（很高）打分来评价清关程序（即速度、简便性和手续的可预测性）的效率。分数是全部受访者的平均分数。 Rate the efficiency of the clearance process (i.e. speed, simplicity and predictability of formalities) by customs and border control agencies? 您评估一下海关清关程度（如速度、简洁性、手续的可预测性）的办事效率？ □很低 □低 □一般 □高 □很高 □Very low □Low □Average □High □Very high 数据分析：对一个给定的海外市场的海关机构的办事效率，用调查数据的值求其简单平均数。即： $$\bar{X} = \frac{1}{n}\sum_{i=1}^{n} X_i$$	世界银行 2012 年的物流绩效指数 http://info.worldbank.org/etools/tradesurvey/modelb.asp#more-info(可下载) 2012 年的数据来自 155 个国家 2011 international LPI survey(来自 155 个国家和地区的近 1 000 个调查对象)
	3.02 进口时间	以日历天数作为时间记录单位。每个程序的时间计算从启动之时开始直至程序完成时截止。如果付出额外的成本能够加快某一道程序，则将选择最快捷的合法程序。假定出口商和进口商都没有浪费时间，两者均承诺毫不拖延地完成剩余的每道程序。可以并行完成的程序在计量时间时视为同期。程序之间的等待时间（例如卸货过程）也计入置换时间内。（中国是 24 天）对全部的 183 个经济体收集了通过所需时间和成本及办理的手续等方面的数据，每年均对 183 个经济体内专家进行调查，以收集并更新数据。	具体数据可从世界银行官网 http://data.worldbank.org.cn/indicator/IC.IMP.DURS 上获得。各国国内专家名单见《全球营商环境报告》网站。

（续表）

支柱	分指标	评价方法	数据来源
	3.03 进口文件	记录每批进口货物所需的所有文件。假定双方已达成协议并签署合同。政府各部，海关当局，港口和集装箱码头监管机构以及银行所要求的清关文件均已考虑在内。由于支付方式为信用证，银行开发或获得信用证所要求的所有文件也已考虑在内。每年更新需的文件以及无需装运时更新表在每次发运时已考虑在内（例如年完税证明）不包括在内。（中国是6份）	具体数据可以从世界银行官网 http://data.worldbank.org.cn/indicator/IC.IMP.DOCS上获得。
支柱3 进出口程序效率	3.04 进口成本	成本以对20英尺货柜征收的美元费用计量。包括所有与完成物进口手续相关的无费用。这些费用包括文件费用，清关和技术监查理费用，报关费，码头装卸费和内陆运输或贸易税。仅官方成本记录在案。针对所调查企业作出的若干假设：拥有60名以上雇员；位于所在国人口最多的城市；属私营有限责任公司；属无外资股权的民族企业；出口货物拒绝整箱运输；产品采用20类尺寸货拒提供特殊冷藏或保温处理，除公认的国际标准外，无须符合任何其他特殊需安全标准。对全部183个经济体收集了通过所需时间和需办理的手续等方面的国别数据，每年均对183个经济体（地区）内专家进行调查，以收集并更新数据。	具体数据能从世界银行官网 http://data.worldbank.org.cn/indicator/IC.IMP.COST.CD上获得。各国国内专家见《全球营商环境报告》网站。
	3.05 出口时间	以日历天作为时间记录单位。每个程序所需的时间计算从其开始之时开始直至程序完成时截止。如果出口商能够加快某一道程序，则将选择最快捷的合法程序。假定出口商和进口商都没有浪费时间，两者均承诺尽可能地延误剩余的每道等待时间。可以并行完成的程序（例如卸和货运过程）也计算在衡量指标内。程序与程序之间的等待时间（例如用历计算也视为时间计量指标内。（中国是21天）	具体数据可以从世界银行官网 http://data.worldbank.org.cn/indicator/IC.EXP.DURS上获得。各国国内专家见《全球营商环境报告》网站。

（续表）

支柱	分	指标	评价方法	数据来源
支柱3 进出口程序效率	3.05	出口时间	对全部183个经济体收集了通过所需时间和成本及需办理的手续等方面的数据，每年均对183个经济体的国（地区）内专家进行调查，以收集更新数据。	具体数据可从世界银行官网 http://data.world-bank.org.cn/indicator/IC.EXP.DURS 上获得。各国国内专家名单见《全球营商环境报告》网站。
	3.06	出口文件	记录每批进口货物所需的所有文件。假定双方已达成协议并签署合同。政府各部，海关各局，港口和集装箱码头监管机构均已考虑在内，卫生和技术监管部门，由于支付方式为信用证，银行发放或获得信用证所要求的所有文件也已考虑在内。每年更新的文件以及无需装运时更新的文件（例如无需税证明）不包括在内。（中国是8份）	具体数据可以从世界银行官网 http://data.world-bank.org.cn/indicator/IC.EXP.DOCS 上获得。
	3.07	出口成本	成本以对20英尺货柜征收的美元费用计量。包括所有与完成物货进出口手续相关的费用。这些费用包括文件费用，清关费用和技术监查费用，报关费，码头装卸费和内陆运输费。成本计量不包括关税或贸易税。仅记录成本作出的若干记录费在在。针对所调查出口的假设：拥有60名以上雇员；位于所在国人口最多的城市；属私有营业责任公司。运营场所不在出口加工区或具备特别出口资质的民族企业；出口额超过其销售额10%。有关贸易产品的假设：贸易产品采用20英尺干货整箱运输。产品：既无危险性，也不含军用品；无须提供任何特殊冷藏或植物检疫或环境安全标准。认可的国际标准，无须符合任何其他特殊环境或环境安全标准。对全部183个经济体收集了通过所需时间和成本及需办理的手续等方面的数据，每年均对183个经济体的国（地区）内专家进行调查，以收集并更新数据。	具体数据能从世界银行官网 http://data.world-bank.org.cn/indicator/IC.EXP.COST.CD 上获得。各国国内专家名单见《全球营商环境报告》网站。

（续表）

支柱	分指标	评价方法	数据来源
支柱4 边境管理的透明度	4.01 进出口非常规费用	在一国中,进出口公司需要支付没有单据的额外费用或贿赂是否普遍?(1代表很普遍,7代表从来没有发生过)2010, 2011 原始问卷: How common is it for firms to make undocumented extra payments or bribes connected with imports and exports? [1 2 3 4 5 6 7] Very common　Never occurs 对有进出口业务的公司来说,支付没有单据的额外费用或贿赂的行为是否普遍? 非常普遍　从没有过 [1 2 3 4 5 6 7] 问卷的处理办法和数值计算: (1) 删选问卷,如果整个问卷的完成率<50%,问卷则舍去。 (2) 对问卷的数值采取多变量取值点分析(multi-variate outlier analysis),找出问卷与一般情况的数据不一致的,舍去。具体采用马氏距离方法(Mahalanobis distance technique),来优化数据。 (3) 标准化 $Z_{i,q,c} = \dfrac{x_{i,q,c} - \overline{x}_{q,c}}{\sigma_{q,c}}$ 其中,$x_{i,q,c}$ 表示 c 国的受访者 i 对问题 q 的回答; $\overline{x}_{q,c}$ 表示 c 国对问题 q 回答的平均值和标准差; $\sigma_{q,c}$ 表示 c 国对问题 q 回答的标准差; $Z_{i,q,c}$ 的绝对值大于 3 的排除。 (4) 数据加权处理:具体指标用q表示 将一国经济分为3个部分:第一产业(农业)、第二产业(工业制造业)、第三产业(服务业)	世界经济论坛2010年和2011年执行人员的调查问卷

（续表）

支柱	分指标	评价方法	数据来源
	4.01 进出口非常规费用	$$\bar{q} = \sum_s w_{s,c} \times q_{s,c},\ 其中\ q_{s,c} = \sum_j^{N_{s,c}} \frac{q_{j,s,c}}{N_{s,c}}$$ $w_{s,c}$代表某一产业s占一国c总的经济比重；$q_{s,c}$是该s部门的调查对象数据的平均值；$q_{j,s,c}$是调查对象j来自c国的s产业；$N_{s,c}$是c国s部门的调查对象的总数。	世界经济论坛2010年和2011年执行人员调查问卷
支柱4 边境管理的透明度	4.02 清廉指数	• 公共部门腐败感知水平指数（0＝非常高，10＝非常低）2011（注：使用的信息来自2009年12月和2011年9月搜集来的调查数据）。清廉指数是2009年12月和2011年9月间对公共部门分析师和分析人员对公共部门腐败感知程度有关。得分从0到10（0表示高，10表示低）。 • 2011年清廉指数是一个复合指数，它把过去两年的数据收录到一起。2010年清廉指数引用了2009年12月至2011年9月间发布的各种调查数据。 • 2010年清廉指数是从13个独立的机构所发布的17个调查数据的基础上来出的。所有这些来源都衡量公共领域或政治领域腐败的程度（腐败频度及其贿赂的多寡等等），所有这些来源都给出世界各国排行，如提供了对多个国家的测评。 • 对一个国家或地区的腐败范围的评估是由两组人士完成，专家（驻在所在国家的和非所在国的）和商界领导。2010年清廉指数中，下列9个来源是基于专家的分析评估之上的：非洲开发银行，亚洲开发银行，Bertelsmann基金会，伦敦经济学人智库，美国自由之家，Global Insight，Political Risk Services，世界银行和The World Justice Project；2011年清廉指数的4个来源则是基于居住在居所在国的商界的测评，如IMD，政治和经济风险分析顾问公司，Transparency International's Bribe Payers Survey及世界经济论坛。 • 清廉指数数据来源都是商界调查，而且同一来源运行多年，过去两年的数据仍然有效。	透明国际组织

（续表）

支柱	分指标	评价方法	数据来源
支柱4 边境管理的透明度	4.02 清廉指数	• 有一些数据来源是由专家给一个地区/国家评分，我们只采用了评分中那些最经常引用的部分，因为这些数据属于同侪评估，其年份变化不大。 计算清廉指数得分的步骤： 1. 计算清廉指数的第一步是标准化所有别来源的数据，即把它们变成一个共同的Scale（衡量尺度）。我们使用了一种叫做"matching percentiles"的方法。这个方法在合成所有那些有着不同来源的数据时很有用。尽管它会失去一些资讯，它却允许所有来源所给出的分数保留在清廉指数的数值范围内，即从0到10。 2. 计算清廉指数的第二步是在标准化后的所有清廉指数以建构一个beta-transformation。这个方法增加了清廉指数排行内所有国家的标准差，并让它可以更精确地把那些得分差距很小的国家区别开来。 3. 最后，清廉指数通过平均所有标准化后的分数以确定每个国家的得分。 结果： • 每个国家在清廉指数表上的得分和排行，都附有其得出的来源的数目，这些来源给每个国家打分的最高值及最低值，标准差和信心区间； • 置信区间是由一种称为"bootstrap（non-parametric）"的方法求出。它允许从给定的精确性中推导出结论，由此可以确立一个90%的信心区间。而且其分数值高于或低于这个置信区间的可能性只有5%。	透明国际组织

（续表）

支柱	分指标	评价方法	数据来源
	5.01 机场密度	每百万人口中的机场数，2010 即：2010年每百万人口中的至少有一班航次的机场数 具体的计算＝机场数/人口数（百万）	国际航空运输协会日程参考服务分析商（SRS Analyser）相关的数据要在IATA（http://www.iata.org/Pages/default.aspx）上购买才能获得。不过，具体数据可以从《全球贸易便利报告》按国家分别获取。
支柱5 运输基础设施的可用性和质量	5.02 转运连接性指数	运货商从一个国家或经济体的航线上可获得的转运连接度（0＝低的连接性，1＝高的连接性）2011 这个指数旨在反映班轮轮船运在地理方面的服务供应。就两个国家直接运输而言，货物将从转运第三国直至第四国的港口到达目的地。这个指数的得分是四种连接类型的加权。第一种有转运的类型，数字要乘以1；需要转运1次的需要乘以0.5；转运2次得分乘以0.25；转运3次的需要乘以0.33；转运4次的算算法排除在外。 转运连接性指数（TCI）衡量的是一个国家与其他国家连接性，是国家之间的连接类型上的指标。 国家间的连接类型分为四种： 第一种：直接连接，无须转运（1st order: direct connection, without transshipment） 第二种：不能直接抵达，需要一个（中间的）国家转运（2nd order: indirect connection through one transshipment (intermediary) country） 第三种：不能直接抵达，需要从两个国家转运（3rd order: indirect connection through two transshipment countries）	具体来源目前没有找到。由于该指数的数据统计比较繁琐，联合国贸易发展组织从2008开始计算该指数，而且只计算全球指数，没有对外公布该指数，没有给WEF提供全球指数。

（续表）

支柱	分指标	评价方法	数据来源
支柱5 运输基础设施的可用性和质量	5.02 转运连接性指数	第四种：不能直接抵达，需要经过3个国家转运（4th order: indirect connection through three transshipment countries） 转运连接性指数（TCI）的计算方法： TCI = 1st order * 1 + 2nd order * 0.5 + 3rd order * 0.33 + 4th order * 0.25 TCI的数值越大代表该国与世界其他国家连接性越强。 四种类型的统计标准如下： 比如，一批集装箱需要从中国运至美国，有一直达班轮，中国—美国，则将其归入 1st order 这个航线归水类到 1st order。 假如有一航线不是直达，它的航线不是直达，而是中途停靠，如：中国—日本—美国，有一批货物需要从中国运输到美国，且 1st order=3 这个航线归水类到 1st order。此时，有一班轮从安哥拉（非洲国家），但是，没有中国到安哥拉的班轮。安哥拉从新加坡……安哥拉，则将其归类到 2nd order 如果，有一航线，从美国起航，中途停靠中国，后也经过安哥拉，则，我们将其归类至 2nd order	具体来源目前没有找到。由于该指数的数据统计比较繁琐，联合国贸发组织从2008开始计算该指数，而且只给 WEF 提供全球指数，没有对外公布该指数。
	5.03 铺设的道路	铺设的道路是指总道路里程的百分比，2008年或近几年可以获得的数据 铺设的道路是指面铺有碾碎的石子（碎石）和碳氢结合物或沥青，并加有混凝土或圆石的道路在该国道路总量中所占比例（按长度衡量）。	世界银行，世界发展在线指标（2011年12月23号获得的） （http://data.worldbank.org/indicator/IS.ROD.PAVE.ZS）能下载到相关的数据。

（续表）

支柱	分指标	评价方法	数据来源
支柱5 运输基础设施的可用性和质量	5.04 航空运输基础设施的质量	怎样评估一国的客运航空运输基础设施?（1=极其不发达;7=按国际标准来说分布广泛而且有效）2010, 2011 原始问卷: How would you assess passenger air transport infrastructure in your country? Extremely underdeveloped 1 2 3 4 5 6 7 Extensive and efficient by international standards 评价一下您本国的航空客运基础设施? 极不发达 1 2 3 4 5 6 7 （按国际标准）分布广泛有效 问卷的处理办法和数值计算: (1) 删选问卷,如果整个问卷的完成率≤50%,问卷则舍去。 (2) 对问卷的数值采取多变量孤立点分析(multi-variate outlier analysis),找出与一般情况的数据不一致的,舍去。具体采用马氏距离方法(Mahalanobis distance technique),来优化数据。 (3) 标准化 $$Z_{i,q,c} = \frac{x_{i,q,c} - \overline{x}_{q,c}}{\sigma_{q,c}}$$ 其中,$x_{i,q,c}$ 表示 c 国的受访者 i 对问题 q 的回答; $\overline{x}_{q,c}$ 表示 c 国对问题 q 回答的平均值和标准差; $\sigma_{q,c}$ 表示 c 国对问题 q 回答的标准差; $Z_{i,q,c}$ 的绝对值大于3的排除。 (4) 数据加权处理:具体指标用 q 表示	世界经济论坛2010年和2011年执行人员的调查问卷

（续表）

支柱	分指标	评价方法	数据来源
支柱5 运输基础设施的可用性和质量	5.04 航空运输基础设施的质量	将一国经济分为3个部分：第一产业（农业），第二产业（工业制造业），第三产业（服务业） $$\bar{q} = \sum_s w_{s,c} \times q_{s,c}, \quad 其中\ q_{s,c} = \sum_{s}^{N_{s,c}} \frac{q_{j,s,c}}{N_{s,c}}$$ $w_{s,c}$ 代表某一产业 s 占一国 c 总经济比重；$q_{s,c}$ 是该国 s 部门的调查对象数据的平均值；$q_{j,s,c}$ 是调查对象 j 来自 c 国的 s 产业；$N_{s,c}$ 是国 s 部门的调查对象的总数。	世界经济论坛 2010 年和 2011 年执行人员的调查问卷
	5.05 铁路基础设施的质量	怎样评估一国的铁路运输系统？(1=极其不发达；7=按国际标准来说分布广泛且有效)2010, 2011 原始问卷： How would you assess the railroad system in your country? Extremely underdeveloped　1　2　3　4　5　6　7　Extensive and efficient by international standards 评价一下您本国的铁路基础设施？ 极不发达　1　2　3　4　5　6　7　（按国际标准）分布广泛有效 问卷的处理办法和数值计算： (1) 删选问卷。如果整个问卷的完成率≤50%，问卷则舍去。 (2) 对问卷的数值采取多变量孤立点分析 (multi-variate outlier analysis)，找出与一般情况的数据不一致的，舍去。具体采用马氏距离方法 (Mahalanobis distance technique)，未优化数据。	世界经济论坛 2010 年和 2011 年执行人员调查问卷

（续表）

支柱	分指标	评价方法	数据来源
支柱 5 运输基础设施的可用性和质量	5.05 铁路基础设施的质量	(3) 标准化 $$Z_{i,q,c} = \frac{x_{i,q,c} - \overline{q}_{q,c}}{\sigma_{q,c}}$$ 其中，$x_{i,q,c}$ 表示 c 国的受访者 i 对问题 q 的回答；$\overline{q}_{q,c}$ 表示 c 国对问题 q 回答的平均值和标准差；$\sigma_{q,c}$ 表示 c 国对问题 q 回答的绝对值大于 3 的排除；$Z_{i,q,c}$ 表示具体指标用 q 表示。 (4) 数据加权处理：将一国经济分为 3 个部分：第一产业（农业）、第二产业（工业制造业）、第三产业（服务业） $$\overline{q} = \sum_s^S w_{s,c} \times q_{s,c}, \text{其中} q_{s,c} = \sum_j^{N_{s,c}} \frac{q_{j,s,c}}{N_{s,c}}$$ $w_{s,c}$ 代表某一产业 s 占一国 c 总经济比重；$q_{s,c}$ 是该国 s 产业；$q_{j,s,c}$ 是调查对象 j 来自 c 国的 s 部门的调查对象数据的平均值；$N_{s,c}$ 是 c 国 s 部门的调查对象的总数。	世界经济论坛 2010 年和 2011 年执行人员的调查问卷
	5.06 道路质量	怎样评估一国的公路运输系统？(1=极其不发达；7=按国际标准来说分布广泛而且有效)2010, 2011 原始问题： How would you assess roads in your country? Extremely underdeveloped 1 2 3 4 5 6 7 Extensive and efficient by international standards 评价一下您本国的公路基础设施？	世界经济论坛 2010 年和 2011 年执行人员的调查问卷

（续表）

支柱	分指标	评　价　方　法	数据来源
支柱5 运输基础设施的可用性和质量	5.06 道路质量	极不发达　[1 2 3 4 5 6 7]　分布广泛有效 （按国际标准）问卷的处理办法和数值计算： (1) 删选问卷，如果整个问卷的完成率≤50%，问卷则舍去。 (2) 对问卷的数值采取多变量孤立点分析（multi-variate outlier analysis），找出与一般情况的数据不一致的，舍去。具体采用马氏距离方法（Mahalanobis distance technique），未优化数据。 (3) 标准化 $$Z_{i,q,c} = \frac{x_{i,q,c} - \bar{x}_{q,c}}{\sigma_{q,c}}$$ 其中，$x_{i,q,c}$表示c国的受访者i对问题q的回答； $\bar{x}_{q,c}$表示c国对问题q回答的平均值和标准差； $\sigma_{q,c}$表示c国对问题q回答的标准差； $Z_{i,q,c}$的绝对值大于3的排除。 (4) 数据加权处理：具体指标用$\bar{q}$表示，将一国经济分为3个部分：第一产业（农业），第二产业（工业制造业），第三产业（服务业） $$\bar{q} = \sum_s^S w_{s,c} \times q_{s,c}, 其中 q_{s,c} = \sum_j^{N_{s,c}} \frac{q_{j,s,c}}{N_{s,c}}$$ $w_{s,c}$代表某一产业s占一国c总的经济比重；$q_{s,c}$是该国s部门的调查对象数据的平均值；$q_{j,s,c}$是调查对象j来自c国的s产业；$N_{s,c}$是c国s部门的调查对象的总数。	世界经济论坛2010年和2011年执行人员的调查问卷

（续表）

支柱	分 指 标	评 价 方 法	数据来源
支柱 5 运输基础设施的可用性和质量	5.07 港口基础设施的质量	怎样评估一国的国家港口设施？（1＝极其不发达；7＝按国际标准来说，对内陆国家来说，这个指标标测量了获得港口设施和临河运河运的便利性）2010、2011 原始问卷： How would you assess port facilities in your country? Extremely underdeveloped 1　2　3　4　5　6　7 Extensive and efficient by international standards 评价一下您本国的港口基础设施？ 极不发达 1　2　3　4　5　6　7 （按国际标准）分布广泛有效 问卷的处理办法和数值计算： (5) 删选问卷，如果整个问卷的完成率≤50%，问卷则舍去。 (6) 对问卷的数值采取多变量孤立点分析（multi-variate outlier analysis），找出与一般情况的数据不一致的，舍去。具体采用马氏距离方法（Mahalanobis distance technique），来优化数据。 $Z_{i,q,c}$ 表示 c 国的受访者 i 对问题 q 的回答； $$Z_{i,q,c} = \dfrac{x_{i,q,c} - \bar{x}_{q,c}}{\sigma_{q,c}}$$ (7) 标准化 其中，$x_{i,q,c}$ 表示 c 国对问题 q 回答； $\bar{x}_{q,c}$ 表示 c 国对问题 q 回答的平均值的标准； $\sigma_{q,c}$ 表示 c 国对问题 q 回答的平均值的标准差； $Z_{i,q,c}$ 的绝对值大于 3 的排除。 (8) 数据加权处理：具体指标用 q 表示 将一国经济分为 3 个部分：第一产业（农业）、第二产业（工业制造业）、第三产业（服务业），	世界经济论坛 2010 年和 2011 年执行人员的调查问卷

（续表）

支柱	分指标	评价方法	数据来源
支柱5 运输基础设施的可用性和质量	5.07 港口基础设施的质量	$\bar{q} = \sum_s^S w_{s,c} \times q_{s,c}$，其中 $q_{s,c} = \sum_j^{N_{s,c}} \frac{q_{j,s,c}}{N_{s,c}}$ $w_{s,c}$ 代表某一产业 s 占一国 c 总值的经济比重；$q_{s,c}$ 是该国经济对象 c 国的平均值；$q_{j,s,c}$ 是调查对象 j 来自 c 国的 s 产业，是 c 国 s 部门调查对象的平均值；$N_{s,c}$ 是 c 国 s 部门调查对象的总数。	世界经济论坛2010年和2011年执行人员的调查问卷
支柱6 运输服务的可得性和质量	6.01 班轮运输相关指数	班轮运输相关指数表明各国与全球航运网络的连通程度。联合国贸易和发展会议(UNCTAD)根据海运部门的五个分数据计算得出：船舶数量、船舶承载能力、最大船舶数量、服务数量、在一国港口部署集装箱船舶的公司数量。对于每一部分数据，各国的数值都要以2004年除以2004年的最大值，然后最后乘以100。每一部分数据取每个国家五个分数据的均值，再用均值除以2004年的最大值，再用均值乘以100。对于拥有2004年最高平均值的国家，其值定为100。 班轮运输相关指数计算方法： 找到当年班轮运输的五个部分数据和基年(2004年)的五个部分的数据。 五部分包括： (1) 船舶数量(number of ships，港口班轮航线船舶的数量)； (2) 船舶集装箱承载能力(the container carrying capacity in TEUs of those ships，港口可利用的集装箱运输能力，也就是20英尺标准集装箱(TEU)的数量)； (3) 最大型船舶规模(maximum vessel size，港口可利用的最大船型)； (4) 航线数量(the number of services，港口的班轮航线数量)； (5) 在一国港口部署集装箱船舶的公司数量(number of companies that deploy container ships in a country's ports，港口班轮航线配船的船公司数量)。 $A_1 = \dfrac{当年的船舶数量}{2004年的船舶数量}$；同理得出 A_2, A_3, A_4, A_5 然后：班轮运输相关指数(LSCI) $= \dfrac{\sum\limits_{i=1}^{5} A_i}{5} \times 100$	五个部分的数据需要在联合国贸易和发展会议(UNCTAD)从集装箱国际在线（www.ci-online.co.uk）获得。但是，最初的原始数据来自劳氏情报（Lloyd's List Intelligence）。Lloyd's List Intelligence可以提供计算该相关指数相关五个部分(船舶数量、集装箱承载能力、最大型船舶规模、航线数量、在一国港口部署集装箱船舶的公司数量)的数据。但是，需要事先需咨询购买。

（续表）

支柱	分指标	评价方法	数据来源
	6.02 船运的便利和可购性	这个变量评估与国际船运有关的便利性和费用。在调查中,要求调查对象对货物运输(指他们进行贸易往来的入个主要的贸易合作国家)的便利性和费用进行评估。业绩使用 5 分评估指标(1 代表最低;5 代表最高),这个评价是根据他们在国际物流行业的经验而且与通常的行业标准和惯例相一致。原始问卷:Assess the ease of arranging competitively priced international shipments? □ Very low □ Low □ Average □ High □ Very high 您评估一下在安排价格具有竞争力的货运的难易度? □ 很低 □ 低 □ 一般 □ 高 □ 很高 数据分析:对一个给定的海外市场,用调查数据的值求其简单平均数。即: $\bar{X}=\frac{1}{n}\sum_{i=1}^{n}X_i$	世界银行 2012 年的物流绩效指数 http://info. worldbank. org/etools/tradesurvey/modelb, asp # moreinfo (可下载) 2012 年的数据是来自 2011 international LPI survey(来自 155 个国家和地区的近 1 000 个调查对象)
支柱 6 运输服务的可得性和质量	6.03 物流的竞争力	这个变量衡量了当地物流行业的竞争力。物流行业被问及评价他们与他国家物流行业的业务联系(5 代表最高;1 代表最低),这个评价是根据标准化和惯例而相一致。用 5 分评价指标与他们在国际物流行业的经验和行业标准相一致。原始问卷:Evaluate the overall level of competence and quality of logistics services (e.g. transport operators, customs brokers)? □ Very low □ Low □ Average □ High □ Very high 您评估一下物流运营商和报关行)的竞争力和质量水平? □ 很低 □ 低 □ 一般 □ 高 □ 很高 数据分析:对一个给定的海外市场,用调查数据的值求其简单平均数。即: $\bar{X}=\frac{1}{n}\sum_{i=1}^{n}X_i$	世界银行 2012 年的物流绩效指数 http://info. worldbank. org/etools/tradesurvey/modelb, asp # moreinfo (可下载) 2012 年的数据是来自 2011 international LPI survey(来自 155 个国家和地区的近 1 000 个调查对象)

（续表）

支柱	分指标	评价方法	数据来源
	6.04 跟踪和追踪能力	可以跟踪和追踪托运货物(1代表非常低；5代表非常高)这个变量衡量了跟踪和追踪托运货物的能力。关于物流业绩指数的调查中，要求被调查对象对其主要的8个主要贸易合作国家)的可追踪性进行评估。物流绩效指数的调查问卷被问及去评价入8个国家跟踪和追踪货物的能力。业绩评价使用5分评价指标(1代表最低；5代表最高)，这个评价是根据他们在国际物流行业的经验而且与通常的行业标准和惯例相一致。 Rate the ability to track and trace your consignments? ☐ Very low ☐ Low ☐ Average ☐ High ☐ Very high ☐很低 ☐低 ☐一般 ☐高 ☐很高 数据分析：对一个给定的海外市场，用调查数据的值求其简单平均数。 即：$$\bar{X} = \frac{1}{n}\sum_{i=1}^{n} X_i$$	世界银行2012年的物流绩效指数 http://info.worldbank.org/etools/tradesurvey/model1b.asp#moreinfo(可下载) 2012年的数据是来自2011 international LPI survey(来自155个国家和地区的近1000个调查对象。)
支柱6 运输服务的可得性和质量	6.05 船运到达目的地的及时性	这个变量衡量了货物准点到达目的地的频率。关于物流业绩指数的贸易调查中，要求调查对象对货物到达目的地(指运物到目的国家)的时效性进行评估。这个评价是根据他们在国际物流行业的经验而且与通常的行业标准和惯例相一致。业绩使用5分评价指标(1代表最低；5代表最高)，这个评价是根据他们在国际物流行业的经验而且与通常的行业标准和惯例相一致。 When arranging shipments, how often do they reach the consignee within the scheduled or expected delivery time? ☐ Very low ☐ Low ☐ Average ☐ High ☐ Very high ☐很低 ☐低 ☐一般 ☐高 ☐很高 数据分析：对一个给定的海外市场，用调查数据的值求其简单平均数。 即：$$\bar{X} = \frac{1}{n}\sum_{i=1}^{n} X_i$$	世界银行2012年的物流绩效指数 http://info.worldbank.org/etools/tradesurvey/model1b.asp#moreinfo(可下载) 2012年的数据是来自2011 international LPI survey(来自155个国家和地区的近1000个调查对象。)

（续表）

支柱	分指标	评价方法	数据来源
支柱6 运输服务的可得性和质量	6.06 邮政服务效率	你认为你的国家邮政系统在多大程度上能把你朋友寄给你100美元的包裹寄到您的手中？（1代表一点也不信任；7代表完全信任）	世界经济论坛2010年和2011年执行人员调查问卷
	6.07 服务贸易总协定在运输部门的规定	这个指数测量的是在服务贸易协定下运输协定涉及以下的部门：航空运输服务；海洋运输服务；公路运输服务和隶属于其他所有运输服务的子部门（仅限于非内陆国家）；铁路运输服务。这里客运服务被排除在外而且我们只考虑完全开放的子部门。这里用2010年全球贸易加权所得。	国际贸易中心数据和作者的计算所得
支柱7 信息通信技术的可用性和使用	7.01 商业网络使用范围	一国中,公司在多大程度上使用互联网经营（如：买卖商品,与顾客和供应商的互动）？（1代表几乎没有；7代表广泛使用）	世界经济论坛2010年和2011年执行人员调查问卷
	7.02 移动电话用户	每百人中移动电话订购量,2010年或最近一年可获得的数据,蜂窝式移动电话用户是使用移动电话可支换的手机通讯技术。它提供和已付和包括非峰窝数据服务。这还包括分类的系统,或无线寻呼服务亦不包括在内。固定无线用户,公众数据用户也包括在内。	国际电信联盟,ITU世界电信/信息通信技术指标数据库(2011年12月版)
	7.03 宽带互联网用户	每百人中宽带互联网用户,2010年或最近一年可获得的数据。国际电信联盟认为宽带用户应该是任何专用连线在两个不同方向上接入数字用户专线的是DSL数字用户端。宽带用户(如光纤,固定无线,公寓局域网,电缆调制解调器和其他宽带用户)每秒256千比特或更快或更快的是宽带网络。电缆调制解调器和其他宽带调制器和其他宽带用户(如光纤,固定无线,公寓局域网,卫星连接)的总和。	国际电信联盟,ITU世界电信/信息通信技术指标数据库(2011年12月版)

（续表）

支柱	分指标	指标	评价方法	数据来源
支柱7 信息通信技术的可用性和使用		7.04 政府在线服务指数	政府在线服务指数评估了政府提供的在线服务的质量（0代表低；1代表高）？这个指数衡量政府给居民提供在线服务的绩效。有四个阶段的服务支付(Emerging, Enhanced, Transactional, and Connected)。在线服务根据其成熟度分配给每一个阶段，从基础到相应阶段提供的服务的成熟的。在每一个国家，政府的在每一个阶段的表现由相应阶段提供的服务（其占最大值）的百分比来衡量。服务包含在线服务、多媒体内容的配置，政府征求公民输入的需求分析和社会网络的使用。关于使用电子化政府调查的更多细节，请查询2012年联合国全球电子化政府调查的网页 http://www2.unpan.org/egovkb/global_reports/12report.htm	联合国，2012年联合国全球电子化政府调查，E-Government for the People
		7.05 互联网用户	2010年使用网络比例的个人网络用户是接入全球通信网络的个人	国际电信联盟，ITU世界电信/信息通信技术指标数据库(2011年12月版)
		7.06 固定电话线路	每一百人中固定电话线路，2010年或最近一年可获得的数据。固定电话线路即连接用户终端设备和公共电话交换设备且在电话网络通用于固定无线用户的固定电话线路。综合服务数字网络的固定无线用户均包含在内。	固定电信局，ITU世界电信/信息通信技术指标数据库(2011年12月版)
支柱8 监管环境		8.01 产权	该综合指数衡量财产权和知识产权的保护程度，该指数来自2011—2012年全球竞争性指数。这个指标是两个小变量的平均数：(1)财产权（包括金融资产）的保护程度（1代表非常弱；7代表非常强）；(2)知识产权（包括防伪措施）的保护程度（1代表产权，评价一下一国的知识产权；7代表非常强）这个综合变量对应于2011—2012年全球竞争性指数1.A1	世界经济论坛，2011—2012年全球竞争性报告

(续表)

支柱	分指标	评价方法	数据来源
支柱8 监管环境	8.02 道德和腐败	该综合指数评估了伦理准则和腐败的水平,其来自 2011—2012 年全球竞争性报告 这个指标是两个变量的平均数:(1)挪用公款,公司,个人或企业组织挪用公款的情况是否普遍,由于腐败,在您的国家?(1代表非常普遍;7代表非常罕见)(2)公众对组织挪用公款的公众信任程度?的伦理准则的公众信任程度的公众信任程度。这个综合变量对应于 2011—2012 年全球竞争指数的综合指标 1.A.2	世界经济论坛,2011—2012 年全球竞争性报告
	8.03 负面影响	该综合指数评估了司法系统和政府官员的不正当影响的不正当影响的程度,其来自 2011—2012 年全球竞争性报告 这个指标是两个变量的平均数:(1)司法独立性。您本国的审判独立性。在您的国家,公民或公司的影响程度?(1代表深受影响;7代表独立,完全独立)(2)政府官员决策方面的偏袒。当拟定政策和合同时,您本国的公司是总是显露偏袒;1代表从不偏袒)这个综合变量对应于 2011—2012 年全球竞争指数的综合指标 1.A.3	世界经济论坛,2011—2012 年全球竞争性报告
	8.04 政府效率	该综合指数评估了政府的效率水平,其来自 2011—2012 年全球竞争性报告 这个指标是5个变量的平均数:(1)政府支出的浪费。评价一下您本国的公共支出?(1代表极其浪费,7代表在提供必要的物品和服务方面非常有效)(2)政府管制的负担。对您本国的企业来说,遵守政府管理需求(如许可,规章,报道)是否繁重?(1代表非常繁重;7代表毫无压力)(3)处理纠纷的法律框架的效率。对私营企业来说,在法律框架下处理纠纷,处理纠纷的效率(1代表极其低效;7代表极其高效);(4)在法律框架下挑战政府行为和管制的合法性的效率。本国企业改变产业获取政策和信息的容易程度?(1代表不可能;7代表极其容易);(5)政府政策制定的透明度。本国企业在了解影响其产业的政府政策和信息的容易程度?(1代表极其容易)这个综合变量对应于 2011—2012 年全球竞争指数的综合指标 1.A.4	世界经济论坛,2011—2012 年全球竞争性报告

（续表）

支柱	分指标	评价方法	数据来源
	8.05 国内竞争	该综合指数衡量国内竞争的强度和相关政策的质量，其来自2011—2012年全球竞争性报告。这个指标是8个变量的平均数：(1)当地市场竞争的强度。评估一下本国当地市场竞争强度的水平？(1代表大多数产业竞争都有限;7代表大多数产业竞争激烈)(2)市场支配的程度。您怎么描述本国企业行为？(1代表被少数几个商业集团所垄断;7代表分散在许多公司)(3)反垄断政策的效率。您本国反垄断政策改善竞争环境的程度？(1代表没有任何改善;7代表有效的提升市场竞争)(4)税收对影响程度。税收对工作的激励影响效果？(1代表很大的限制工作的激励和投资;7代表对工作的激励和投资没有影响)(5)总税率。其定义是由利润税,劳动税和贡献,及其他税所构成的;(6)开始经营的程序一个序数是开始经营需要的时间,被定义为多少时间才能开始经营一个企业;(7)农业政策费用。评价一下您本国的状况？(1代表它为纳税人,消费者和制造商的综合利益来说过于繁琐;7代表它平衡了纳税人、消费者和制造商的综合利益）这个综合变量对应于2011—2012年全球竞争性指数的综合指标 6.A.1	世界经济论坛，2011—2012年全球竞争性报告
支柱8 监管环境	8.06 金融市场的效率	这个指标是5个变量的平均数：(1)金融市场成熟度(金融市场成熟)。评估一下一国的金融市场成熟度的水平？(1代表按国际标准很不成熟;7代表按国际标准成熟)(2)通过本地的股票市场发行股份筹集资金的难易程度？(1代表很难;7代表很容易)(3)获得贷款的便利性。仅有一个好的商业计划而无担保物的情况下，获得银行贷款的难易程度？(1代表非常容易;7代表非常难)(4)风险资本的可用性。在有风险项目的创新者，有风险资本获得融资的难易程度？(1代表很难;7代表很容易)(5)投资保护力度(交易保护指数)的透明度(从1到10;10代表更多的披露）(6)法律权利力度指数(自我获利的能力)和股东有权提起诉讼的能力这个综合变量对应于2011—2012年全球竞争性指数的综合指标 8.A	世界经济论坛，2011—2012年全球竞争性报告

（续表）

支柱	分指标	指标	评价方法	数据来源
支柱8 监管环境	8.07 对外开放程度：这个指数是由四个变量算出来的平均数：雇用外籍劳工的便利，外资所有权的普遍率，FDI对商业规则的影响和对多边贸易规则的开放	8.07a 雇用外籍劳工的便利	一国的劳动管制在多大程度上限制雇用外籍劳工？（1代表对雇用外籍劳工有很多的限制；7代表几乎没限制）	世界经济论坛2010年和2011年执行人员的调查问卷
		8.07b 外资所有权的普遍率	一国的外国所有权的公司的普遍程度？（1代表很少见，7代表非常普遍）	世界经济论坛2010年和2011年执行人员的调查问卷
		8.07c FDI对商业规则的影响	政策在多大程度上鼓励外国直接投资？（1代表不鼓励FDI；7代表很十分鼓励FDI）	世界经济论坛2010年和2011年执行人员的调查问卷
		8.07d 对多边贸易规则的开放	这个指数评估国家在制定多边贸易规则和合约的参与度。多边贸易规则都阐明了在特定领域上的国际通行的法律准则。国家认可的惯例、条约和收录进国家法律示范准则数依据国际贸易中心的贸易条约地图（ITC's Trade Treaties map）——LegaCarta system，它在分析了各国的制定，通过28个不同的国际组织监督了大约280个多边贸易规则，合约的制定和修正及其修正，然后根据它的重要性和贸易挑选出40个核心之约。这40个文书分七大类：合同，海关，解决争议机制，营运，知识产权，投资和航空运输。为了计算指数，每一个核心之约属于一个个相关重要性的权数。核心合约的选择依据这7个准则又由7个准则和普适性。而这些重要性和相关性又由7个准则所支配，包括国际统一、透明度、可预测性，友好和商业环境的创建，私营部门活动的支持，鼓励外国直接投资），国际法律专家对它们不同看法适用于所有国家，而非常重要，由于不着挑选出它们不同看法反映国家优先发展或经济发展水平（与内陆国关系不大），没有被考虑进去，没有考虑进去。具有普适性（减少交易成本，贸易便利性的创建，友好的商业环境和地理位置或经济发展水平（与内陆国关系不大），没有被考虑进去，由于内部交易考虑进去因为它们不考虑世界贸易组织（WTO）协议，处置安全的金融市场的续短也是因为加入WTO并不是单单依赖于一个非成员国想加入WTO的意愿。	国际贸易中心，根据map-LegaCarta贸易条约数据库的数据

（续表）

支柱	分 指 标	评 价 方 法	数据来源
支柱 8 监管环境	8.08 贸易融资的可得性	在一国中，以可承受的成本（贸易信用保险和信用如信用证、银行承兑汇票、预付款、赊销）获得贸易融资有多容易？（1 代表普遍；7 代表从没发生）	世界经济论坛 2010 年和 2011 年执行人员的调查问卷
	9.01 警方服务的可靠性	一国的警方执行法律和秩序的服务在多大程度上是可信的？（1 代表一点也不可信；7 代表总是可信的）	世界经济论坛 2010 年和 2011 年执行人员的调查问卷
支柱 9 人身安全	9.02 暴力和犯罪的商业成本	一国的犯罪和暴力的发生是否把成本强加给了企业？（1 代表成本巨大；7 代表没有成本）	世界经济论坛 2010 年和 2011 年执行人员的调查问卷
	9.03 恐怖主义的商业成本	恐怖主义的威胁是否把成本强加给了企业？（1 代表成本巨大；7 代表没有成本）	世界经济论坛 2010 年和 2011 年执行人员的调查问卷

资料来源：WEF, "The Global Enabling Trade report 2012"。

第八章
中国(上海)自由贸易试验区与文化产业化

第一节　上海自贸试验区为上海文化产业带来的机遇与挑战

联合国教科文组织将"文化产业"定义为:按照工业标准,生产、再生产、储存以及分配文化产品和服务的一系列活动。文化产业作为一种特殊的文化形态和特殊的经济形态,是现代服务业的重要板块。世界经济进入了以知识和文化为核心竞争力的时代,文化要素成为推动经济增长的主导要素。文化产业作为一种软实力,在国际服务贸易领域的地位日渐突出,美国等文化产品出口大国,凭借自身强大的产业实力迅速抢占国际市场。我国文化资源丰富,但文化产业实力有待加强,目前对外文化贸易存在严重贸易逆差。

文化产业具有涉及领域广、资源消耗少、环境污染小、智力密集程度高、吸纳就业人数多、拉动消费能力强等特点,是满足人民群众多样化、多层次、多方面精神文化需求的重要途径,是推动经济结构调整、转变经济发展方式、保持经济平稳较快发展的重要着力点①。

一、　上海文化产业发展现状

上海文化产业发展总体态势良好,是加快上海经济发展的重要力量②,已经成

---

① 文化部:《文化部关于加快文化产业发展的指导意见》,2009 年。
② 上海市文化广播影视管理局:《上海市文化创意产业发展"十二五"规划》,2011 年。

为上海的支柱性产业。从 2004 年至 2012 年 8 年间，文化产业增加值增幅（除了个别年度）保持在 11%—15%，文化产业占全市生产总值的比重（除了世博会因素）总体达到 5%—6%，文化产业劳动生产率高于全市平均水平，对上海经济发展的贡献不断增强（见表 8.1）。

表 8.1 2004—2012 年上海文化产业主要数据

年份	文化产业总产出（亿元）	文化产业增加值（亿元）	文化产业增加值比上年增长（%）	文化产业增加值占全市 GDP 比重（%）	对上海经济贡献率（%）
2004	1 563.87	445.73	15.3	6.0	7.9
2005	2 081.01	509.23	13.2	5.51	6.5
2006	2 349.51	581.38	13.0	5.61	6.0
2007	2 718.95	683.25	14.2	5.61	5.6
2008	3 304.80	780.11	11.0	5.70	6.5
2009	3 555.68	847.29	9.5	5.63	6.8
2010	5 499.03	1 673.79	15.6	9.75	14.0
2011	6 429.18	1 923.75	13.0	5.73	15.5
2012	7 695.36	1 188.43	10.8	5.91	20.2

资料来源：上海市统计局。

上海文化产业体系逐步完善，产业规模持续扩大，产业结构不断优化。文化服务业集中度稳步提高，种类齐全，网络文化、动漫游戏、影视制作、文化会展、数字出版、民间技艺等优势文化服务产业集群逐步形成；成长起一批骨干文化企业，培育了一批知名文化品牌、优秀文化产品和文化领军人才；国有文化资本在传媒、出版、演艺等领域优势凸现，民营资本在网络游戏、影视制作、文化经纪、信息服务、休闲娱乐、文化艺术品经营等领域已占主要份额，初步形成了以公有制为主体、多种所有制共同发展的文化产业格局；文化产业与数字、网络等新技术加速融合，带动文化产业转型升级，新兴媒体、新兴业态不断涌现；以文化产权和版权为核心的文化要素市场建设积极推进，跨领域、跨部门合作大有起色，形成一批产业发展的亮点、重点、新增长点，构筑起完整的文化服务产业链。2010 年 2 月 10 日，联合国教科文组织正式批准上海加入联合国教科文组织"创意城市网络"，颁发"设计之都"称号。截至 2012 年底，上海已拥有 114 家市级文化创意产业园区，规模居全国前列。

上海文化产业的持续、稳定、快速发展,离不开政府的推动和扶持。2006 年上海市政府制定《文化创意产业三年行动计划》和《网络文化三年行动计划》,着力搭建投融资、人才、展示交易等公共服务平台;2008 年和商务部共同签署《商务部和上海市人民政府关于共同推进上海市服务贸易发展的合作协议》,明确优先发展包括文化贸易在内的六个重点领域的服务贸易发展;2009 年颁发《关于加快上海市文化产业发展的若干意见》(沪委发[2009]12 号),提出上海文化产业的发展目标,制定加快文化产业发展的保障措施;2010 年成立"上海市文化创意产业推进领导小组",出台《上海市金融支持文化产业发展繁荣的实施意见》(沪金融办通[2010]24 号),编制《上海市文化创意产业发展"十二五"规划》;2011 年出台《关于促进上海市创意设计业发展的若干意见》、《关于促进上海电影产业繁荣发展的实施意见》、《上海动漫游戏产业发展扶持奖励办法》、《上海市网络视听产业专项资金管理办法》、《上海市促进文化创意产业发展财政扶持资金实施办法》等一系列产业推进政策;2012 年制定发布《上海推进文化和科技融合发展行动计划(2012—2015)》、《国家对外文化贸易基地(上海)发展三年行动计划》、《上海市文化创意产业紧缺人才开发目录》,完成对《上海市专利资助办法》的修订。

文化产业化,最主要的是全面的规模化和市场化、完善的保障体系和系统的产业配置。十年来上海文化产业的发展成就,为上海自贸试验区文化产业化奠定了坚实基础,积累了丰富经验;试验区的文化产业化实践,也必将为上海文化产业的进一步发展提供可复制、可推广的样本。上海自贸试验区建设,制度创新是核心,旨在探索跨境贸易和跨境投资的全新规则,是中国迈向更高水平对外开放的新起点[①],有利于促进文化产业要素的全球性流通,推动国内外文化资本、文化企业、文化项目的对接,突破文化贸易壁垒,降低文化交易成本,为文化产业带来跨越式发展的历史性机遇。与此同时,外资巨头文化企业入驻上海自贸试验区,导致"鳄鱼效应"与"鲶鱼效应"并存,有可能冲击上海本地文化产业原有的发展进程和模式,对上海文化产业发展带来巨大的挑战。

---

① 国务院:《中共中央关于全面深化改革若干重大问题的决定》,2013 年。

二、 上海自贸试验区建设为上海文化产业发展带来的机遇

1. 产业发展环境优化，为文化产业发展提供广阔空间

上海自贸区在管理体制、监管制度、金融创新等领域的探索，为深化文化产业发展创造了宽松的制度空间和外部环境。对加强培育外向型文化企业，推动新兴领域的文化企业发展，形成国际竞争力强的文化企业集群方面提供了新的契机，尤其是数字出版、新媒体、动漫游戏、互动视听服务等新兴领域，将有可能获得更大的发展空间和投资机会。

在监管模式上，上海自贸试验区实施"一线逐步彻底放开、二线安全高效管住、区内货物自由流动"，海关不再采用批次监管模式，而采用集中、分类、电子化监管模式，将使得文化产品的进入、加工、转口贸易等更加便利和快捷，围绕文化产品所需的服务必将大幅增加；允许在试验区内设立外资经营的演出经纪机构、演出场所经营单位和娱乐场所，使得广播影视、演艺娱乐等文化展演、展示、交易的壁垒会大大降低，文化要素流动性加强。

在投资管理上，对境外投资开办企业实行以备案制为主的管理方式，通过营造跨境投资便利化制度，在试验区集聚跨国公司，搭建包括金融、法律等一系列制度服务的境外投资管理平台，打造国内企业"走出去"的重要基地，将有利于鼓励发展科技含量高、创意含量高、国际化程度高的数字出版、新媒体、先进文化装备制造等新兴文化业态，盘活更多的社会资源和文化财富，为社会资本参与中国的文化投资打开方便之门，在全球范围内形成中国文化企业的投资便利化通道。

2. 负面清单管理模式，为文化产业国际贸易创造便利

负面清单管理模式的要义并不在于"负面"，而在于国家对国民待遇等"正面"义务的承担，旨在推进国际贸易的非歧视、市场化、自由化。试验区内开放政策，将大大降低文化交易成本，刺激和带动文化企业技术、信息、产品的外部延伸，助推文化产业的多元化发展，促进关联产业的深度融合，培育市场经济新的增长极，推动中外文化的互动融合。

（1）建设国家对外文化贸易基地，将有利于促进文化贸易快速发展。

国家对外文化贸易基地前身是 2007 年由上海市委宣传部和浦东新区政府设立外高桥保税区的上海国际文化服务贸易平台。2011 年 10 月，文化部将贸易平台命名为"国家对外文化贸易基地"，旨在利用保税区海关特殊监管区域的贸易便利，利用浦东综合配套改革的先行优势，推动国内文化企业、产品和服务走出国门，参与国际竞争。

国家对外文化贸易基地是上海独特的文化贸易平台，有效利用文化贸易基地，将推动上海国际文化服务贸易平台的进一步发展。依托这一平台，可以打造国内外知名文化企业聚集基地、文化服务进出口贸易基地、文化服务展示推介基地、文化服务贸易金融政策试验基地以及专业化文化服务贸易研究培训基地，搭建文化企业与海外市场沟通交流的桥梁；依托"国家对外文化贸易基地"内的上海文化产权交易所，可以探索新技术条件下的文化产权、版权的交易品种、交易方式、渠道策略和推广方式，推动文化服务产品交易市场的发展。

（2）保税艺术品仓库为艺术品交流交易提供新平台。

上海自贸试验区成立的国内首个国际艺术品保税仓储交易中心，具有安全系数高、财务成本低、时间无限制等优势，为艺术品的交流交易提供了全新的平台。通过这一平台，艺术品可以以保税形式到区外展示。在毗邻试验区的森兰国际社区，计划投资 15 亿元建立面积 10 万平方米的国际艺术港，吸引美术馆、艺术酒店、教育机构等入驻，有利于扩大国际与国内艺术品交易、展示、投资及服务的产业链。

（3）文化服务贸易创新潜力巨大，可开辟文化贸易服务新领域。

文化服务是上海自贸试验区六大服务业扩大开放领域之一，政策红利吸引国内外大批文化企业入驻，与文化贸易相关的领域有广阔的创新空间，可开辟文化贸易服务的诸多新领域，包括文化产品仓储、租赁、展示、外包服务，文化服务中介机构和文化衍生后期服务。

一是文化产品仓储服务。可利用上海自贸试验区的保税仓储物流、离岸保税功能，为境外文化产品提供专业、高端和精良的仓储服务，降低运输、展示和交易成本。

二是文化设备租赁服务。可利用上海自贸试验区的保税租赁优势，为试验区乃至上海高端进口文化设备提供租赁服务，以此降低试验区及上海，乃至长三角的影视、演艺、出版、传媒等领域文化企业的技术成本，提升产品和服务加工的能级，增强参与国际市场竞争的能力。

三是文化产品展示服务。利用上海及长三角地区现有的上海国际电影节、上海电视节、中国上海国际艺术节、"上海之春"国际音乐节、中国国际动漫游戏博览会、中国国际数码互动娱乐产品及技术应用展览会、上海书展、上海国际印刷周、上海艺术博览会和上海春季艺术沙龙等知名国际节庆会展，在上海自贸试验区内拓展国际文化产品展示服务，深化其国际文化贸易功能。

四是文化服务外包服务。文化服务外包是对外文化贸易的重要组成部分，也是国内文化企业"走出去"的重要形式之一。在中国文化产业发展水平相对较低的状态下，国内的文化企业通过文化服务外包来提高创意能力和制作水平，显然是一条发展的捷径。如可在上海自贸试验区内建设上海影视动漫游戏制作服务外包分发平台，推动国内优秀制作力量与国际创意、国际资本接轨。

五是文化服务中介机构。吸引国内外著名文化服务中介机构入驻，引导其加强与海外、境外、国内文化企业的对接合作，形成以上海自贸试验区为中心的贸易代理、金融服务、推介宣传、法律服务等各类国际文化贸易中介服务机构群，提升试验区面向国际国内文化企业的贸易配套服务能力。试验区可以积极依托商务部和上海市共同主办的中国（上海）国际跨国采购大会，积极扶持一批具有国际化视野的专业文化贸易公司和海外代理机构，以促进我国国际文化贸易。

六是文化衍生后期服务。文化产业依其产业属性可以分为文化核心产业、文化支持产业、文化配套产业和文化衍生产业，并形成相应的产业集群。在以生产经营管控为特征的负面清单管理机制下，大力发展文化衍生产业，提升后期制作服务功能，可以作为上海自贸试验区文化服务扩大开放的优先发展途径。可利用保税、免税的优势，吸引国际影视动漫游戏制作企业和设备供应商在试验区的集聚，增强其为上海、长三角乃至全国的国际影视动漫游戏制作的服务功能，并以此加快文化科技的国际产业转移。

3. 金融服务扩大开放,为文化产业发展提供融资平台

资金短缺、融资困难是束缚文化产业发展的主要障碍。上海自贸试验区政策最大的突破是金融服务领域的开放,引入国际金融服务规则,这为搭建各类文化产业金融服务平台提供便利,为文化产业与金融产业融合发展创造机会。在风险可控前提下,将在试验区内对人民币资本项目可兑换、金融市场利率市场化、人民币跨境使用等方面创造条件进行先行先试。在试验区内实现金融机构资产方价格实行市场化定价。探索面向国际的外汇管理改革试点,建立与自由贸易试验区相适应的外汇管理体制,全面实现贸易投资便利化。鼓励企业充分利用境内外两种资源、两个市场,实现跨境融资自由化。深化外债管理方式改革,促进跨境融资便利化。深化跨国公司总部外汇资金集中运营管理试点,促进跨国公司设立区域性或全球性资金管理中心。建立试验区金融改革创新与上海国际金融中心建设的联动机制。对金融服务的开放有利于企业对文化产业的投资,促进文化产业与金融产业的融合。

上海自贸试验区涉及文化服务领域开放主要集中在三个方面:一是允许外资企业从事游戏游艺设备的生产和销售,通过文化主管部门内容审查的游戏游艺设备可面向国内市场销售。二是取消外资演出经纪机构的股比限制,允许设立外商独资的演出经纪机构。三是允许设立外商独资的娱乐场所,在区内提供服务。文化服务开放程度有限,但可通过促使文化企业自发利用区内金融、投资与服务业的开放政策,主动对接金融资源等方式,发展文化金融服务。文化金融服务是文化产业赖以发展的经济基础,通过推动国内文化资本对接国际文化企业与项目,从而有效突破文化产业"走出去"的障碍和瓶颈,积极推进文化贸易的离岸服务。

金融与文化产业的融合发展,推进文化要素整合和资源优化配置,有利于增强文化产业的核心竞争力,加快发展方式的转变、提升城市软实力;有利于拓展金融产业业务范围,完善服务功能,培育新的盈利增长点;有利于优化上海人文环境,集聚金融人才,加快上海国际金融中心建设。

4. 知识产权制度创新,将引导文化产业健康有序发展

上海自贸试验区内知识产权保护政策管理体系初现轮廓,运行机制日趋多元。

专利和版权方面的行政管理和执法由试验区管委会统一行使，商标的行政管理、行政执法则由设在区里的工商局行使；在加强知识产权保护方面，已经尝试从司法保护、行政保护以及通过第三方多元化的机制去解决知识产权纠纷。

试验区对知识产权保护将会更加国际化，更加符合国际准则和惯例，获得国外授权的知识产权在区内将得到充分保护。由此，区内知识产权的数量将大量增加，区内外的政策差别可以创造知识产权的套利空间，知识产权将成为贸易的增值部分，知识产权融资业务将兴起，知识产权的第三方交易平台存在极大的机会。随着区内知识产权交易和服务需求的增加，外资知识产权机构很有可能入驻试验区，通过知识产权申请、运营、诉讼、谈判等多方面业务，可为我们学习先进知识产权服务理念和模式提供可能。同时，在相关政策配套支持下，积极转型之后的我国知识产权服务机构也有可能通过试验区走向全球市场。

5. 人才中介、教育培训领域开放，有助于高端人才队伍建设

长期以来，高端专业人才不足是限制上海文化产业发展的主要瓶颈之一，文化产业发展急需的创意策划、经营管理、经纪代理、文化贸易等方面的领军人才严重缺乏，尤其缺乏熟悉文化产业内在规律的法律、经济、金融、科技等复合型专业人才。试验区开放人才中介服务，允许设立中外合资人才中介机构，允许外方合资者拥有不超过 70% 的股权，允许港澳地区的文化服务提供者设立独资人才中介机构，将拓宽文化产业专业人才引进的渠道。

上海自贸试验区的政策还包括开放教育培训、职业技能培训业，允许举办中外合作经营性教育培训机构和职业技能培训机构。经营性教育培训和职业技能培训机构的设立，可以更便捷地吸收、借鉴国外先进的文化产业管理理念、经验，技术等，提高文化产业就业人员知识技能和专业素养，加强创意人才队伍建设。

6. 游戏机领域开放，为游戏机产业发展带来难得契机

上海自贸试验区允许外资企业从事游戏游艺设备的生产和销售，通过文化主管部门内容审查的游戏游艺设备可面向国内市场销售，这为游戏机产业带来新的发展契机。众多游戏领域企业纷纷借助试验区的优势积极在互联网和游戏等在内的业务领域布局：国内企业百视通和世界知名企业微软率先响应，迅速在试验

区注册成立了合资公司,计划推出家用游戏终端,将合力打造面向中国市场的家庭游戏娱乐中心;百视通还将大力引进世界一流技术,建立内容银行,及时地把国际流行的家庭娱乐平台提供给中国用户,同时实现中国主流文化产品的产业化输出。

7. 促使商旅活动频繁,从而带动旅游产业快速发展

上海自贸试验区对服务贸易和投资领域的扩大开放,提升了上海的投资吸引力,伴随着上海投资市场的繁荣,与此相关的商务客流将显著增长。商务客流人均消费水平较高,对吃、住、行、游、购、娱等相关产业带动作用明显,尤其对住宿与餐饮业影响巨大。旅行社服务被列为试验区扩大开放的专业服务领域之一,允许在试验区内注册的符合条件的中外合资旅行社,从事除台湾地区以外的出境旅游业务,这为上海国际旅游发展提供了广阔的空间。随着试验区开放政策的逐步推进,在不远的将来,有可能开设免税店,吸引内陆地区游客前来购物,促进上海旅游购物行业的大幅度增长。

三、 上海自贸试验区建设为上海文化产业发展带来的挑战

1. 外资文化企业强势进驻,有可能冲击本土文化企业发展

上海文化产业发展势头迅猛,取得了一定的成就,但与欧美发达国家的文化产业相比较,产业整体竞争力较弱,主要表现在:文化企业实力不强,产业化程度不高,在行业影响、技术水准和品牌塑造等方面尚不具备显著的优势,核心竞争力不突出;文化要素市场发育不充分,体现文化创新能力的主要指标及资本、产权、版权、技术、信息、人才等要素市场,与发达国家大都市相比差距较大;文化产业跨地区、跨所有制发展进程慢,企业、产品和服务对本地文化市场依赖性较强,与市场经济相适应的文化产业社会化、市场化服务体系及组织还不健全①;缺乏对文化产业发展的投融资服务,文化创意成果的产业转化渠道还不通畅。国外文化企业的逐步入驻,有可能将对本土文化产业发展造成较大冲击,尤其是图书、影视、广播等行业。

---

① 中共上海市委:《关于加快上海市文化产业发展的若干意见》,2009 年。

2. 对文化产业的不断开放，有可能影响文化产业自主创新

上海自贸试验区对文化产业的不断开放，有可能加深国内文化产业对跨国公司的技术依赖，影响本地文化企业自主创新的热情，进而导致自主创新能力的弱化甚至丧失。外资企业并购国内文化企业后，为保持其技术优势，会以提供技术为由，取消我国原有企业技术研发机构，造成我国技术依赖愈加严重，削弱本地文化企业的自主技术创新的能力，阻碍我国文化产业的技术进步。另外，外国资本并购我国文化企业后，会利用其雄厚的资本实力获得人才竞争的相对优势，从国内企业中挖走优秀人才，使本土文化企业的技术发展丧失动力。外资通过控制技术，削弱我国文化产业的国际竞争力，有可能对我国文化产业安全造成一定的隐患。

目前的"负面清单"管理只是从经济活动领域对文化行业、机构或部门在各个生产、传播、流通、消费等环节进行了若干限定，采取的是"生产环节管控"原则。这与文化服务对外开放的"内容底线管控"原则既有部分重合之处，又有部分冲突之处。内容贸易是文化贸易的重要组成部分，在试验区文化服务开放过程中，需要注意守住文化内容的底线。

3. 制度完善需要一定时间，有可能导致流氓企业乘机侵扰

发达国家在"文化无国界"的旗帜下，输出其文化价值观念，利用我国法律和保护机制上的种种漏洞，以看似合理合法的手段，攫取我国优秀的文化遗产宝库。[1] 我国的民间故事和民间文化元素被美国迪士尼公司和梦工厂先后拍摄了《花木兰》和《功夫熊猫》，传统中医验方和技艺被国外医药公司抢注专利，《红楼梦》、《水浒传》、《三国志》等文学名著被日本游戏公司抢注商标，这些资源没有成为中国自主知识产权的文化产品，我国企业对知识产权自我保护意识亟待加强。虽然试验区在知识产权保护制度创新方面取得一定的成果，但知识产权保护制度还不够完善，区内有可能出现专利投机人（patent troll）类型的企业，通过恶意抢注而取得专利，目的并非实施专利进行生产制造或产品销售，仅仅是寻找可能侵犯这些专利的公

---

[1] 鲁春晓：《文化入侵背景下我国"文化例外"原则实践研究》，《福建论坛（人文社会科学版）》，2013年第10期，第71—75页。

司。一旦被专利投机人盯上,要么支付专利使用费用,要么应付专利侵权诉讼。在试验区开放而激烈的市场竞争环境中,进行专利投机运营,不仅自由方便,而且成本低廉(注册公司成本低、寻找目标对象成本低)。如果专利投机人大规模渗透到试验区,将会扰乱上海文化产业的健康有序发展。

第二节　利用自贸区发展文化产业的国际经验

"他山之石,可以攻玉",本节选择纽约、香港、新加坡、迪拜等四个世界知名自由贸易区,研究它们的文化产业发展基本经验,以期为上海自贸试验区建设背景下的上海文化产业发展提供借鉴。由于上述城市自贸港(区)发展早已与城市发展融为一体,因此相关的文化产业发展经验指包括自贸区在内的整个城市的文化产业发展经验。

一　纽约利用自贸区发展文化产业的经验

1.纽约港自贸区概况

1979 年,纽约港自由贸易区成为全美第 49 个自贸区,纽约港自贸区主要坐落在新泽西州,但其管理者并非新泽西政府,而是地跨两州的纽约—新泽西港务局,统一的跨州机构保证了大纽约地区港务无缝运作。在 2010 财年中,纽约港自贸区的普通区接收和转口的外国商品的价值总额为 66 亿美元,子区域的贸易总额为160 亿美元,两者总计为 226 亿美元。

纽约港自贸区现有的企业包括汽车进口商、汽车加工商、多种用途的仓库运营商,以及冷冻浓缩橙汁进口商,有 5 家制造商和 9 家仓库运营商,40% 的制造商出口海外市场。纽约港自贸区还包括 9 个活跃的子区域,区内产业包括制造业、制药业、石油产品、特种化学品、香水和手表进口商分销商。纽约港自贸区地块包括:纽瓦克—伊丽莎白港内港务局海事码头、伊丽莎白市工业园区、新泽西港港口管理局海运码头和格林维尔堆场、爱迪生市海勒工业园区、南不伦瑞克海勒工业园区、伊丽莎白市北港工业中心、卡特里特 I-12 工业园区、珀斯安波 I-440 港工业园、里德港商业园区、伊丽莎白市伊丽莎白港商务园区、力登中心商务园区、科尔尼市南科尔尼工业园区①。

2. 纽约文化产业发展现状

2009 年，纽约发布文化创意产业报告，首次确定了纽约"文化创意核心产业部门"的九大核心产业：广告、电影和电视、广播、出版、建筑、设计、音乐、视觉艺术、表演艺术。

纽约核心文化创意产业部门包括 11 671 家企业和非营利机构，占全市雇主的 5.7%。此外，还包括 79 761 个个体业主，这意味着文化创意大军是自主创业。近年，纽约已丧失某些产业部门的部分市场份额，但仍是美国无与伦比的文化创意产业中心，全美 8.3% 的文化创意产业部门员工在此工作。1998—2002 年间，纽约市文化创意核心产业部门就业人数增长了 13.1%；同期纽约全市所有职位增长幅度为 6.5%。创意产业新增加的就业职位大多为自主创业。2005 年从事文化创意业的雇员超过 23 万人，部门收入为 244.81 亿美元。

文化创意企业选择在纽约发展的首要理由是：这里集聚了大量的专业人才，并拥有一定数量的娴熟技能工人。纽约文化创意核心产业的地位，源于无可匹敌的基础设施支撑，不仅有蜚声国际的教育机构：如著名的朱丽亚音乐学院、全美最优秀的美术学院之一——纽约大学蒂什文科学院、位于曼哈顿绿洲旁的艺术名校——派特学院、汇集全美芭蕾舞精英的舞蹈名校——美国芭蕾舞学院，还有大量对文化艺术持友好态度的慈善基金会、赞助机构、知名贸易机构，以及提供重要层面关注和支持的当地政府。纽约本地有 15 家以上工会和 50 家工会分会，服务于文化创意产业，纽约市的非营利与营利性质文化创意活动融合发展，对成就其文化创意中心地位贡献极大。

3. 纽约文化产业集聚发展模式的基本经验

(1) 文化产业发展以市场需求为导向。

以市场需求为导向是纽约文化产业集聚发展的基本特征，催生了两大文化产

---

① 《纽约港自贸区：机构创新的产物》，《第一财经日报》，2013 年 7 月 26 日。

业集聚区 SOHO 文化集聚区（South of Houston Street，苏荷文化集聚区）与"百老汇"文化集聚区（Broadway）①。发达的市场经济促使文化产品创作者和经营商注重受众的需要，通力合作打造品牌，原创作品不断被创作、开发，不断延伸出新的艺术表达形式，形成品牌效应，形成价值链和产业链。

（2）文化产业投资主体多元化。

纽约文化产业发展除了政府给予直接和间接的投资外，各种非营利机构与组织、经济开发团体、各类地区性开发计划、发展基金、私营企业以及社会团体对集聚区建设的投入占了总投资的近一半。

（3）文化产业企业孵化器健全。

纽约市经营采取企业化运作模式和多元化发展模式。园区建设层次多样、分工明确。一级孵化器是项目孵化器；二级孵化器是企业孵化器；三级孵化器是"大孵化"概念，即二级孵化器的企业升级孵化；四级孵化器是指跨国孵化。

（4）文化产业发展环境优良。

纽约市基础设施便利、社会网络密集、宽容度高、生活方式多元化，通过宣扬美国精神、改善城市环境，来吸引世界各国的顶级文化创意人才到纽约市，以此促进其文化创意产业的发展。

（5）文化产业发展形式灵活多样。

纽约文化产业园区主要有四种形式：政府主导的文化产业园区、私人主办的文化产业园区、学术机构主办的文化产业园区、公私合营的文化产业园区。其中前两种类型在大学主办的文化产业园区中都能得到体现，通过创办孵化器可以吸引许多科研项目和高级研究人才。此外，还有一些商业园区帮助艺术家实现艺术作品的商业开发，帮助少数民族和妇女实现发展，帮助个人建立慈善事业等。

（6）文化产业注重品牌塑造与传播。

纽约充分利用"大苹果"城市品牌效应，创造了 SOHU、百老汇戏剧产业园区等耀眼的经久不衰的文化产业名牌。

---

① 王晖：《北京市与纽约市文化创意产业集聚区比较研究》，《北京社会科学》2010 年第 6 期，第 32—37 页。

（7）文化产业强调版权保护。

1790 年，美国制定了第一部版权法，后来不断加以完善，建立了比较健全的知识产权保护制度，在竞争日益激烈的市场化商业运作中切实保护了原创者的合法利益，这种强烈的知识产权意识和保护意识，也形成了激励原创和再创作、再开发的机制。以百老汇的音乐剧为例，早年盛演的音乐剧，如《猫》、《悲惨世界》、《西贡小姐》等，都是欧洲作家的作品，渐渐陆续下档，而由美国作家创作的作品所替代。风靡一时的《狮子王》、《美女与野兽》、《阿依达》、《米莉姑娘》以及《制作人》、《可爱大道》、《女巫》等，几乎已将欧洲音乐剧的份额挤了出去。

二、 香港利用自贸区发展文化产业的经验

1. 香港自贸区概况①

香港包括香港岛、九龙和离岛四部分，全港均是自贸区。2013 年香港地区生产总值达到 3 028.14 亿美元，人均生产总值 38 797 美元。

香港是全球闻名遐迩的国际大都市，有"东方之珠"、"购物天堂"等美誉，是仅次于伦敦和纽约的全球第三大金融中心。香港是中西方文化交融之地，是全球最安全、富裕、繁荣的地区之一，也是国际和亚太地区重要的航运枢纽和最具竞争力的城市之一，经济自由度高居世界前列。香港经济以全球最自由开放而全球知名，美国传统基金会 1995 年起、以及加拿大费沙尔学会（Fraser Institute）1996 年起发表的自由经济体系报告，一直将香港评定为全球第一位。

2. 香港文化产业发展现状

文化产业在香港被定义为"创意产业"。香港特区政府从 20 世纪 90 年代开始重视文化创意产业的发展。2003 年政府的《施政报告》中，强调创意产业是知识经济体系中的重要环节，是文化艺术创意和商品生产的结合，预示创意产业开始成为港府重点政策议题之一。②

---

① 香港特别行政区官方网站，http://www.gov.hk/sc/about/abouthk/。
② 香港特别行政区政府：《行政长官 2003 年施政报告》，http://www.policyaddress.gov.hk/pa03/chi/agenda.htm。

2002 年 9 月 16 日，香港特别行政区政府中央政策组公布题为《香港创意产业基线研究》的报告①，这是香港特区政府首次就香港创意产业发布研究报告。根据该份报告，香港创意产业在狭义上分为三大类，包括 11 个行业。第一类是文化艺术类，包括艺术品、古董与手工艺品、音乐、表演艺术；第二类是电子媒体类，包括数码娱乐、电影与视像、软件与电子计算、电视与电台；第三类是设计类，包括广告、建筑、出版与印刷。从广义的角度来思考，香港也将健身美容、美食、文化旅游等服务业称为创意行业。

2004 年，香港特区政府正式策划推出香港创意指数（HKCI），拟定创意的成果、结构及制度资本、人力资本、社会资本与文化资本作为香港的创意指数，简称 5Cs。研究结果表明，香港自 1999 年至 2004 年的整体创意指数显示出正增长，指数由 1999 年的 75.96 上升至 2004 年的 100（以 2004 年作为基准年）。②

香港是公认的亚洲创意中心。以音乐、电影、电视片为代表的香港流行文化产业在区内久负盛名，建筑、设计和广告业在创意方面优于亚洲其他竞争对手。文化创意产业的发展，在香港的经济转型中发挥了巨大的促进作用，增强了香港的整体文化品牌，使香港成为一座生活优质的城市，一个创意蓬勃、活力充沛的国际大都会。

3. 香港文化产业自由发展模式的基本经验

（1）自由经济体系助推香港文化产业支柱地位的确立。

香港自由经济体系主要表现在提倡并奉行自由贸易，具有自由开放的投资环境、不设贸易屏障、对海内海外投资者一视同仁，企业可以自由经营、自由贸易，无关税及配额。同时，香港实行独立税收制度和低税政策，无外汇管制，因此拥有庞大的外汇储备、可自由兑换的稳定货币。政府对银行业的监管较为宽松，除了发行低面额的辅币外，没有中央银行和存款保险制度，印发法定钞票由私营商业银行负责，资金可以随意流动。目前，香港已成为美元和欧元的亚洲实时结算中心，以及人民币最大境外流通中心。作为独立的关税区，香港还可以"中国香港"的名义在

① 香港大学文化政策研究中心：《香港创意产业基线研究》，2003 年。
② 香港特别行政区政府民政事务局：《创意指数研究》，2004 年。

WTO 框架下进行商贸活动。正因为香港具有健全的自由市场体制，使企业具备较强的适应性和灵活性，能够随国际政治、经济形势的变化，做出快速的经济结构调整。

（2）市场主导，政府促进，创造文化产业发展空间。

作为新兴产业，文化产业在发展之初尤其需要政府扶持，在某种程度上，地方政府的角色决定着区域文化产业的未来前景。香港特区政府重视创意产业由来已久，但其对创意产业的推动方式有别于内地。在自由市场体制下，香港的文化商品与其他商品一样由市场主导，可以自由生产与进出口。以市场主导为前提，特区政府的角色多体现在战略层面的领导，主要为产业发展提供服务，包括政策支持、法治基础与公平透明的商业竞争环境，并资助公共文化服务。

管理方面，香港采取事后机制，即是市场的文化商品只在违法或受到市民正式投诉之后，政府才依法处理。在自由市场之下，政府的政策范围有限，既非产业发展的主体，亦非产业发展的最终决定者，政府只需承担有限度的责任，在私人企业力所不及并符合公共利益和资源许可的情况下，才予以协助。

（3）公正的司法制度和完善的知识产权保护体系，保障文化产业健康发展。

香港是开放自由的社会，其独立而完善的司法制度，保证了文化创意产业的健康发展。成立于 1985 年的香港国际仲裁中心，如今已是全球主要仲裁地之一，能为仲裁提供经验丰富的各行各业专家，包括会计师、律师、建筑师、工程师、银行家等。香港在知识产权保护方面向来拥有良好的国际信誉，全面的法律体系、严厉的执法措施、普及的公众教育与宣传给知识产权以有效的保护。在与知识产权相关的操作层面，香港工商及科技局通讯及科技科（CITB）、知识产权署（IPD）和香港海关（C&ED）是相关的政府代理部门。香港工商及科技局通讯及科技科负责厘定政策，知识产权署辅助立法过程，香港海关具体负责知识产权刑事执法工作，执法资源丰富，执法力量强大，效率极高。公正的司法制度和法治精神，完善的知识产权保护法律体系，为香港的音乐、电影等创意产业的繁荣提供了重要保证。

（4）积极有效培养及引进文化创意人才，促进文化产业持续发展。

建立知识经济体系，人才是关键。为培养并激励创意产业所需要的人才，香港各政府部门提出了各自关于人力资源的策略，教育政策紧密地与经济增长和文化发展联系在一起。在教育投资方面，积极开发本地人才资源，香港八家本地大学以及香港演艺学院都提供一定数量的学士学位课程。在大力推动文化创意产业发展的同时，特区政府负责副学士学位、文凭和证书课程，使学生具备专门技术和职业从业资格。以香港城市大学为例，该校率先成立创意媒体学院，提供了数码艺术、写作技巧、公关广告、媒体制作等学位课程，致力培养学生的创意能力，独立思维及艺术运作能力。学生熟悉媒体业内的商业运作环境，也可大致掌握到市场对创意产品的需求。

在培养本土文化创意人才的同时，特区政府着力于吸纳外来人才，重视吸引内地人才来港发展事业，为此制定了一系列优厚的人才政策。长效的教育投入机制加上宽松的人才引进政策，为香港文化创意产业的不断发展奠定了强有力的人力基础。

三、 新加坡利用自贸区发展文化产业的经验

1. 新加坡自贸区概况

为吸引全世界销往亚太地区的货物集中于新加坡转运以及强化货物集散地功能，新加坡制定了"自由贸易区法令"，并于 1969 年 9 月在裕廊工业区的裕廊码头内划设了第一个自由贸易区，随后相继在机场及港口附近设置自由贸易区。目前，新加坡境内的自由贸易区有 7 个，除坐落于樟宜机场的自由贸易区主要负责空运货物外，其余 6 个自由贸易区均负责海运货物。2012 年新加坡国际港务集团净利上扬 10.7％至 12.57 亿新元（约 10.13 亿美元），在全球集装箱码头的吞吐量增长 5.2％至 6 006 万标箱。

新加坡自由贸易区为散货进出口提供 72 小时免费储存服务，为等待复运出口或转口的货物提供 28 天免费储存服务。货物可以在同一自由贸易区内自由转运，从一个自由贸易区运到另外一个自由贸易区，则需要在海关的监管控制下进行。新加坡的自由贸易区或物流园区里都提供集中的物流服务，在自由贸易区内有 3 个配送中心：Keppel Distripark 提供拆拼箱、仓储、运输以及货物取样、测量、贴牌、

包装等服务，是港区内最便捷的集装箱配送中心；Sembawang Wharves 为散货分拨中心；Pasir Panjang 为专业汽车转运中心。数据显示，自由贸易区内货物的卸货时间约为 4—6 个小时，大型快递公司比如 UPS、FedEx 等，货物从卸货到运出自由贸易区所需的时间，只有大约 1 小时。[①]

在 2013 年 5 月举行的"第 27 届亚洲货运业及供应链奖"颁奖典礼上，新加坡海港连续第 25 次获得"亚洲最佳海港"的称号，樟宜机场则连续第 27 年被选为"亚洲最佳机场"。[②]

2. 新加坡文化产业发展现状

在新加坡，文化产业也被定义为"创意产业"。根据 2002 年的《创意产业发展战略》，新加坡创意产业共分为三个领域：文化艺术、设计和传媒。其中，文化艺术包括表演艺术、视觉艺术、文学、摄影、手工艺、图书馆、博物馆、画廊、档案、拍卖、文物遗址、艺术表演场所、各种艺术节及其他艺术辅助事业等行业；设计包括广告、建筑、网页、制图、工业产品、时装、室内外装修等设计行业；传媒包括广播（包括电台、电视台和有线广播）、数字媒体、电影和录像、唱片和出版印刷等行业。目前，新加坡文化产业已成为其经济社会发展的重要产业之一。

自 20 世纪 80 年代开始发展至今，新加坡文化产业取得了巨大发展成就，表现在下列几个方面[③]：

（1）文化产业对经济社会发展的支撑作用不断增强。

2003 年，新加坡信息通讯艺术部组织专家学者完成了研究报告《新加坡创意产业的经济贡献》，对 2000 年全国创意产业发展情况进行摸底。经过十年的发展，到 2010 年，新加坡创意产业增加值由 2000 年的 29.77 亿新币增长到 118 亿美元，占 GDP 的比例也由 2000 年的 1.9% 增长到 3.8%；从业人员实现大幅增长，由 2000 年的 4.7 万人增长到 14 万多人，占全国总就业人数的 4.8%。

① 陆军荣、杨建文：《中国保税港区：创新与发展》，上海社会科学院出版社 2008 年版。
② 胥会云、蔡锟淇：《自由贸易区之新加坡经验》，《第一财经日报》，2003 年 8 月 2 日。
③ 庞英姿：《新加坡文化产业发展的经验及启示》，《东南亚南亚研究》，2013 年第 4 期，第 75—79 页。

（2）文化产业集群已具相当规模。

按照新加坡文化产业的三大领域划分，其产业集群也分为文化艺术产业集群、传媒产业集群和设计产业集群。新加坡文化产业集群发展已具相当规模。文化艺术产业集群：根据《2012 年新加坡文化统计》，至 2011 年，全国文化艺术企业共有 856 个，是 2003 年的 2.8 倍；各类文化艺术活动达 3.18 万场，与表演艺术相关的演出为 8 663 场，其中售票演出达 4 630 场；2010 年各类文化艺术表演运营收入达 57 亿美元。根据新加坡媒体发展局《年度报告 2011/2012 年》，全国电视广播公司达 12 家，提供 400 个电视频道；2010 年，新加坡出版行业产值已达 12 亿新币，创造了 9 300 个相关就业岗位，拥有 550 家出版机构；数字媒体产业增加值自 2007 年至 2010 年年均增长 12%，达到 12 亿美元。目前，新加坡的设计产业集群包括建筑设计、广告设计、平面设计、时装设计等，在国际市场上具有较高的知名度，占据了一定的市场份额。

（3）文化产业基础设施建设完备。

新加坡城市基础设施建设具有世界顶级水准，为发展文化产业，新加坡积极兴建各种现代化文化艺术场馆，文化产业基础设施门类齐全。截止到 2011 年，新加坡共有各类博物馆、艺术场馆 56 个，其中，历史博物馆 13 个，文化、军事、科技馆各 10 个，艺术、保健博物馆各 5 个，生活用品博物馆 3 个。由此，新加坡成为国际知名的艺人、艺术公司亚太巡回演出的必经之地。各类文化艺术活动，吸引了大量海外游客到新加坡旅游观光，与其配套的酒店、餐饮、商贸等配套设施也得以快速发展。全球 15 大连锁酒店集团当中，包括希尔顿、喜达屋、洲际酒店集团、阿联酋 Jumeirah 集团、四季酒店、雅高和万豪国际俱乐部等 9 家在新加坡设立区域总部。

（4）文化产业国际竞争力不断提升。

根据世界经济论坛（WEF）《2012—2013 全球竞争力报告》，新加坡全球竞争力排名第二，仅次于瑞士，这为提升新加坡文化产业国际竞争力奠定了扎实的基础。从产业群看，新加坡的传媒产业已居于世界一流水平，其中动漫和游戏产业为首的数字媒体产业发展尤为抢眼，增长迅速，在国际竞争中具有一席之地，也吸引了众多世界知名的数字媒体公司进驻新加坡，包括日本电玩制作公司光荣—TECMO

(Tecmo-Koei)、美国卢卡斯电影公司（Lucas Film）、英国著名视觉特效工作室 Double Negative、艺电（Electronic Arts）和欧洲最大游戏工作室 Ubisoft 等。

3. 新加坡文化产业举国发展模式的基本经验

（1）将文化产业定位为核心战略产业。

受制于国土面积狭小、资源比较贫乏等不利因素，新加坡很早就认识到发展文化产业的重要作用，成为亚洲第一个将发展文化产业上升为国家战略的国家。1989 年，新加坡总理吴作栋提出，新加坡已处于应该在文化和艺术上投入更大的关注和资源的阶段。为应对 1998 年的金融危机，新加坡从国家战略高度将"创意产业"定性为 21 世纪的战略产业，并确立了将新加坡建成为"亚洲主要城市和世界级文化中心"宏伟目标。围绕这一发展目标，新加坡根据文化产业的不同领域，分别制定了不同发展阶段的产业发展规划，设定了不同的发展目标和相应的发展政策，全面系统地确立了文化产业的战略核心地位。

（2）政府引导、扶持文化产业发展。

新加坡重视发挥政府的引导作用，从生产到需求、从政策到资金，对文化产业进行全面扶持，积极推进文化产业的发展。2000 年制定的《文艺复兴城市计划》，提出了发展文化产业的六大措施，包括培养欣赏与从事文化艺术的庞大群体、发展旗舰艺术公司、加大政府投入培育本地人才、提供良好的基础设施等，并明确提出在 5 年内增拨 5 000 万新加坡元用于发展文化产业。随后在《文艺复兴城市 2.0》、《设计新加坡》等规划中，更是提出了各类扶持文化产业发展的优惠政策，激发民众对文化的更高需求，加大对文化企业的扶持，催化了文化产业的发展。如实施"艺术百分比"计划，即政府出资一部分，制作、购买和维护公共场所艺术作品，以推动公共艺术发展；新加坡生产力、标准与创新局设立初创企业计划，对非技术性的、但有好的商业点子和增长潜能的创意初创企业，给予每个 30 万新币以下的资助等。同时，新加坡政府不断加大在文化产业上的投入。2006 年至 2010 年，新加坡经济发展局投入了 5 亿新加坡元发展数字媒体产业，在 2011—2015 年间再投入 5 亿新加坡元。在 2011 年的新加坡财政预算中，政府计划每年投入 3.65 亿新加坡元到文化艺术产业，该计划将一直持续至 2015 年。

（3）重视文化创意人才的引进和培养。

新加坡政府将文化创意人才的培养作为发展文化产业的基础。自1993年开始，新加坡启动了艺术教育项目，根据创意才能发展的不同程度，将不同程度的艺术、设计和媒体相关的内容融入教学内容中，建立了从小学教育开始的渐进式文化创意产业教育体系。同时，新加坡政府还积极推进与国际顶尖学术和研究机构进行广泛合作，如与伦敦皇家艺术学院、洛杉矶巴沙迪那艺术中心、美国麻省理工学院媒体实验室等合作，在新加坡国立大学等高校开设艺术、设计和媒体相关的大学课程，设立相应的学位，建立媒体实验室，着力培养创意产业高级人才。2012年，新加坡媒体发展局计划自2013年起五年内投入1 500万美元用于"创意人才资助"计划。

除了培养自身的人才，新加坡还广泛吸纳、招揽其他国家和地区的创意人才，通过提供高额助学金吸引海外留学生、降低使用外国劳工税、放松跨国婚姻限制、完善社会保障体系等措施大力招引创意人才。

（4）大力整合与开发多元文化资源。

新加坡是个多元民族社会，文化资源也呈现多元化。在新加坡530万人口中，除华人占70%多外，还有马来人、印度裔和欧亚裔等不同族群。各民族和平共处，在长期的生产生活中，发展出独具特色的多元文化。在官方语言设置上，马来语是新加坡的国语，英语、汉语、马来语、泰米尔语同为官方语言；在公共假日安排上，新加坡每年有11天法定节假日，除元旦、国际劳动节和国庆节外，其余8天都是民族和宗教节日，如华人新年、佛诞日、开斋节、哈芝节、圣诞节、排灯节等。另外，各民族在长期生活中还形成了各具特色的生活方式、语言、风俗习惯、建筑风格等，在新加坡城市建设中都得到了充分的展示，既保留有乌节路等街道和古老房屋及各种风俗，以全球性艺术城市的象征滨海艺术中心等为代表的现代建筑也比比皆是。新加坡积极整合各种特色文化资源，将特色文化产业化，促进整个文化产业的发展。如每年举办的新春"妆艺大游行"、新加坡艺术节、新加坡双年展、新加坡作家节等，已成为新加坡演绎多元传统文化的重要活动，吸引了众多海内外游客。

四、 迪拜利用自贸区发展文化产业的经验

1. 迪拜自贸区概况①

1985 年,杰拜勒·阿里自由贸易区(JAFZA)揭幕成立,为阿拉伯地区建设自由区提供了成功范例,促使了迪拜以其为参考模型建立自由区,以鼓励外商贸易与投资。迪拜自由贸易区提供的商业区装备有各种成立企业、服务投资商必需的设施、设备和通信基础设施。

阿联酋规定,每家企业至少 51% 的股份必须由一家国有企业控制,但在自由贸易区注册的企业能够由外商 100% 控股。自由贸易区的企业甚至可享受免税与免关税的待遇,进出口产品无需征税,在雇工与赞助方面也不受限制。迪拜为自由贸易区的企业提供了自由的市场环境、先进的基础设施、稳定的政治环境、蓬勃发展的经济和各种免税政策。

迪拜现有十二个自由贸易区,包括迪拜机场自由贸易区、迪拜珠宝城、迪拜网络城、迪拜知识村、迪拜硅谷、迪拜保健城、迪拜国际金融中心(DIFC)、迪拜体育城、迪拜棕榈岛工程、海关与自由贸易区公司、迪拜汽车城、迪拜五金城、迪拜纺织城、迪拜花卉中心、迪拜物流城、迪拜援助城等。而且迪拜计划在未来建设更多的自由贸易区。

2. 迪拜文化产业发展现状

迪拜的发展始于 20 世纪 60 年代末的石油发现,其国民收入的发展基础来源于石油贸易,迪拜利用石油所带来的收入,迅速地发展城市基础建设,此后迪拜利用国际性贸易市场的地位,在发展经济的同时大力发展旅游业,短短的二三十年间,迪拜从一个普通的海滨城市发展成一个国际大都会。

迪拜的酒店文化和旅游文化举世闻名,建立在人工岛上的金帆船酒店是世界唯一的七星级酒店,成为迪拜的象征和骄傲。尽管遭遇经济危机,奢侈依然是迪拜的城市标签,由数百个人造岛在海湾水面上构成两个美丽的棕榈图案和世界地图,

---

① 迪拜自由贸易区[EB/OL], http://www.emirates.com。

"棕榈岛"与"世界岛"被认为是海湾景观地产开发的世界之最，被称为是"世界第八奇迹"。2009 年完工的"迪拜塔"高达 750 余米，更是全球写字楼的巅峰，举世无双。迪拜还具有其他伊斯兰国家所不具有的特色活动，包括每年在 1 月 24 日至 2 月 24 日期间将举行全世界规模最大的购物盛会——迪拜购物节、迪拜电影节、艺术博览会等。

3. 迪拜文化产业融合发展模式的基本经验

（1）发展国际化现代服务业推进文化产业发展。

虽然迪拜现代经济的发展历程可以追溯到 20 世纪 60 年代末的石油发现，但实际上石油对迪拜经济的推动作用极为有限。在 20 世纪 70—90 年代，中东地区许多城市在石油开采和交易方面超过迪拜。在中东海湾地区，巴林等城市的经济地位也比迪拜要重要得多。目前石油开采与交易只占迪拜 GDP 的 6% 左右，国际化的现代服务业才是迪拜经济异军突起的关键因素。在迪拜的产业结构中，贸易和修理服务业是迪拜经济的第一大产业部门，约占迪拜 GDP 的 22.8%，运输、仓储和通信产业约占 12.9%，房地产和商业占 10.4%，金融行业占 9.6%，酒店餐饮业占 3.3%，社会个人服务业占 2.6%，水、电、气和政府服务占 7.9%。相比之下，制造业约占 14.2%，建筑占 11.9%。农业和资源开采业占 5.9%。也就是说，服务业占据迪拜 GDP 的 68%，处于主导地位。迪拜国际化的现代服务业为发展文化产业提供了诸如市场开拓、产品推广等诸多方面的便利条件，极大促进了文化产业发展。

（2）移民城市注入文化发展的多样性元素。

迪拜堪称移民城市之最，移民人口比例在 80% 以上，该城的移民主要来自于亚洲，包括孟加拉、印度和巴基斯坦，以及西方。大量人才随移民大军涌入迪拜，是推进迪拜快速发展的关键因素。迪拜以开放的姿态广纳不同文化的移民，成为东西方文化、现代与传统文化交相呼应的中东地区文化之都。

（3）政府政策支持。

首先，迪拜施行宽松的土地政策，允许外籍公民购买地产，促进了迪拜酒店建筑、各类文化基础设施的兴建，使迪拜成为中东地区重要的会展与旅游目的地和文化圣地。其次，迪拜施行免税政策，吸引了全球各类文化创意企业纷至沓来，目前迪拜已经发展成为包括电影取景地、特效制作等在内的文化产业发展重地。

（4）各类自贸区的设立，为文化产业发展提供了便利。

迪拜已建立及即将建立的自贸区多达 12 个之多，同时这些自贸区均有相对明确的主题。迪拜自贸区为文化产业集聚发展、统一管理以及制定优惠政策等，提供了极大便利，有助于其文化产业发展。

五、 国际经验对上海的启示

利用自贸区发展文化产业的纽约集聚发展模式、香港自由发展模式、新加坡举国发展模式和迪拜融合发展模式尽管各具特点，但彼此有诸多共同之处，对上海利用试验区发展文化产业具有深刻启示。上海自贸试验区的核心是制度创新，上述案例体现制度创新的重要方面包括下列几个方面：

1. 多层次的政府大力支持

无论是以经济自由发展著称的纽约和香港，还是政府主导特征明显的新加坡和迪拜，在发展文化创意产业方面，政府均给予了大力支持。政府支持的类型多样，包括纽约、香港的营造良好产业发展环境、提供公共服务等战略层面支持，也包括新加坡和迪拜直接的政府投入、文化产业发展规划、税收政策优惠等具体层面支持。因此，上海也要建立全方位、多层次的文化产业发展支持体系。

2. 完善的知识产权保护体系

文化产品与服务很容易被模仿，因此以版权法为代表的知识产权保护体系和其他法律对文化产业发展具有重要意义。纽约早在 1790 年就制定了第一部版权法，香港公正的司法制度和完善的版权保护也享誉世界。上海自贸试验区建设，加快了上海与世界先进版权保护体系接轨进程，倒逼上海构建完善的知识产权保护体系及其他法律制度，促进文化产业不断推陈出新，永葆创作生机。

3. 先进的人才培养与引进制度

人才是文化产业发展的关键。纽约拥有众多蜚声世界的文化艺术学院；香港高校、特区政府等全力支持文化产业相关专业的设立与人才培养；新加坡则早已建立了从小学开始的文化创意产业教育体系，真正实现了文化产业发展"从娃娃抓起"。此外,上述城市还采取各种激励政策,吸引全球的文化创意人才来本城市服务。上海必须构建系统的文化产业人才培养体系,引导社会更加关注文化产业人才培养。人才培养是个相对长期的过程,构建科学的文化产业人才引进机制,可以在很大程度上满足短期文化产业人才需求。

4. 明确的市场需求导向为指引

发展文化产业必须源于需求、面向市场。纽约两大文化产业集聚区的文化产出不少成为历久弥新的经典;香港文化产品与服务面向本地居民兼顾出口;新加坡和迪拜充分发挥多元文化优势,打造丰富多彩的文化产品与服务。上海文化产业的产出必须以市场需求为导向,坚持事后监管,而不是代替市场做决策,以防产出无市场、产业发展不可持续等问题发生。

5. 鲜明的文化产业发展特色

纽约文化产业发展特色是集聚发展,充分发挥了规模经济效应;香港则充分发挥自由港的优势,为文化产业提供自由的发展空间;新加坡鉴于自身特点,将发展文化产业超前确定为国家战略;迪拜则将文化产业发展融入到主题明确的各大自贸区之中。上海需要深刻剖析自身优劣势,结合试验区建设找准发展文化产业的抓手,因地制宜地发展文化产业。在空间布局上,需坚持集聚发展的原则;在资源配置上,需坚持市场自由配置的原则;在产业定位上,需坚持举全市之力办成的原则;在与城市和其他产业协调上,需坚持融合发展的原则。

第三节　自贸试验区背景下的上海文化产业发展道路

如何认识上海自贸试验区文化产业发展的重要战略地位,形成具有上海自贸试验区文化产业特色的发展模式,构建符合上海自贸试验区文化产业要求的发展路径,建立面向上海自贸试验区文化产业发展需求的响应机制,是上海自贸试验区发展道路中需要解决的核心问题。上海自贸试验区文化产业发展,必须立足于上海文化产业发展现状,把握试验区建设所带来的机遇与挑战,借鉴国际相关自贸区文化产业发展的成功经验，探索出一条上海特色的自贸试验区文化产业发展道路。

一、 坚持以"国家对外文化贸易基地"为平台的集聚发展模式

由于区域分割造成行业垄断，文化资源无法在一个全国性统一市场中得到配置，实际上表现出"大国市场规模、小国经济实现方式"的"诸侯经济"格局，使得我国超大规模国内市场这一天然优势无法成为文化产业国际贸易中不可替代的资源①。在试验区建设的背景下，我国文化产业的发展模式，应将以文化产业集团化为主导的国际竞争力培育规制取向，调整为以文化产业集群化为主导的国际竞争力培育规制取向。

作为我国首家国家级文化贸易基地，上海"国家对外文化贸易基地"的设立具有重要的战略意义。对优化国内文化产业市场结构，带动产业要素合理流动，"形成依托长三角，辐射全国的文化产业资源聚合高地，带动资源突破地域与行业的限制，发挥我国大国国内市场规模的天然优势"具有重要作用。自 2013 年 8 月国务院正式批准设立上海自贸试验区以来，新入驻和洽谈入驻位于区内的国家对外文化贸易基地（上海）的企业数量迅速增加，截至 2013 年底，入驻基地企业的注册资本超过 100 多亿元。这说明各个行业企业具有参与文化产业发展和国际文化贸易的积极性，应该抓住试验区的机遇，为更多资源汇聚文化产业领域创造条件，形成壮大中国外向型文化企业集群的发展态势。

随着试验区建设的推进，未来我国文化服务贸易创新潜力巨大，可开辟文化产品仓储服务、文化设备租赁服务、文化产品展示服务、文化服务外包服务、文化服务中介机构、文化衍生后期服务等一系列新的领域。依托于"国家对外文化贸易基地"，可以打造国内外知名文化企业聚集基地、文化服务进出口贸易基地、文化服务展示推介基地、文化服务贸易金融政策试验基地以及专业化文化服务贸易研究培训基地，搭建文化企业与海外市场沟通交流的桥梁；可以探索新技术条件下的文化

---

① 朱春阳等：《上海发挥国家对外文化贸易基地作用对策研究》，《科学发展》2013 年第 9 期，第 39—48 页。

产权、版权的交易品种、交易方式、渠道策略和推广方式,推动我国文化服务产品交易市场的发展。

　　我国未来文化产业发展必须以"国家对外文化贸易基地（上海）"为集聚平台,将内容创意产业确立为上海对外文化贸易的核心产业和拳头产品,着力打造进出口、投融资、产权交易等三大国家重点文化产业功能性服务平台,培育并完善若干在全国乃至国际范围内有吸引力的文化要素市场,加快资本、技术、信息、人才等产业关键要素向本市集聚。努力建设国家级文化产业示范基地和市级文化产业特色园区,实施一批重点文化产业项目,形成国家层面的资源整合,打通国内市场与国际市场的产业链结构;依托上海文化产品产权交易所这一平台,打造我国文化产权交易第一平台;在产业要素整合方面,发挥平台高地作用,在文化部和上海市的联合支持下,发挥资源聚合效应,推动平台腹地文化产业的创新发展。

二、 推进以数字产业为导向的融合发展战略

　　上海自贸试验区对文化领域的不断开放,有可能加深国内文化产业对跨国公司的技术依赖,影响本地文化企业自主创新的热情,进而导致自主创新能力的弱化甚至丧失。因此,必须提高试验区文化产业技术创新能力,以增强文化企业的核心竞争力。推动试验区文化产业技术创新,关键在于发挥科技的引领支撑作用,推动文化和科技跨行业、跨部门渗透融合,通过创新链拓展产业链,不断改造传统业态,催生新兴业态。近年来,上海市围绕建设"四个中心"和现代化国际大都市的战略目标,推进科技支撑文化发展,创新成果不断涌现,新兴业态加快发展,创新环境有效改善,文化和科技呈现加速融合的新趋势。但上海科技和文化的融合度尚待提高,特别是顶层设计和工作机制有待完善,文化装备核心关键技术有待突破,文化科技龙头企业亟待培育,文化科技融合跨界人才亟待培养。

　　为此,一要倡导文化创新,努力开发数字内容、游戏动漫、网络服务、创意设计等新兴业态的文化产品和产业,对接国际文化贸易市场。二是推进文化创意产业结构调整,加强对传统文化产业进行升级改造,运用数字技术、网络技术和多媒体技术,加快对新闻出版、影视广播、文化艺术等产业进行升级改造,增加科技含量,

推进信息化、数字化和智能化建设，使文化产品和人民群众的文化需求紧密结合在一起。三是大力发展新兴业态，重点加强数字技术、数字内容、网络技术等高新技术的研发，提升文化产品多媒体、多终端传播的制作能力，扩大网络音乐、网络动漫、网络艺术品、网络演出等在线和移动生产销售，鼓励网络企业、IT 企业和通信企业参与网络文化内容产品的生产和经营。四是重点发展演艺业、娱乐业、动漫业、游戏业、文化旅游、艺术品业、工业美术业和文化会展业、创意设计、网络文化、数字文化服务业十一个文化创意产业，不断拉长每个产业的产业链条，并努力形成各产业间的融合和互动发展。

实施文化科技融合的重点在于聚焦文化创意产业链上的创作、传播、展现等环节，实施技术突破：在创作环节，实现创作开放、高效、协同；在传播环节，实现传播高速、有序、安全；在展现环节，实现展现逼真、沉浸、交互。关键在于从文化科技企业、跨界人才和公共服务平台等要素着手，加快形成文化科技融合发展支撑体系：一是提升文化科技企业创新能级，包括提升文化科技企业技术研发能力，支持社会资本进入文化科技领域，推动国有文化科技企业创新发展等三个方面。二是培养文化科技跨界人才，包括加大人才扶持力度，完善人才服务体系；优化人才开发机制，加强人才信息管理；推进产学研合作，完善人才培养机制等方面。三是优化文化科技融合发展公共服务，包括加强会展平台建设，加强要素平台建设，加强专业技术服务等方面。[①]

三、 实施以民族文化为重点的品牌化战略

能够占领国际市场的文化产品，尤其是被人们广为接受的知名品牌，以及足以引领市场、进行跨国经营的文化企业，是国家文化竞争力的主要体现。纽约的成功，在于其利用"大苹果"城市品牌效应，创造了 SOHU、百老汇戏剧产业园区等耀眼的经久不衰的文化产业名牌。近年来，上海文化产业发展势头迅猛，取得了一定

---

① 中共上海市委宣传部、上海市科学技术委员会：《上海推进文化和科技融合发展行动计划（2012—2015）》，2012 年。

的成就，培育了一批知名文化品牌。但与欧美发达国家的文化产业相比较，文化企业实力还不强，具有一定经营规模、资本实力及影响力突出的非公有制文化企业不多，国有文化企业的核心竞争力不突出。试验区背景下文化产业发展，必须发挥市场配置资源的关键作用，顺应国际的跨境投资和跨境贸易规则，培育一大批具有国际竞争力的龙头文化企业，以提升文化产业竞争力。

为此，政府要高度重视培育外向型骨干文化企业，鼓励有实力的企业"走出去"，进行跨国经营，开展跨国投资、兼并、收购，组建中国的文化传媒跨国公司。要制定有效措施扶持培育民族文化品牌。文化生产者要植根于本民族文化传统，充分挖掘各地区积累的丰富多彩的文化资源和艺术形式，善于吸收世界优秀文明成果，以世界的眼光和国际标准创作出让各国观众都能看懂并乐于接受的作品，经过不断打磨、包装和推广，培植出国际知名文化品牌。要力争打造出若干个具有国际知名度和国际竞争力的民族名牌，提升中华文化在世界上的整体影响力和知名度。

针对试验区所带来的机遇，培植未来文化品牌。一要增加数字内容产品，特别是数字影音、数字动画、数字网络、数字教育、数字出版和基于移动网络、多媒体、软件服务内容产品，以国际通用的技术方式传播中国文化产品内容，以获得国际贸易市场"入场券"。二是探寻和坚守中国文化基因元素，挽救濒危文化遗产，建构具有本土文化遗传密码、本体性状特色的价值体系和话语体系，关键是多在表达方式上下功夫。三是增强文化产品的自主创新能力，努力发掘和培养文化创新型人才，加强文化知识产权的保护力度，打造属于中国特色的文化品牌，是提高我国文化产品附加值，加入国际文化对话体系的关键。

四、　强化以金融为支撑的互动发展机制

当前，国际文化贸易从单一产品或服务发展为多产品或多样服务，文化产业要素的全球性流通，正以过去不可比拟的规模展开。上海自贸试验区文化企业要拓展互联网时代的国际市场竞争，必须获得金融创新的支持，才能形成倍增的活力。试验区创新金融资本制度，在风险可控的前提下，在文化产业的资本项目可兑换、人民币跨境使用、利率市场化方面先行先试，建立与试验区相适应的外汇管理制

度,充分利用境内外金融机构提供各种服务,为文化企业参与国际市场竞争,创造有利条件。试验区创新金融资本制度,引入国际上先进的金融服务规则,将对中国文化产业与科技、金融等的融合创新,提供更多的发展机遇,为中国提升国际文化竞争力释放更加强大的制度红利。

强化金融对文化产业的支持,要从以下几个方面入手:一是加大对文化产业的信贷投入,包括加强对优势文化行业和重点文化企业、重点文化项目、中小文化企业的信贷支持,完善对文化企业的信贷机制。二是推动文化产业直接融资,包括推动符合条件的文化企业上市融资,鼓励依托资本市场进行并购和重组;加强适合上市融资的文化企业的筛选和储备;支持本市文化企业通过债券市场融资;支持文化产业多渠道直接融资等方面。三是培育文化产业保险市场,包括进一步开发符合文化产业需求的保险产品,加强和完善针对文化出口企业的保险服务,加强和完善对国家和本市重点扶持的文化企业和文化产业项目的保险服务。四是加强和改进对文化产业的综合金融服务,包括引导金融机构开发适合文化企业需求的综合金融产品和特色金融服务,促进文化产权交易市场发展,完善对文化企业外汇管理与服务,大力发展面向文化产业的融资租赁业务和融资性担保业务等。五是建立健全金融支持文化产业发展的配套措施,包括建立领导和协调推进机制,设立市、区(县)联动的中小企业融资担保专项资金,支持文化企业运用金融工具做强做大,推动设立文化金融研究机构,加强舆论对金融支持文化产业发展的引导,加强政策落实监测评估等措施。①

五、 完善以知识产权为核心的安全保障制度

知识产权保护是维护文化产业健康和安全的保障。由于获得国外授权的知识产权在区内将得到充分保护,所以随着试验区的建设发展,区内知识产权交易和服务需求的增加,由此而带来外资知识产权机构的入驻,这对我国的知识产权服务机构提出了挑战,也为我国服务机构学习先进知识产权服务理念和模式提供了机遇。

---

① 上海市财政局:《上海市促进文化创意产业发展财政扶持资金实施办法(试行)》,2012 年。

目前，区内知识产权保护行政管理体系已经初现端倪，基本上形成了由自贸试验区管委会统一行使专利和版权方面的管理和执法，区内工商局行使商标行政管理和执法，从司法保护、行政保护以及通过第三方多元化的机制去解决知识产权纠纷的行政管理格局。但是试验区知识产权保护制度还不够完善，尤其试验区内可能出现对其他公司提起专利诉讼的专利投机人，将会扰乱整个自贸区文化产业的健康发展。因此，针对试验区建设发展对知识产权保护所带来的机遇与挑战，必须加快完善知识产权制度。

一是进一步修订我国现有知识产权法律法规与各部门规章。目前我国已有的文化产业知识产权保护法律主要有《商标法》、《计算机软件保护条例》、《专利法》、《著作权法》等，但随着试验区的开放，在文化产业知识产权保护的法案中法律的真空地带也越来越多，钻法律空子的事情也逐步增多。比如说通过网络信息技术侵犯版权和商业机密等方面的问题，我国现有的额知识产权立法并没有明确涵盖这些范围，这就要求我国政府与时俱进，根据不断变化的现实情况及时的完善我国的知识产权制度，解决立法滞后的现象，特别是相关法律法规间界限的明晰方面要保持一致协调。

二是加快制定文化产业专项法律规范。我国已颁布了《对外贸易法》、《商业银行法》、《保险法》、《海商法》等涉及服务贸易的法规，但远不能满足国际贸易发展的需要，更没有针对文化贸易而专门立法。有必要制定一部统一的有关文化贸易方面的法规。对于文化创意产业与数字内容、多媒体、互联网等相互融合出现的新兴业态，如动漫、电影、出版印刷等应逐步制定专项法律法规，明晰版权保护范围与内容以及侵权处理等。

三是进一步对接知识产权国际公约。中国加入世界贸易组织、成为《与贸易有关的知识产权协议》（TRIPS 协议）的成员以来，知识产权保护领域取得了重大进展，但是与 TRIPS 协议仍然有一定差距，试验区建设将使得知识产权保护将更加国际化，更加符合国际准则和惯例。为了使试验区的知识产权得到更好的保护，应与 TRIPS 协议、《保护文学艺术作品伯尔尼公约》、《世界知识产权版权条约》及《世界知识产权组织表演和录音制品条约》等相符合，与国际惯例和其发展趋势相适应，积极参与国际知识产权规则的制定和完善。与此同时，应该建立我国文化安全防护体系。

六、 建立以文化产业人才建设为基础的保障机制

人才是文化产业发展的关键。新加坡、香港等一些成功的自贸区发展经验表明，专业文化人次的培养是自贸区建设取得成功的重要因素之一。长期以来，上海文化产业发展的主要瓶颈之一便是专业文化人才的不足，尤其是创意策划、经营管理、经纪代理、文化贸易等方面的高层人才严重缺乏。试验区开放人才中介、教育培训、职业技能培训等服务，允许设立中外合资人才中介机构，举办中外合作经营性教育培训机构和职业技能培训机构，将有利于拓宽文化产业专业人才引进的渠道，更便捷地吸收、借鉴国外先进的文化产业管理理念、经验、技术等，提高文化产业就业人员知识技能和专业素养，加强文化人才队伍建设。

为了满足试验区文化产业人才的需求，必须依托于试验区建设所带来的人才发展机制，建立以文化产业人才为基础的保障机制。一方面是要加大本地文化人次培育力度，要根据文化才能发展的不同程度，将不同程度的艺术、设计和媒体相关的内容融入教学内容中，建立从小学教育开始的渐进式文化产业教育体系。积极推进与国际顶尖学术和研究机构进行广泛合作，在一些国际高校开设艺术、设计和媒体相关的大学课程，设立相应的学位，建立媒体实验室，着力培养文化创意产业高级人才。实施"创意人才资助"计划。另一方面，应利用试验区所带来人才发展机遇，广泛吸纳、招揽国际文化产业人才，通过提供高额助学金吸引海外留学生、降低使用外国劳工税、放松跨国婚姻限制、完善社会保障体系等措施大力招引人才，为文化产业发展提供人才保障。

参 考 文 献

边永民：《回避还是参与？——谈自由贸易区谈判中的环境和劳工保护问题》，载《中国发展观察》2009 年 1 月。

曹宏苓：《自由贸易区拉动发展中国家国际直接投资效应的比较研究——以东盟国家与墨西哥为例》，载《世界经济研究》2007 年第 6 期。

陈安：《中外双边投资协定中的四大"安全阀"不宜贸然拆除——美、加型 BITs 谈判范本关键性"争端解决"条款剖析》，载《国际经济法学刊》第 13 卷第 1 期。

陈洪辉：《企业境外投资金融支持的国别经验与启示》，《上海保险》2011 年第 11 期。

陈晓静：《股权改制后上海市银行业国际竞争力提升策略研究——基于产业生态系统视角》，经济管理出版社 2012 年版。

邓子基、邓力平：《北美自由贸易区与税收一体化》，《世界经济》1994 年第 6 期。

董彦岭：《我国境外投资促进体系的制度演进分析：1979—2009》，《经济与管理评论》2012 年第 3 期。

冯德连、葛文静：《国际金融中心成长机制新说：轮式模型》，《财贸研究》2004 年第 1 期。

傅高义：《邓小平时代》，生活·读书·新知三联书店 2013 年版。

郭娜、张海峰：《大型商业银行国际竞争力实证研究》，《中央财经大学学报》2011 年第 8 期。

哈维·阿姆斯特朗、吉姆·泰勒：《区域与区域政策经济学》，上海人民出版社 2007 年版。

韩儒博：《机制与模式》，《今日科苑》第 70 页。

何帆：《中国对外投资的特征与风险》，《国际经济评论》2013 年第 1 期。

何力：《TPP 与中国的经济一体化法动向和对策》，《政法论丛》2011 年第 6 期。

胡坚：《国际金融中心的发展规律与上海的选择》，《经济科学》1994 年（2）：9—14。

胡锦涛：《坚定不移沿着中国特色社会主义道路前进，为全面建成小康社会而奋斗》，人民出版社 2012 年版。

黄解宇、杨再斌：《金融集聚论：金融中心形成的理论与实践解析》，北京：中国社会科学出版社 2006 年版。

加里·哈默尔等：《领导企业变革》，北京人民邮电出版社 2002 年版。

贾康：《推动我国主体功能区协调发展的财税政策研究》，《财会研究》2008 年第 1 期。

蒋曙明：《我国商业银行离岸业务发展研究——基于微观视角的系统系考察》，《广西大学学报（哲学社会科学版）》，2011 年第 33 卷第 6 期。

科斯、王宁：《变革中国：市场经济的中国之路》，中信出版社 2013 年版。

李红：《合中的贸易与投资议题及中国应对策略》，《青年思想家》2005 年第 4 期。

李金珊：《欧盟经济政策与一体化》，中国财经出版社 2000 年版。

李墨丝、彭羽、沈玉良：《中国（上海）自由贸易试验区：实现国家战略的可复制和可推广》，《国际贸易》2013 年第 12 期。

李荣林、孟夏：《中国与东盟自贸区研究》，天津大学出版社 2007 年版。

李述晟：《中国企业企业境外投资中的母国制度因素文献研究》，《改革与战略》2012 年第 12 期。

刘宏：《金融危机后中国企业境外投资的海外利益研究》，《经济理论与经济管理》2011 年第 8 期。

刘笋：《国际投资与环境保护的法律冲突与协调——以晚近区域性投资条约及相关案例为研究对象》，《现代法学》2006 年第 11 期。

孟夏、刘晨阳等：《中国与东盟经济一体化：模式比较与政策选择》，中国对外经济贸易出版社 2003 年版。

潘英丽:《论金融中心形成的微观基础——金融机构的空间聚集》,《上海财经大学学报》2003 年第 1 期。

潘英丽:《中国国际金融中心的崛起:沪港的目标定位与分工》,《世界经济》2003 年第 8 期。

彭勃:《"十一五期间"推动区域经济发展协调发展的财税政策》,《经济问题探索》2006 年第 6 期。

施本植:《东盟国家投资贸易壁垒及对策研究》,科学出版社 2013 年版。

石国亮:《服务型政府:中国政府治理新思维》,研究出版社 2008 年版。

孙红玲、刘长庚:《中国区域财政横向均衡制度研究》,2007 年第 4 卷第 13 期。

孙永波:《服务企业国际化运营模式研究》,第 83—88 页。

陶景洲:《中国企业"走出去":做好功课为先》,英国《金融时报》(中文网)2012 年 12 月 21 日。

田昇:《中国企业"走出去":冲动后的反思》,《经济观察报》2013 年 9 月 14 日。

W.理查德·斯格特:《组织理论》(第四版),华夏出版社 2002 年版。

汪涛、李威:《中国移动通信运营商运营模式分析》,《中国工业经济》2003 年第 3 期。

王峰:《现代企业人才机制的建立》,《中国管理者联盟》2007 年第 11 期。

王蕾:《浅谈我国中资银行离岸金融业务》,《市场周刊·财经论坛》2004 年第 8 期。

韦宁卫:《中国——东盟自由贸易区框架下的税收协调》,《商业现代化》2006 年第 8 期。

魏农建:《经济全球化与中小企业经营要素》,《中国中小企业》2001 年第 1 期。

魏农建:《商业企业经营机制评论综述》,《上海大学学报(社会科学版)》1989 年第 6 期。

魏农建:《完善国营商业企业经营机制的思考与对策》,《上海大学学报(社科版)》1991 年第 3 期。

温彬:《商业银行核心竞争力研究》,《国际金融研究》2004 年第 4 期。

吴念鲁、杨海平：《关于打造中国国际金融中心的评析与思考》，《金融研究》2008 年第 8 期。

西蒙·詹姆斯、克里斯托弗·诺布斯：《税收经济学》，中国财政经济出版社 1988 年版。

萧承龄：《面对经济全球化的国际税收管理对策》，《涉外税务》2000 年第 10 期。

徐崇利：《晚近国际投资争端解决实践之评判："全球治理"理论的引入》，《法学家》2010 年第 3 期。

亚德里安·斯莱沃斯基等：《发现利润区》，中信出版社 2000 年版。

仰炬等：《我国粮食市场政府管制有效性前提：基于小麦的实证》，《经济研究》2008 年第 8 期。

仰炬等：《政府管制与大宗敏感商品价格及波动性研究》，《管理世界》2008 年第 6 期。

仰炬：《我国大宗商品政府管制方法及策略研究》，经济管理出版社 2010 年版。

于国政：《中国与周边国家区域合作》，吉林人民出版社 2005 年版。

余劲松：《外资的公平与公正待遇问题研究——由 NAFTA 的实践产生的几点思考》，《法商研究》2005 年第 6 期。

余敏友：《21 世纪以来中国国际法的新发展与新挑战》，《理论月刊》2012 年第 4 期。

袁志刚：《中国（上海）自由贸易试验区新战略研究》，格致出版社 2013 年版。

原磊：《国外商业模式理论研究评介》，《外国经济与管理》2007 年第 10 期。

詹晓宁、葛顺奇：《最大化扩大透明度范围——WTO"多边投资框架"中的透明度规则》，载《国际贸易》2003 年第 8 期。

张聪、易振兴：《企业"走出去"战略下的我国离岸银行业务发展策略》，《经济论坛》2008 年第 12 期。

张辉：《美国国际投资法理论和实践的晚近发展——浅析美国双边投资条约2004 年范本》，载《法学评论》2009 年第 2 期。

张勇：《对企业经营机制内涵、结构及特点的探讨》，《湖北民族学院学报》1999

年第 1 期。

赵红军:《交易效率、城市化与中国经济发展》,上海人民出版社 2005 年版。

赵红军:《良性政府治理怎样发挥作用?》,《东方早报·上海经济评论》2012 年 12 月 18 日。

赵红军:《小农经济、惯性治理与中国经济的长期变迁》,格致出版社、上海人民 出版社 2010 年版。

郑雁泽:《多边税收协定研究》,《涉外税务》2001 年第 6 期。

中国东盟税收问题研究组:《中国——东盟税收协调问题研究》,《涉外税务》 2008 年第 1 期。

中国国际贸易促进委员会:《2010 年中国企业境外投资现状及意向调查报 告》,http://www.ccpit.org/Contents/Channel_367/2010/0602/256026/content_ 256026.htm,2010 年 4 月。

中国国际贸易促进委员会:《2011—2012 中国企业"走出去"发展报告》,人民 出版社 2013 年版。

中国国际贸易促进委员会:《中国贸促会"走出去促进计划"调研报告系列》, http://www.ccpit.org/zhuanti/zouchuqu/Channel_1276.htm?ChannelID=1276。

中国国际贸易促进委员会:《中国企业海外投资及经营状况调查报告》,http:// www.ccpit.org/Contents/Channel_367/2011/0504/294846/content_294846.htm,2012 年 4 月。

中国社会科学院世界经济与政治研究所国际投资研究室:《2013 年第一季度中 国对外投资报告》,http://www.iwep.org.cn/upload/2013/07/d20130724140621325. pdf,2013 年 3 月 18 日。

中华人民共和国商务部:《对外投资合作国别(地区)指南》2013 年,http://fec. mofcom.gov.cn/gbzn/gobiezhinan.shtml。

中华人民共和国商务部:《国别贸易投资环境报告》2013 年,http://gpj. mofcom.gov.cn/article/d/cw/201304/20130400094101.shtml。

中华人民共和国商务部、国家发展和改革委员会、外交部:《对外投资国别产业指引（2011 年版）》，http://hzs. mofcom. gov. cn/aarticle/zcfb/b/201109/20110907731140. html。

中华人民共和国商务部：《投资美国指南》，http://us. mofcom. gov. cn/article/zt_investguide。

中华人民共和国商务部、中华人民共和国国家统计局、国家外汇管理局：《中国企业境外投资统计公报》（2002—2012），中国统计出版社 2002—2013 年版。

朱洪仁：《欧盟税法导论》，中国税务出版社 2004 年版。

朱镕基讲话实录编辑组：《朱镕基上海讲话实录》，人民出版社、上海人民出版社 2013 年版。

邹昆仑、沈丽：《〈多德—弗兰克华尔街改革与消费者保护法〉的解读》，《武汉金融》2012 年第 5 期。

邹薇：《知识产权保护的经济学分析》，《世界经济》2002 年第 2 期。

邹忠全、周影等：《东南亚经济与贸易》，中国财政经济出版社 2006 年版。

Aitken，N. D.，1973，"The Effect of the EEC and EFTA on European Trade: A Temporal Cross-Section Analysis"，*The American Economic Review*，Rol63，No. SP:881—892.

Arrow，K. J.，"The Economic Implications of Learning by Doing"，*Journal of Technology Transfer*，2002，65(27):77—86.

Bakker，A.，2009，*Transfer pricing and business restructuring: streamlining all the way*:282.

Brandt，L.，Rawski，T. G.，2004，"China's great economic transformation, Chirathivat，S. ASEAN-China Free Trade Area: Background，Implications and Future Development"，*Journal of Asian Economics*，Sep.，2002.

Cockfield，A.，2006，"Developing an International Tax Policy Strategy for NAFTA Countries"，*Tax Notes International*，June 12:975—982.

Devarajan，1991，"Pro-competitive Effect of Trade Reform Result From A CGE Model of Cameroon"，*European Economic Review*:1157—1184.

Dixt, A. and Stiglitz, J.E., 1997, "Monopolistic Competition Product Diversity", *American Economic Review*, Vol.67, Edition, Kluwer Law International, Netherlands.

Erramilli. M.Krishna, "Entry Model Choice in Service Industries", *International Marketing Review*, 7[5]:50—62.

Fabio, M., 2010, *Customs Law of the European Union*:4—11.

Fan, Q., Li, K., Zeng, D.Z., Dong, Y., Peng, R., 2009, *Innovation for Development and the Role of Government: A Perspective from the East Asia and Pacific Region*:129—130.

Felipe and Kumar, 2012, "The Role of Trade Facilitation in Central Asia", *Eastern European Economics*, 50(4):5—20.

Glick, L.A., 2010, "Understanding the North American Free Trade Agreement: Legal And Business Consequences of NAFTA", Kluwer Law International, Netherlands.

Harrison, Productivity, 1994, "Imperfect Competition and Trade Reform", *International Economics Review*:53—73.

Henry, J., 2012, "The price of offshore revisited", http://www.taxjustice.net/cms/upload/pdf/The_Price_of_Offshore_Revisited_Presser_120722.pdf.

Hongjun Zhao and Bocheng Yin, 2006, "On Transaction Efficiency and Urban-Rural Disparity", *Frontier of Economics in China*, Vol.1, No.6.

Huang Yasheng, 2008, "What is Wrong with Shanghai?" MIT Sloan School of Management, working paper.

Inma Martinez-Zarzoso and Laura M'arquez-Ramos, 2008, "The Effect of Trade Facilitation on Sectoral Trade", *The B.E.Journal of Economic Analysis & Policy*, 8(1):67—79.

Jaap W.B.Bos, James W.Kolari, Ryan C.R. van Lamoen, 2013, "Competition and Innovation: Evidence from Financial Services", *Journal of Finance*, 7:

1590—1601.

James B. Ang, Sanjesh Kumar, 2014, "Financial development and barriers to the cross-border diffusion of financial innovation", *Journal of Banking & Finance*, 39:43—56.

James Thuo Gathii, 2011, "The Neoliberal Turn in Regional Trade Agreements", 86 WASH. L. REV 421.

John Ure, 2005, "ICT Sector Development in Five Central Asian Economies: A Policy Framework for Effective Investment Promotion and Facilitation", a paper for UN ESCAP, September.

Kanbur and Zhang, 2005, "Fifty Years of Regional Inequality in China, A Journey Through Central Planning, Reform and Openness", *Review of Development Economics*, 9(1):87—106.

Kiekebeld, B. J., 2004, "Harmful Tax Competition in the European Union: Code of Conduct, Countermeasures and EU Law", Kluwer Law International, Netherlands.

KPMG, 2008, "Tax Efficient Supply Chain Management Services", http:// www.kpmg.com/CN/en/IssuesAndInsights/ArticlesPublications/Documents/tax-supply-chain-O-0809.pdf.

Luca Erico, 2013, "Offshore Banking: An Analysis of Micro-and Macro-intellectual Property Protections, and Financial Markets: Evidence from China", *Journal of Business Research*, 66:2390—2396.

Martens-Weiner, J., 2006, *Company Tax Reform in the European Union*, Springer, New York.

Meredith Kolsky Lewis, 2009, "Expanding the P-4 Trade Agreement into a Broader Trans-pacific Partnership: Implications, Risks and Opportunities", *Asian Journal of WTO & International Health Law & Politics*, Vol.4.

Meredith Kolsky Lewis, 2011, "Trans-Pacific Partnership: New Paradigm of

Wolf in Sheep's Clothing", *Boston College International and Comparative Law Review*, Vol.34.

Michael Morris, Minet Schindehutte and Jeffrey Allen, 2003, "The Entrepreneur's Business Model: Toward a Unified Perspective", *Journal of Business Research*, 58(1):726—735.

Misey, R., Schadewald, M., S., 2009, "Practical Guide to U.S. Taxation of International Transactions".

OECD, 1998, "Harmfultax Competition: An Emerging Global Issue", http://www.oecd.org/dataoecd/33/1/1904184.pdf.

Osterwalder, A., Yves Pigneur and Chirstopher L. Tucci, 2005, "Clarifying Business Models: Origins, Present, and Future of the Concept", *Communications of the Information Systems*, 15(5):1—25.

Pablo Ruiz-Napoles, "Investment, Trade and Employment in Mexico in the Context of a Liberal Reform and NAFTA", in Paraskevopoulos, et al., eds., *Economic Integration in Americas*.

Panayi, C., 2007, "Double Taxation, Tax Treaties, Treaty Shopping and the European Community", Kluwer Law International, Netherlands.

Paul P. Tallon, 2010, "A Service Science Perspective on Strategic Choice, IT, and Performance in U.S. Banking", *Journal of Management Information Systems*, 26(4):219—252.

Pierre M. Picard, Patrice Pieretti., 2011, "Bank Secrecy, Illicit Money and Offshore Financial Centers", *Journal of Public Economics*, 95(7—8):942—955.

Po-HsuanHsu, Chong Wang, Chaopeng Wu, 1999, "Banking systems, innovations, prudential issues", IMF Working Paper.

Reinicke, W. H., Witte, J. M., 1999, "Interdependence, Globalization, and Sovereignty: The Role of Non-binding International Legal Accords", http://virtual2002.tau.ac.il/users/www/61641/Reading%20Material/Globalization/Interdependence%20globaliization%20sovereignty.pdf.

Scholes, M.S., Wolfson, M., A., Erickson, M., Maydew, E.L., Shevlin, T., 2002, *Taxes and Business Strategy*.

Sharkey, N.C., 2012, "Taxation in ASEAN and China: Local Institutions, Regionalism, Global systems and Economic Development", Routledge. Oxon.

Terra, B.J.M., Wattel, P.J., 2012, *European Tax Law*, 6th.

Tiefenbrun, S., 2012, *Tax Free Trade Zones of the World and in the United States*.

T.L.Saaty, 1977, "A Scaling Method for Priorities in Hierarchical Structures", *Journal of Mathematical Psychology*, 15:234—281.

T.L.Saaty, 1990, "How to Make A Decision: The Analytic Hierarchy Process", *European Journal of Operational Research*, 48:9—26.

T.L.Saaty, P.C.Rogers, and R.Pell, 1980, "Portfolio Selection through Hierarchies", *Journal of Portfolio Management*, Spring:16—21.

Zeng, D.Z., 2011, "How Do Special Economic Zones and Industrial Clusters Drive China's Rapid Development?", http://www-wds.worldbank.org/external/default/WDSContentServer/WDSP/IB/2011/03/01/000158349_20110301083120/Rendered/PDF/WPS5583.pdf.

后 记

因应国家经济结构转型升级的需要和抵御外部地缘政治经济的压力,作为一项国家战略举措,中国(上海)自由贸易试验区于 2013 年 9 月 29 日正式揭牌成立。有关上海自贸试验区建设的构想和实施方案,上海对外经贸大学的专家参与比较早,学校的学科布局和研究内容也具有比较优势。开拓自贸区研究为学校带来新的战略发展机遇,对于学校学科建设的升级和科研特色的凝练具有非常重要意义。为此,学校采取了具体步骤,创新了研究体制,并加快了自贸区专题研究的步伐。

校科研处早在上海自贸试验区揭牌前就开始着手从学校层面正式推动自贸区研究和研究团队的建设。9 月 12 日,校科研处推出了 16 个上海自贸试验区研究专题项目。9 月 18 日,科研处在全校范围内下发了"上海对外经贸大学自贸区相关领域研究状况调查表",对各学院(教学部)的研究队伍和研究成果进行了全面了解,为队伍建设做好准备。

10 月 26 日,上海对外经贸大学作为协同高校之一与上海财经大学、对外经济贸易大学、华东政法大学一起签署了共建"中国(上海)自由贸易试验区协同创新中心"的框架协议。11 月 27 日,为贯彻《教育部、财政部关于实施高等学校创新能力提升计划的意见》、《高等学校创新能力提升计划实施方案》、《关于全面提高高等教育质量的若干意见》和《市教委等关于实施上海高等学校创新能力提升计划的意见》等文件精神,推动我校上海自贸试验区协同创新中心的建设,我校校长办公会议审议并通过了《关于贯彻实施"高等学校创新能力提升计划"的意见(试行)》等 6 个相关文件,批准成立了上海对外经贸大学"2011 计划"工作领导小组,负责制定学校协同创新中心发展规划,宏观指导建设、运行和组织实施,下设"2011 计划办公室"，挂靠校科研处，负责学校实施"2011 计划"，推进协同创新中心工作的具体实施、组织、协调、服务和考核等工作。在此期间，由校科研处协调，我校组织专家申报国家自科基金委管理科学部设立的 2013 年第 5 期应急研究项目《中国（上海）自由贸易区发展机制与配套政策研究》，参加子项目研究的申报专家和成员分别来自法学院、金融管理学院、工商管理学院、国际经贸学院、会计学院和 WTO 学院，在这些活动中，我校教师在自贸区研究领域积极性高，已初步组建起多支多领域的自贸区研究团队。

鉴于我校上海自贸区协同创新中心和其他相关研究平台的建立，校 2011 计划办公室和校科研处在我校已经设立上海自贸试验区专题研究和专项投入的基础上，经校领导批准，计划由我校上海自贸试验区协同创新中心组织编写和出版上海对外经贸大学《2014 年中国（上海）自由贸易试验区研究蓝皮书》，12 月 30 日，校 2011 计划办公室和校科研处举行"上海自贸试验区决策咨询项目"交流会，孙海鸣校长在会上正式宣布编写和出版自贸区蓝皮书的计划，确定了蓝皮书写作框架和章节负责人。

2014 年 1 月 14 日，校 2011 计划办公室和校科研处举行蓝皮书写作班子协调会，确定了时间节点和写作要求。3 月 25 日，学校再次召开了蓝皮书专家咨询会，对蓝皮书初稿中存在的问题进行指导，来自上海财经大学、华东政法大学和出版界的领导和专家应邀参加了会议，孙校长在会上指出，这次蓝皮书写作计划体现了我校服务于经济社会发展、服务于自贸区建设的决心，并且对我校整合自贸区科研队伍，发现差距具有重要的意义，蓝皮书要保证写作质量，充分体现我校科研水平。

从总体上看，本蓝皮书的研究内容具有针对性和应用性，为政府提供决策咨询的意识非常强，集中体现了以下三个方面的特点：

第一，以上海自贸试验区建设为契机开拓学科建设新方向。当前，学校多学科齐头并进、交叉相融、互补协调的发展格局正在形成。

第二，以自贸区研究为重点组建特色研究团队。学校希望借助上海自贸试验区研究这一新兴增长点，在涉及政府职能转变、投资领域开放、贸易发展方式转变、金融领域开放创新以及法制领域的制度保障等方面打造优势明显、特色鲜明的研究团队。

第三,以上海自贸区协同创新中心新平台推动学科群体性发展。学校希望以协同创新中心为研究平台,选择自贸区建设领域中的重大问题开展研究,凝练学校的自贸区研究特色,并推动相关学科的群体性发展。在具体研究领域,学校计划围绕自贸区建设以"多兵种"和"大兵团"作战方式开展自贸区研究。

上海对外经贸大学 2014 年度上海自贸试验区研究蓝皮书共分为八章,撰稿分工如下:第一章由国际贸易学院赵红军教授负责;第二章由国际经贸学院文娟副教授负责;第三章由金融管理学院的贺学会和李方教授、陈晓静和仰炬副教授负责;第四章由法学院的陈晶莹教授、黄洁和王诚副教授负责;第五章由会计学院的李婉丽教授、王如燕教授和张亮博士负责;第六章由工商管理学院的魏农建教授负责;第七章由国际经贸研究所的彭羽副研究员负责;第八章由刘少湃副教授、姚昆遗教授以及田纪鹏和蔡萌副教授负责,感谢上述专家的鼎力支持和配合。

孙海鸣校长和聂清副校长一直关心和关注着蓝皮书的筹划和写作进程,前副校长叶兴国教授在百忙之中还为本书撰写了序言,国际经贸学院院长沈玉良教授为本书写作的进一步完善提出了不少建设性意见,国际商务外语学院王光林院长、WTO 学院张磊院长都为本书做出了贡献,在此一并表示感谢。

最后,我们要特别感谢上海财经大学的蒋传海副校长、科研处干春晖处长、自贸区研究院孙元欣副院长,以及 2011 计划办公室魏航主任、华东政法大学自贸区法律研究院的贺小勇副院长,他们就蓝皮书应以自贸区投资管理体制改革的阐述为核心、突出蓝皮书的问题导向和政策导向、完善自贸区基本制度的阐述、加强专题问题的精准研究、提出鲜明观点和态度、理顺逻辑体系、精炼语言等方面都提出过中肯的修改意见。

上海对外经贸大学 2011 计划办公室

上海对外经贸大学科研处

郭学堂

2014 年 5 月

图书在版编目(CIP)数据

2014 年中国(上海)自由贸易试验区研究蓝皮书/
上海对外经贸大学 2011 计划办公室,上海对外经贸大学科
研处编.—上海:格致出版社:上海人民出版社,
2014
　ISBN 978 - 7 - 5432 - 2380 - 6

　Ⅰ.①2…　Ⅱ.①上…　②上…　Ⅲ.①自由贸易区-经
济发展-白皮书-中国　Ⅳ.①F752

　中国版本图书馆 CIP 数据核字(2014)第 080004 号

责任编辑　葛　智
装帧设计　路　静

2014 年中国(上海)自由贸易试验区研究蓝皮书

上海对外经贸大学 2011 计划办公室
上海对外经贸大学科研处　　编

出　版　世纪出版股份有限公司　格致出版社 世纪出版集团　上海人民出版社 (200001　上海福建中路 193 号　www.ewen.cc) 编辑部热线　021-63914988 市场部热线　021-63914081 www.hibooks.cn 发　行　上海世纪出版股份有限公司发行中心	印　刷　苏州望电印刷有限公司 开　本　787×1092　1/16 印　张　16.75 插　页　2 字　数　248,000 版　次　2014 年 6 月第 1 版 印　次　2014 年 6 月第 1 次印刷

ISBN 978 - 7 - 5432 - 2380 - 6/F·741　　　　　　　　　　　　　定价:48.00 元